铁路信号施工联锁试验指导手册

《铁路信号施工联锁试验指导手册》编委会　编

中国铁道出版社有限公司

2 0 2 3 年·北　京

内容简介

本书简要介绍联锁、闭塞相关的基本概念、联锁安全理念、施工联锁组织和联锁纪律，重点阐述信号设备的联锁试验方法。本书可以为联锁试验人员在施工联锁试验过程中提供指导，也可以作为信号施工人员、现场维护人员的日常学习资料。

图书在版编目(CIP)数据

铁路信号施工联锁试验指导手册/《铁路信号施工联锁试验指导手册》编委会编．—北京：中国铁道出版社有限公司，2019.12(2023.8 重印)
ISBN 978-7-113-26453-6

Ⅰ.①铁… Ⅱ.①铁… Ⅲ.①铁路信号-联锁-手册 Ⅳ.①U284.3-62

中国版本图书馆 CIP 数据核字(2019)第 268436 号

书　　名：铁路信号施工联锁试验指导手册
作　　者：《铁路信号施工联锁试验指导手册》编委会

责任编辑：朱敏洁　　**编辑部电话：**(010)51873147　　**电子信箱：**ljy_jtu@163.com
封面设计：尚明龙
责任校对：孙　玫
责任印制：高春晓

出版发行：中国铁道出版社有限公司(100054，北京市西城区右安门西街 8 号)
网　　址：http://www.tdpress.com
印　　刷：中煤(北京)印务有限公司
版　　次：2019 年 12 月第 1 版　2023 年 8 月第 3 次印刷
开　　本：787 mm×1 092 mm 1/16　**印张：**11　**字数：**261 千
书　　号：ISBN 978-7-113-26453-6
定　　价：45.00 元

编 委 会

前　　言

电务系统作为铁路设备维护管理单位的重要一员，在铁路运输生产中起着至关重要的作用。铁道信号设备主要包括车站联锁、区间闭塞、编组站驼峰信号等设备。联锁是指通过技术方法，使信号、道岔和进路必须按照一定程序并满足一定条件，才能动作或建立起来的相互关系。联锁关系百分之百正确是确保铁路行车安全的先决条件，联锁失效或错误都可能导致车毁人亡的恶性事故，确保联锁关系正确是联锁设备设计、制造、施工、维护应遵循的基本原则。

施工联锁是联锁管理工作的关键，是确保联锁关系正确的源头，为避免在施工联锁试验中出现失误或遗漏，联锁试验人员除具有较高的技术业务素质外，还应熟悉信号基本联锁关系、掌握各种信号设备的联锁试验方法，在试验过程中严格遵守联锁纪律，全面周密地进行逐项试验，不臆测行事，不简化试验项目。

本书对联锁、闭塞相关的一些基本概念，联锁安全理念，施工联锁组织和联锁纪律进行了简要介绍，重点对信号设备的联锁试验方法逐项进行了详细阐述。为了便于读者理解记忆，文中辅以大量图表进行说明。通过本书可以为联锁试验人员在施工联锁试验过程中提供指导，避免在施工联锁试验过程中出现因试验不彻底、不全面造成的联锁失效、遗留设备隐患，导致不良后果，危及铁路行车安全。本书也可以作为信号施工人员、现场维护人员的日常学习资料。

本书由中国铁路北京局集团有限公司电务部和职工培训部组织编写，蒋立生、张贵勇任主编。参加编写人员有宋胜林、马建国、何郑立、李东风、宋少鹏、杨根茂、赵万全、刘川河。全书经由孙力建、孙强、张春德、刘业新、段成波、张建宁、丁景新、高亮、王德华、赵晨强等集体审定。

因编者水平有限，书中不妥之处，敬请读者批评、指正。

编者

2019 年 7 月

目　录

第一章　绪　　论

联锁是保证行车安全的重要技术措施，指的是信号设备与相关因素的制约关系。广义的联锁泛指各种信号设备所存在的互相制约关系。狭义的联锁，专指车站信号设备之间的制约关系。

第一节　基本概念

信号联锁设备主要由车站联锁、区间闭塞、车站电码化、道口信号、编组站驼峰信号等设备构成。

一、车站联锁

车站内有许多用道岔联结着的线路，道岔是铁路线路上使机车车辆由一条线路驶向另一条线路的设备。进路是列车和调车车列在站内运行所经过的径路。按照道岔的不同开通方向可以排列不同的进路，信号是列车和调车车列使用进路的凭证。为防止机车造成冲突事故，进路、道岔和信号之间必须建立一定的制约关系，如进路内道岔位置不正确，或进路内有车占用，敌对进路、敌对照查未解锁前，有关信号不能开放。信号开放后，进路内所有道岔处于锁闭状态不能转换，敌对信号不得开放等。车站联锁系统即是专用于对列车和车列在车站内运行进行控制，并保证其运行安全的控制系统。

车站联锁从 1856 年英格兰的布列克勒叶・阿姆斯(Brickloyer Arms)车站装设由萨克斯倍(Sax by)首创的萨式联锁机开始，至今已有 100 多年的历史，按照联锁基本功能要素技术实现方式的演变阶段划分，迄今经历了机械联锁、电气机械联锁、电气集中联锁、计算机联锁的发展过程。

电气集中联锁采用继电电路来实现信号、道岔和进路之间的联锁关系，把全部道岔、进路和信号集中起来控制和监督，在一定程度上实现了站内行车指挥的自动控制，能准确及时地反映现场行车情况，不再需要分散控制时所需的联系时间，而且完全清除了因联系错误而引起的事故，因而大大提高了行车安全程度和作业效率，并且极大地改善了行车人员的劳动条件。在我国，电气集中联锁电路曾有过多种制式，但经使用，并几经改进和完善，6502 电气集中被认为是较好的定型电路，得到广泛应用，目前绝大部分继电集中联锁是 6502 型。6502 电路是继电逻辑电路，包括网状电路和局部电路，网状电路的形成与站场形状相似，有 15 条网路线，6502 电路分为选择组电路和执行组电路两大部分。选择组电路由记录电路和选路网路组成，主要用来记录车站值班员按压按钮的动作，按要求自动选通所需进路，并将操作意图传给执行组电路；所有联锁关系，包括检查道岔位置正确、轨道电路区段空闲且锁闭、敌对进路未建立且锁闭在未建立状态，都有执行组网络电路完成。

由于继电集中联锁不便于和现代化的信息处理系统相连接；专用继电器价格相对稳定而

大规模集成电路价格日趋下降，使得大站的继电集中联锁的造价相对较高；继电集中联锁系统要使用更多的电缆、占地面积大、标准化程度比较低、维修量大，在经济方面没有任何优势。随着科技的进步，继电集中联锁已经失去了它的技术优势，必然被新型的车站联锁设备即计算机联锁所取代。计算机联锁是以计算机技术为核心，利用微型计算机对车站值班员的操作命令和现场监控设备的表示信息进行逻辑运算后，完成对信号机、道岔及进路的联锁和控制，全部联锁关系由微型计算机及程序完成。计算机联锁具有运算速度快，信息量大，操作方便，安全性高，设备体积小、重量轻，便于调试和维修等优点，目前在我国电务系统中普遍应用，计算机联锁也为铁路信号向自动化、智能化、现代化、数字化、网络化发展方向创造了条件。

目前我国广泛应用的计算机联锁系统有 TYJL-ADX、TYJL-Ⅲ、DS6-K5B、DS60、EI32-JD、iLOCK 等类型。

二、区间闭塞

闭塞原意是指与外界隔绝的意思，后被引用为铁路信号的专用名词。闭塞就是用信号或者凭证，保证列车按照前行列车和追踪列车之间必须保持一定距离（空间间隔制）运行的技术方法，闭塞保证列车在区间的行车安全和提高区间通过能力。闭塞设备就是为了防止列车相撞和追尾，实现“一个区间（闭塞分区）内，同一时间只允许一列车占用”而设置的铁路区间信号设备。

区间闭塞在 19 世纪 40 年代以前，列车运行采用时间间隔法，即先行列车发出后，隔一定时间再发出同方向的后续列车。1842 年英国人库克提出了空间间隔法，即先行列车与后续列车间隔开一定空间的运行方法。1876 年电话发明后，不久就有了电话闭塞。电话（电报）闭塞靠人工保证行车安全。以上闭塞方式两站间均没有设备上的锁闭关系，存在极大的不安全因素，为适应铁路提速、运输增量、安全正点等发展需求，保证人民生命财产的绝对安全，闭塞方式逐步由人为卡控方式向设备保证过渡。现在铁路运用最广的自动闭塞是将站间区间划分为若干闭塞分区，以闭塞分区作为列车追踪运行空间间隔，根据列车运行及有关闭塞分区状态，自动变换信号显示和发送列车移动授权信息，列车凭地面信号或车载信号行车的闭塞方法。

目前铁路应用的区间闭塞类型有自动闭塞、半自动闭塞和自动站间闭塞三类。

（1）单线区段应采用半自动闭塞或自动站间闭塞，繁忙区段可采用自动闭塞。

（2）双线区段应采用自动闭塞。

（3）在调度集中区段应采用自动闭塞和自动站间闭塞。

三、车站电码化

机车在区间和站内运行，站内需要接收与区间相同信息，当站内轨道电路与区间轨道电路制式不同时，机车进站后接收不到与区间相同制式的信息，机车信号无法正常工作，造成紧急制动。机车在区间和站内运行时，使机车信号可靠工作有两种方法：一种是区间和站内轨道电路相同（简称一体化轨道电路）；另一种是在原有站内轨道电路的基础上实现电码化。电码化有切换和叠加两种方式。切换方式为站内轨道电路信息与站内电码化信息不能同时向轨道发送；叠加方式为站内轨道电路信息与站内电码化信息能同时向轨道发送。

四、道口信号设备

铁路与道路在同一平面内交叉成为平面交叉。铁路铺面宽度在 2.5 m 以上，直接与道路贯通的平面交叉称为铁路道口，简称道口。道口按看守情况分为无人看守道口和有人看守道口。道口是铁路和道路交通的结合部，道口安全既关系着铁路行车安全，也关系着道路车辆、行人的安全。道口信号是指示道路上的车辆、行人通过或禁止通过道口的听觉和视觉信号。具有这种功能的设备称为道口信号设备，道口信号设备是保证道口安全的重要设备。在无人看守道口，它向道路方面显示能否通过道口的信号；在有人看守的道口，它自动通知看守人员列车的接近。

五、编组站驼峰信号设备

编组站（以及区段站）装备现代化信号设备，是提高解编能力的最有效手段。在编组站信号设备现代化的进程中，重点是驼峰调车的自动化，主要包括驼峰推峰机车速度自动控制、溜放车辆进路自动控制和溜放车辆速度自动控制。驼峰信号设备包括信号机、转辙机、轨道电路、车辆减速器、电源、动力设备、控制设备。

第二节　铁路信号联锁中的安全性技术

铁路信号控制系统中普遍存在着各种各样的联锁关系，又是典型的实现重大生命攸关功能的安全苛求系统，安全性是车站联锁乃至铁路信号控制系统的核心理念和原则，是联锁系统必须具有的性能。

设备或系统发生故障时，不致错误的给出危险侧输出，能使之导向安全侧动作的手段，叫做故障—安全。铁路信号的安全性技术，从一开始就是以故障—安全为中心逐步发展起来的。随着计算机等电子器件在信号设备中的广泛运用，对信号联锁系统的安全性提出了更高要求。

一、故障—安全技术

故障—安全原则又称“故障导向安全”原则。在铁路信号设备或系统的设计中，为保证在设备发生故障、错误、失效的情况下，要求导致减轻以至避免损失的重要原则。铁路信号器件、部件和系统的输出可以划分为正常、安全侧故障、危险侧故障三种输出。在发生故障时，通过符合“故障—安全”原则的技术手段，使之只有安全侧输出。例如：根据这个原则设计的臂板信号机，在操纵机具故障时，能依靠重力自动将主臂板恢复到水平位置，显示停车信号。在铁路上通常认为车停下来是相对安全的。

因此“故障—安全”原则的核心是以效率换安全。铁路信号的安全性技术，从一开始就是以故障—安全为中心逐步发展起来的。

（一）断线保护——安全对应法、电路自测试法

能够达到故障—安全目的的断线保护法有两个：一是安全对应法；二是电路自测试法。

1. 安全对应法

闭路式电路原理与安全对应法则相结合，实际上就是用作断线保护的安全对应法，是断线保护最重要的措施。

如图 1-1 所示，以控制信号开放的信号继电器电路为例，根据故障—安全原则的要求，为实现安全对应，必须选用继电器的励磁状态（前接点闭合）作为信号开放的条件，即信号继电器 XJ 电路的闭路状态与信号机的危险侧相对应；信号继电器 XJ 平时处于失磁状态，其后接点构成红灯电路。

一旦线路断线或短路时，XJ 落下，信号灯光自动转换为红灯，使设备满足故障—安全的原则。

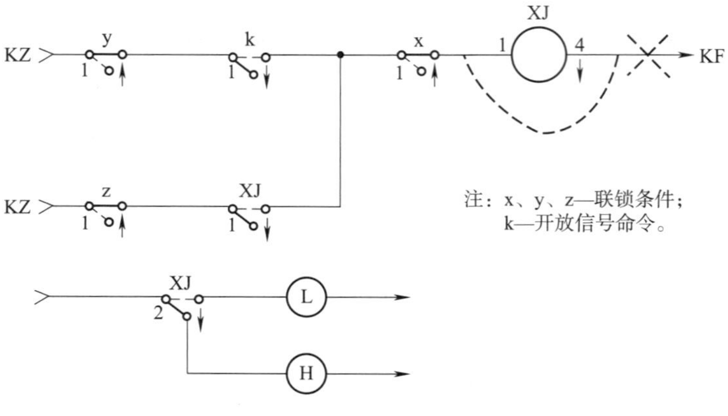

图 1-1　安全对应法 1

如图 1-2 所示，如果用继电器的失磁状态作为开放信号的条件，那么信号继电器平时一直处于励磁状态，其前接点构通红灯电路，当要开放信号时，信号继电器 XJ 失磁落下构通绿灯电路，这样虽然也能达到控制信号的目的，但一旦发生如上所述故障时，使原来显示关闭的红灯信号反而变为开放的绿灯信号(称为信号显示升级)，这是非常危险的。

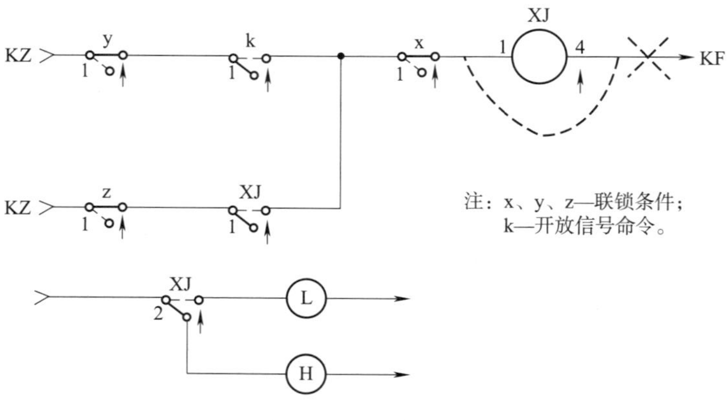

图 1-2　安全对应法 2

图 1-3 是 6502 电气集中联锁中的锁闭继电器 SJ 电路，为实现安全对应，也以其闭路状态与进路的危险侧(解锁状态)相对应，以其开路状态与进路的安全侧(锁闭状态)相对应。显然，断线或混线故障会使进路自动地转变为安全侧的锁闭状态，能导向安全。因为进路平时是处于解锁状态，所以 SJ 电路平时处于耗电的闭路状态。

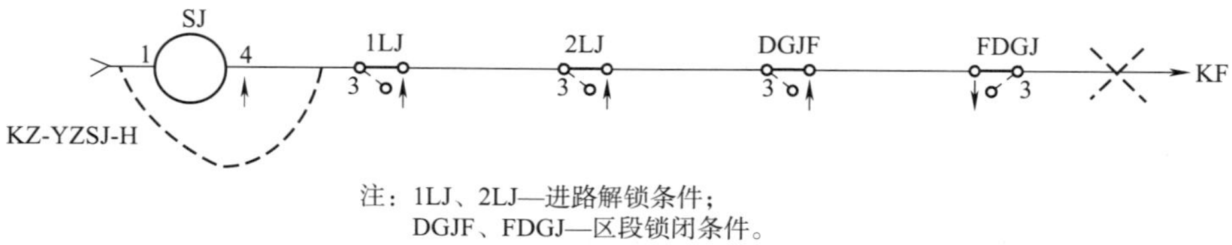

图 1-3　安全对应法 3

上述两个例子的电路设计，一个是平时处于开路状态，另一个是平时处于闭路状态，但两者都是以闭路状态与所控对象的危险侧相对应的，这就体现了闭路式电路原理与安全对应法则的结合。实际电路中的应用如轨道继电器 GJ 励磁表示轨道空闲；道岔表示继电器 DBJ 或 FBJ 励磁表示道岔所处位置，当道岔表示电路发生故障，或道岔在四开位置时，道岔表示继电器就失磁。只有这样才能满足故障—安全的原则。

2. 电路自测试法

电路能实现自测试也是实现故障—安全的条件之一。下面举例说明。

图 1-4 是两个简单的电路，其中一个是输入信号 k 与继电器线圈相串联的电路，叫做直接控制电路[图 1-4(a)]；另一个的 k 与 J 是并联的，叫做旁路控制电路[图 1-4(b)]。在正常情况下，这两个电路是等价的，但在断线失效模式下就不同了，例如旁路控制电路的旁路线断线，继电器 J 将给出危险侧输出。而直接控制电路的任何处断线，也不会给出危险侧输出。对断线失效模式来说，图 1-4 中的直接控制电路具有自测试功能，另一个则没有。显然，具有自测试功能的直接控制电路对断线起着保护的作用。这就是为什么信号安全电路一般不采用旁路控制电路的道理。

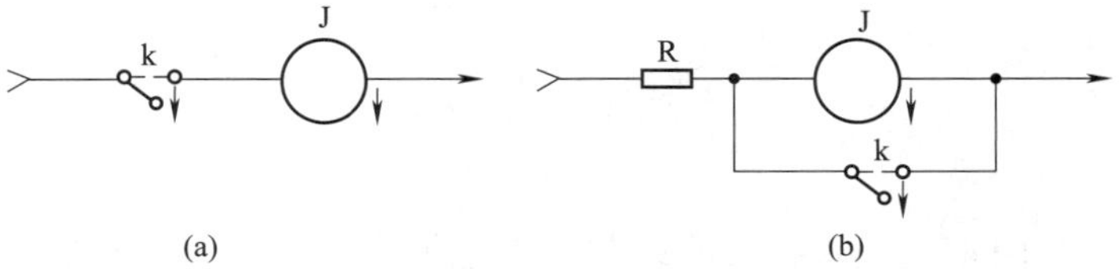

图 1-4　电路自测试法 1

图 1-5 也给出了两个电路，这两个电路的继电器线圈都并联有 R 和 C，目的是想延迟继电器的缓放时间。但这两个电路，一个能检查 R、C 旁路在一定条件下的完整性(包括元件失效)，如图 1-5(b)所示，而另一个则得不到检查，如图 1-5(a)所示。很明显，能够检查 R、C 旁路完整性的电路具有自测试功能，能实现故障—安全。当然，图 1-5(a)的电路若用其他电路相配合，从整体上能同样达到自测试目的，也可以实现故障—安全。

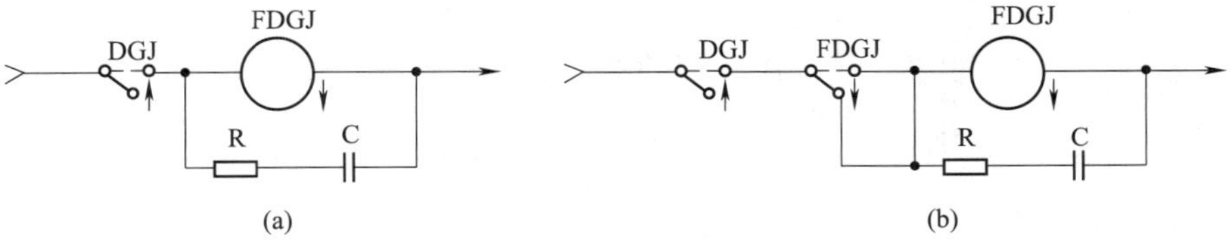

图 1-5　电路自测试法 2

以上两个例子说明，电路的自测试法，也是断线保护的重要措施之一。我们把电路中的某一线路段断线，在设备正常运行过程中不能被发现者，称为“电路死角”，图 1-5(a)的 R、C 旁路线即为“电路死角”。有“电路死角”的电路，其本身均不具备自测试功能。

(二)混线保护——位置法、极性法

能达到故障—安全的混线保护法(这里不包括施工工艺方法方面的)也有两个：一是位置法(也称远端供电法)；二是极性法。

1. 位置法

位置法是两条控制线相混时的保护措施，关键是继电器等元件和电源分设在可能混线位置的两侧。对于控制较远距离的继电器等元件，一般控制线路用电缆，这就要考虑到控制线路发生断线、短路、接地等故障的可能。

如图 1-6(a)所示，就是将电源与继电器 XJ 设于电路的不同端，这样可使当线路发生短路故障时，不至于造成 XJ 错误励磁。若 XJ 处于励磁状态，当线路发生短路时 XJ 即自动地由吸起状态转变为落下状态。如图 1-6(b)所示，假设电源与继电器设在同一端，当发生线路短路故障时，尽管继电器 AJ 接点断开，而 XJ 也会无条件地给出危险侧输出，错误励磁。位置法是我国铁路信号常用的保护控制线相混的方法。

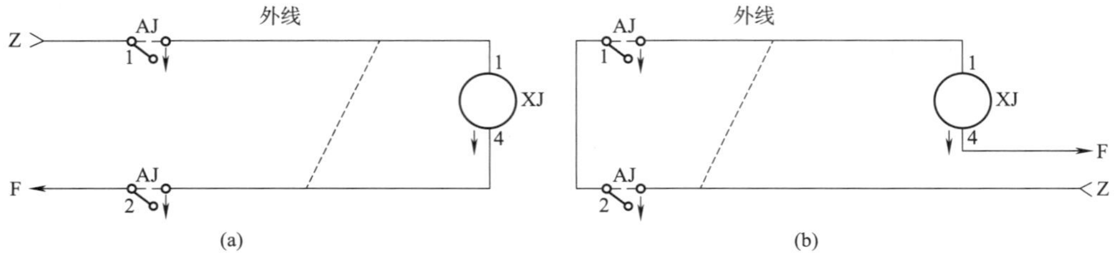

图 1-6　位置法

2. 极性法

极性法与位置法不同，它是保护控制线与其他电源线相混的技术措施。极性法要求使用极性继电器，如图 1-7 所示为四线制道岔定位表示简略示意图，极性法是保护控制线混入其他电源或二极管接反而采取的技术措施，图中继电器 DBJ 使用的是偏极继电器，当控制线混入单极性电源 Z 时，由于构不成回路，则电路输出无变化；当混进整个电源时，只要极性不对(如图 1-7 所示混入电源)，也不会变化。当二极管接反时，由于电源极性不对，偏极继电器不能动作，这样就最大限度地防止了电路出现错误动作的可能。

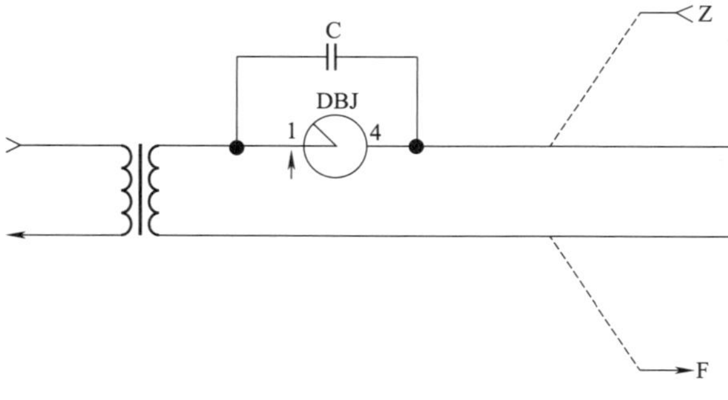

图 1-7　极性法

(三)其他保护——锁闭法

除上述者外，对于元器件失效和外来干扰等，还大量采用锁闭法。应用锁闭法以达到故障—安全的例子很多，下面举两个：

1. 信号的灯光监测

如图 1-8 所示，是用灯丝继电器 DJ 监测信号机灯光的例子。在信号机开放前，若禁止灯光灯丝双断，则可能由于信号灯灭灯引起冒进信号事故。在正线上的进站信号机，一般都采取开放允许灯光时检查红灯灯丝的完整性，用以防止司机看到绿灯后，由于故障信号机自动改点红灯而红灯不亮造成列车不能及时停车造成的冒进事故。如图所示，灯丝继电器 DJ 与点灯变压器的一次线圈串联，若红灯灯丝双断，则 DJ 由于电流减少而落下，能将红灯灯丝双断故障检测出来，用 DJ 落下条件禁止信号机开放允许灯光。

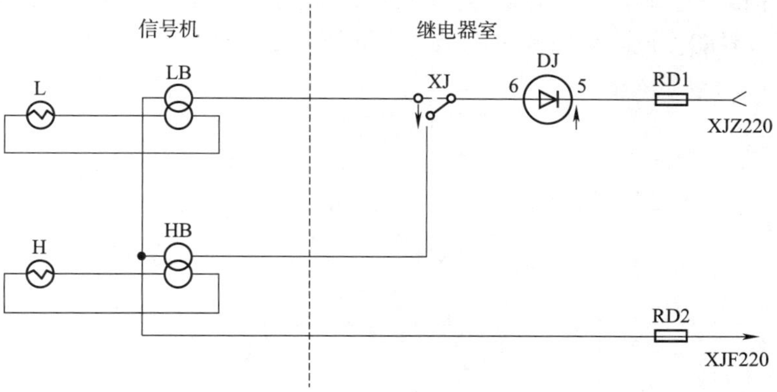

图 1-8　锁闭法 1

2. 进路解锁的三点检查

用列车顺序地占用了进路中的各区段，而后又顺序地出清了进路来证明。证明的办法一般采用轨道电路。列车占用时轨道继电器落下，列车出清时又吸起。但人工短路轨道电路（对轨道电路来说是一种外来干扰的故障现象）同样会使轨道继电器落下而后又吸起。为此，作为一种故障—安全的技术手段要求采取三点检查，即用三段轨道电路证明列车曾顺序地占用过进路，如图 1-9 所示，用进路继电器 1LJ 吸起（进路在锁闭过程中 1LJ 和 2LJ 均在落下状态），记录列车曾占用过并出清了进路中的第一段和占用了第二段轨道电路，用 2LJ 吸起证明列车出清第二段轨道电路又占用了第三段轨道电路。1LJ 和 2LJ 均吸起，才能使进路中的第二段轨道电路区段解锁（对第一段来说，用第一和第二段证明，是两点检查）。这样，便可防止由于人工短路故障所可能引起的进路错误解锁。

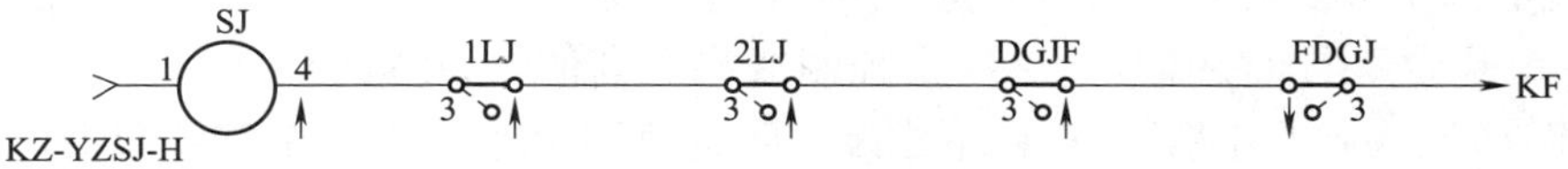

图 1-9　锁闭法 2

二、危险侧故障率最小化技术

有时所采取的故障保护措施做不到故障—安全，但可使发生行车事故的概率减小。能将设备或系统的单故障掩蔽起来，不使之给出危险侧输出，而只能减小危险侧故障发生概率的手段，叫做危险侧故障率最小化。我国采用的方法有：

（一）双 断 法

双断法是减少混入其他电源出现危险侧故障的保护措施。如图 1-10(a)所示，电缆芯线在

B点处若混入SQZ电源(A处和B处电缆芯线混线),可使乙站继电器LXJF(列车信号复示继电器)错误地吸起,给出危险侧输出。若在控制电源的正、负极两侧分别接入同样的控制条件,如图1-10(b)所示,如果处A处和B处电缆芯线混线,就可将这个单故障掩蔽起来,不会使乙站继电器LXJF错误吸起,导致给出危险侧输出。此种控制去线和回线都串入控制的条件接点的方法,叫做双断法。因为双断法是将单故障掩蔽了起来,所以要考虑多故障。若A、B处和C、D处两个单故障叠加,则乙站继电器LXJF仍然能给出危险侧输出。因此,双断法不能达到故障—安全,只能使危险侧故障率降低。在我国,从20世纪50年代开始,双断法已得到普遍应用。

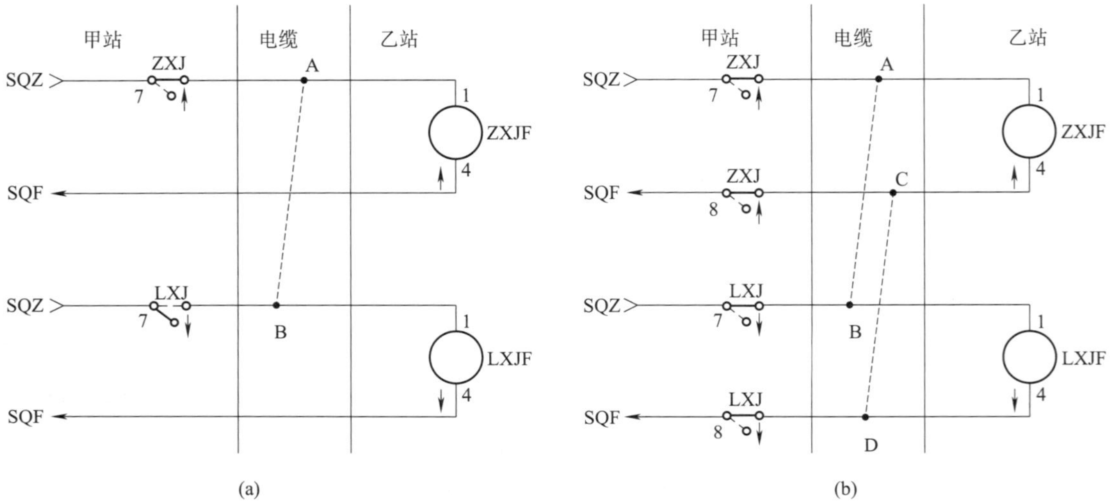

图1-10　双断法

(二)电源隔离法

电源隔离法(也称独立电源法)也是对混入其他电源的保护法。如果每个继电器有各自的电源且没有公共回线,那么任何两条线路混线都不会构成错误的闭合电路使继电器吸起。

在交流电源中可以很方便地利用变压器实现电源隔离。如图1-11所示为道岔表示电路,其中的BB就是专用隔离变压器。在一根控制线混入其他电源时,例如在C处混入另一控制电源的正半波,因为有变压器隔离,构不成闭合回路,所以可将此单故障掩蔽起来,使之不给出危险侧输出。但当另一根控制线在E处又与混进来的电源负半波相混时,仍会给出危险侧输出。显然,此种故障叠加的发生概率极小。在我国的道岔表示电路中已经普遍采用电源隔离法,因为在道岔控制电路中,同时还采用有极性法和双断法,所以故障叠加能给出危险侧输出的概率就更小,可以认为接近于零。

(三)分 路 法

分路法也能对混入其他电源起保护作用,在重要的电路中,为了防止由其他电路混线或迷流影响造成继电器错误励磁,在不工作时将继电器线圈短路。如图1-12所示列车接近通知的道口电路,当列车接近道口时,接车通知继电器JTJ落下,其复示继电器落下,道口箱内接车通

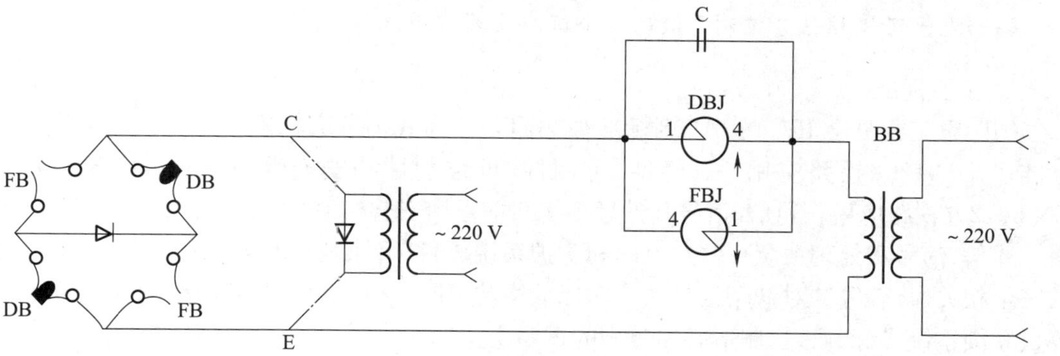

图 1-11　电源隔离法

知复示继电器 JTJF 落下，道口发出列车接近通知信号，通知道口看守员列车已接近。在列车接近的情况下，若控制线中已混进如图 1-12 中虚线所示的 A 点处混入 KZ 电源，则因为通过 JTJ 后接点有粗实线所示的分路线，继电器线圈被分路，所以仍能使 JTJF 落下，不致因混入其他电源而给出危险侧输出。

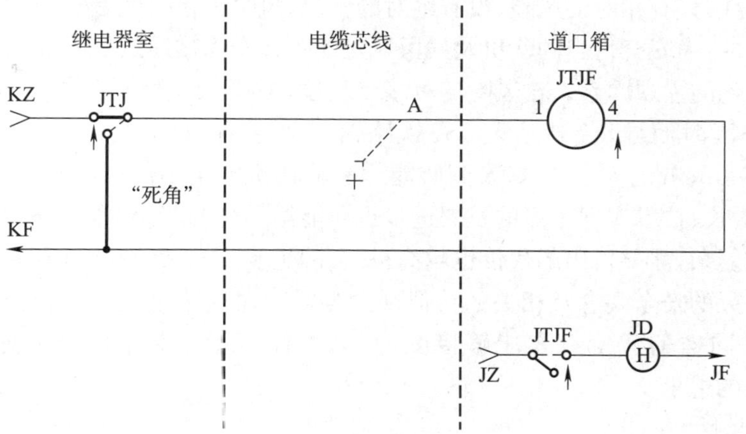

图 1-12　分路法

但分路法不可靠，因为分路线是"电路死角"，分路线断线不能被发现，断线后即失去了保护作用。正因为它有这个缺点，所以在我国铁路信号的实际工程中，除轨道电路外，很少采用分路法。

三、电子可编程信号控制系统的安全要求

由于电子系统的特殊性和复杂性及其与传统方式的不适应性，人们普遍对快速发展的电子技术尤其是计算机系统的可靠性和安全性缺乏认可，其在功能安全领域的应用从一开始就是在不断的质疑和阻碍中发展的。直到 1998 年至 2000 年，功能安全基础国际标准 IEC 61508《电气/电子/可编程电子安全相关系统的功能安全》出台，标志着功能安全作为独立的安全学科，已经开始自成体系。

(一)电子可编程信号控制系统的安全标准及其常用概念

1. 主要标准

国际电工委员会IEC的61508标准被等同采标为我国国家标准GB/T 20438,同时欧洲标准EN 50126《铁路应用—可靠性、可用性、可维护性和安全性(RAMS)的规范示例》、EN 50129《铁路应用—通信、信号和处理系统—信号用安全相关电子系统》、EN 50128《铁路应用—通信、信号和处理系统—铁路控制和防护系统软件》和EN 50159《封闭/开放传输系统中的安全相关通信》等针对铁路信号系统的标准均被等同采标为我国国家标准,上述标准均为计算机联锁系统设计、研发、制造必须遵循的重要安全标准。

2. 安全与风险

"安全(safety)就是没有不可接受的风险"——IEC 61508关于安全的精辟定义可谓经典,即风险可接受就是安全。

风险(risk)是危害(hazard)事件发生的频度或概率与其后果严重性的组合;风险是出现伤害的概率及该伤害严重性的组合,是对一个特定危险事件出现的概率和结果的估量。

安全与风险具有下列关系及属性:

(1)概率属性:只有相对的风险、没有绝对的安全,风险可接受就是安全。

(2)主观属性:为安全付出的代价及残留风险能否接受除循序演进的客观条件外还取决于复杂的、不断变化的主观因素。对风险的可接受程度、对降低风险所需付出代价的承受能力,通常因人而异、因时而异,差异巨大。在铁路信号领域内,安全通常特指行车安全。速度60 km/h与300 km/h的安全要求、及其所能承受的代价肯定不同;即使安全要求相同,但功能需求的快速增长、技术实现手段的发展进步也可能给系统的安全保障带来本质改变,通常要求越高、需求越复杂,需要付出的代价也越高;社会的进步与发展,观念与需求的改变也不断带来新的变化,今天的安全观念及相关的价值观念与对生命的尊重,也都与20年前、10年前的显著不同;而且同样的代价有人能够接受,有人不能接受。对于信号从业人员来说安全(safety)是永恒的追求。

3. 安全完整性

安全完整性SI (Safety Integrity):"在规定的条件下和规定的时间内,安全相关系统成功实现所要求的安全功能的概率。"

安全性是一种概率参数,信号设备不可能具备排除任何危险的绝对安全。信号系统的技术发展是从继电设备到计算机系统,继电安全主要依靠安全型继电器完成逻辑、控制等动作,而基于计算机的信号系统依靠传统的评估方法已无法正确评价系统的安全可靠性,目前国际的通用做法是采用系统安全生命周期评估方法。为了正确评价设备的安全性能,铁路信号主要设备也采用了全世界广泛认可的安全完整性等级(Safety Integrity Level)评定方法。

安全完整性等级是在1998年颁布的IEC 61508功能安全标准中首次提出的,它是功能安全等级的一种划分。IEC 61508标准按(所允许的)危险失效率指标数量级的不同对安全完整性进行了等级划分,并以对安全相关系统提出操作要求的频率分为以危险失效平均概率为单位的低要求操作(运行)模式,和以每小时危险失效概率为单位的高要求或连续操作(运行)模式两种不同的模式;按照IEC 61508最新发布的2010版标准,其具体数值分别见表1-1和表1-2。

表 1-1　安全完整性等级:在低要求运行模式下安全功能的目标失效量

安全完整性等级(SIL)	安全功能在要求时危险失效平均概率(PFDavg)
1	10^{-2}～10^{-1}
2	10^{-3}～10^{-2}
3	10^{-4}～10^{-3}
4	10^{-5}～10^{-4}

注:低要求模式:仅当要求时才执行将 EUC(受控设备)导入规定安全状态的安全功能,并且要求的频率不大于每年一次。

表 1-2　安全完整性等级:在高要求或连续运行模式下安全功能目标失效量

安全完整性等级(SIL)	安全功能的每小时危险失效平均概率(PFH)
1	10^{-6}～10^{-5}
2	10^{-7}～10^{-6}
3	10^{-8}～10^{-7}
4	10^{-8}～10^{-9}

注:高要求模式:将 EUC(受控设备)导入规定安全状态的安全功能仅当要求时才执行,并且要求的频率大于每年一次;
连续模式:将 EUC(受控设备)保持在安全状态的安全功能是正常运行的一部分。

由于铁路信号控制系统基本都属于连续模式,所以 EN 50129 中只使用了高要求或连续模式下的安全完整性分级表,即表 1-2;只是将其中的每小时危险失效平均概率明确为每功能每小时可容许危害率 THR,在表中就直接表明安全完整等级性针对的是安全相关系统的每个功能而言的,突出功能安全的基本内涵。直接参与控制列车的设备均应达到 SIL4 级,所以计算机联锁、轨道电路、无线闭塞中心、列控中心等关键信号系统设备均应满足 SIL4 级标准。

(二)计算机联锁系统的故障—安全设计

1. 故障—安全的基本原则性技术要求

EN 50129 在传统理念和原则的基础上,通过定义组合式故障—安全和反应式故障—安全,将铁路信号传统的故障—安全由继电/机械领域引入并扩展到现代的可编程电子系统领域;并在故障的影响方面深化、细化及量化,明确了以下对故障—安全的基本原则性技术要求:

(1)对已知的、可识别的单故障,应确保(确定性地而不是概率性地)系统安全;对可不予考虑的故障需要证明其对安全性的影响可以被忽略。

(2)必须慎用新技术,以使不可识别的故障引发危险的概率低于可容许危害率 THR。因为"新技术具有巨大的潜在新危害(缺少经验)",还有"由于引入新技术导致铁路系统原来固有的潜在危害的暴露;由于缺少恰当或合适的规范而产生的设计危害;特定操作模式可能不太适应既有铁路系统,并可能对操作者、维护者或其他成员、公众造成新的危害等"。

(3)必须在足够短的时间内,检测到可能直接造成或与第二个故障组合后造成危险的单故障,并予以拒绝(强制进入安全状态)。

(4)应进行共因失效分析,以确保多重故障只在多个单一随机故障组合的情况下发生,而不是一个共因故障的结果。

(5)应尽量采用对静态故障具有固有失效—安全性质的动态工作原理(包括硬件和软件,特别是在终端驱动及比较和拒绝机制中)。

(6)除通过质量管理和安全管理技术来减少人为错误的概率之外，还必须采取技术性措施，以使得即便存在一个危险性系统故障，也尽可能地防止它产生不可接受的风险。

(7)只要可行，应将安全相关功能与非安全相关功能清晰地分离开，由不同的(子)系统各自执行。

(8)应使待开发软件的规模和复杂度最小。

(9)可行的设计应将软件中的安全部分尽量最小化。

(10)应在设计过程中尽可能使用已有的、验证过的，按相同标准开发的软件模块。

2. 计算机联锁系统“故障—安全”的具体运用

目前我国铁路主流的计算机联锁系统，都使用通用型工业控制计算机和一般商用操作系统，作为人机接口层的处理平台；使用专用的安全计算机平台作为关键的主控层与执行层的处理平台。计算机联锁系统的“故障—安全”性能，在很大程度上取决于其安全平台“故障—安全”设计的原则和技术实现。

EN 50129 在其参考性的附录中，就明确针对 SIL4 级高安全完整性要求的系统，强力推荐了采用三种不同“故障—安全”实现机制的四种安全结构。

(1)基于固有“故障—安全”的单电子结构

固有“故障—安全”是唯一可以完全以单结构使用的“故障—安全”技术，但必须依据 EN 50129 给出的硬件元器件失效模式识别规程，通过全面、深入、细致、充分的分析和测试确认，所采用的结构和电路的所有可信失效模式都不会导致危险，或者在可以接受并能够得到稳定保证的特定条件下不会导致危险；应尽量使用公认的、特别是有大量可信赖的实际经验证明的技术。

(2)基于反应“故障—安全”的单电子结构

反应“故障—安全”，最常见的是用于对输出/输入控制这类最关键的的边界对象进行回读/测试检查，通过结果与控制/测试命令对比的差异发现故障；这种方式能够将组合冗余系统关键的比较/表决机制也一并纳入检测范围，甚至可将故障检测的范围扩大至外部混线、断线；且对多重并发故障也可以十分有效。

(3)基于“故障—安全”比较的组合式“故障—安全”的双电子结构

二取二安全冗余就是属于这种基于一致性校核原理的典型安全冗余结构。这种结构在两子系独立性良好、比较机制合理有效的前提下，具有系统的基本功能结构及状态空间越复杂其比较机制对故障的检测反而越有效的特点，尤其适用于复杂大规模集成电路的使用环境。

(4)基于“故障—安全”比较的不同电子结构

这种结构构成其二取二安全冗余结构的是两个相异的子系，这通常意味着其硬件、软件的结构都不相同。采用两个相异的子系，更加有利于两者之间的独立性保障，能够有效降低共因故障和共模干扰的影响，更加有效的提高其比较机制的有效性和安全性。但此种方式对于软件复杂度较高的系统，特别是具有严格同步关系的冗余系统，其软件工作量增长巨大，在研发、应用与维护等各个阶段都远超过倍增的程度、目前国内尚没有采用此种冗余结构的计算机联锁系统。

适用于车站联锁的安全计算机平台，只使用上述一种安全结构肯定是不够的，需要根据功能机构和不同层次、不同部分的特点，采用不同的结构和结构组合。组合“故障—安全”的双电子结构，适用于主控层和智能执行层的逻辑处理。执行层的采集、驱动电路，采用相异性强的双电子结构更加安全，且其技术实施也并不十分困难。反应“故障—安全”的电子结构，能够对执行层的各个层次，甚至在更大的范围内，实现有效的闭环监控。固有“故障—安全”结构，则最适用于实现驱动板上的终端驱动，以及在组合“故障—安全”和反应“故障—安全”机制中，实现对包括主控 CPU 在内的联锁逻辑处理核心进行最终安全防护的比较及拒绝机制。

目前已成为我国铁路计算机联锁等核心信号系统主体冗余结构的二乘二取二，则是在基于“故障—安全”比较的组合式“故障—安全”的双电子结构为主体的安全冗余的基础上，再以双机热备可靠性冗余方式构造的组合式冗余结构。

第三节　信号施工联锁试验

信号联锁试验是确保信号设备安全和技术管理的重要内容之一，贯穿于信号设备施工、设计、运用、维护工作的全过程，具有不可替代的作用。信号施工开通过程中，由于受施工工期、设计周期及图纸质量、各设备及系统接口、施工方案、开通时间、人员组织、施工及试验人员素质、列车运行组织等诸多因素影响，易出现试验不彻底、试验漏项等问题。

德国飞机涡轮机的发明者海恩提出的海恩法则指出：每一起严重事故的背后，必然有 29 次轻微事故和 300 起未遂先兆以及 1 000 起事故隐患。这种联系不仅仅表现在飞行领域，在信号联锁领域亦然。假如联锁发生错误或失效，将可能造成国家人民生命财产的重大损失，其严重后果不亚于飞行事故，确保联锁关系正确是电务系统重中之重的工作。如何才能避免联锁事故的发生，海恩法则可以给我们一个好的启示，即发现并控制征兆。如果我们能对每一个细小的联锁安全风险隐患均能发现并加以排除，就能最终避免联锁恶性事故的发生。只有每一名联锁试验人员认真遵守试验纪律，熟练掌握试验方法，严格执行试验流程，规范施工联锁管理、强化联锁试验过程控制、细化联锁试验项目、明确联锁试验方法，在施工联锁试验的各个阶段恪尽职守，认真仔细，发现并消除一个个联锁隐患，才能保证联锁关系的百分之百正确，杜绝联锁事故的发生。

一、信号施工联锁试验基本原则

(1)施工中发现的联锁关系问题在工程开通前必须处理完毕。在基建、更改、大修工程开通的联锁关系、联锁电路的检查、试验与核对工作中，发现涉及施工、设计和器材问题，要及时在开通前解决，不能给运用中的信号设备留有联锁隐患。

(2)设计单位应具有相应的资质。对施工中出现的过渡工程，也应委托有相应资质的设计单位进行设计。

(3)施工图纸必须审核。特别对施工图纸及施工过渡设计必须认真审核，发现设计图纸问题，应由设计作出变更，施工单位严格按照设计图纸进行施工。

(4)联锁试验完毕的设备未经允许严禁变动。在联锁关系、联锁电路试验及核对过程中发现问题应及时予以解决，在未解决前不应再继续试验，更不得开通使用。联锁主任或联锁工程师应及时掌握开通施工的进展情况。对于已试验良好的设备，原则上不允许再进行变动，如果确需变动，需重新进行试验检查确认。

(5)联锁试验表格是确保联锁试验全面、正确的基本保证。试验人员需掌握表格中每一项的试验方法、目的及电路如何实现。

(6)特殊联锁关系的试验需制定专用的表格。对于不能涵盖的内容需制定有针对性的试验表格,所有涉及联锁试验的施工必须按照施工级别编制相应的联锁试验方案(大纲),并履行审批手续。

二、信号施工联锁试验流程

(一)组织人员到联锁厂家进行仿真试验

结合站场实际确定仿真试验内容,预制试验表格。试验人员在联锁厂家仿真试验时严格按照联锁图表和预制的联锁试验表格逐项进行试验。

1. 仿真试验应具备的条件

①具有审批后并加盖设计单位专用章的施工图和完整的设计变更资料。

②施工单位和设备接管单位已完成施工图纸审核,发现问题经设计同意并修改完成。

③设计单位已提供特殊联锁电路说明,生产商已提供特殊电路驱动逻辑关系说明。

④联锁供应商已提供与站场相关的软件编制技术说明。

⑤仿真试验所涉及的试验平台搭建完毕,联锁供应商已完成软件发布。

2. 仿真试验检查核对需重点注意以下内容

①核对信号平面图与站场显示的画面是否一致(重点核对道岔开通方向、信号机安装方向、信号机灯光颜色等)。

②核对厂家的特殊结合是否符合现场要求、是否符合标准。

③根据道岔牵引类型,核对应有分表示的道岔是否设置分表示。

④依据设计图纸、联锁图表,按信号联锁关系试验检查表中项目,逐条进行试验。

⑤核对联锁图表、联锁软件和实际进路的一致性,联锁图表中未列出的列车进路不得排出。

⑥对各种报警信息进行核对。核对各功能按钮作用是否良好。

⑦进路逐条试验完毕后,进行防止相互干扰的进路试验。站场最大办理进路数试验,防止因同时办理多条进路后,进路不能选出的问题。

对试验中发现的问题及时做好记录,督促厂家整改。厂家完成整改后,联锁试验必须从头开始。

(二)现场模拟试验

对施工图纸进行审核。特别对施工图纸及施工过渡设计必须认真审核,发现设计图纸问题,应由设计作出变更,施工单位严格按照施工图纸进行施工。

图实核对。由施工单位提供临时竣工图,按照该图组织核对,重点核对组合侧面配线、继电器等器材型号、零散组合内部配线、分线盘配线等。

核对计算机联锁系统模拟试验软件版本须采用仿真试验合格的软件版本,联锁设备与其他系统接口具备测试条件。

结合工程实际,确定模拟试验内容,预制试验表格。按照预制的联锁试验表格逐项进行试验。试验中因发现问题需要修改某个条件时,在未解决前不应再继续试验,在条件修改后,与此条件相关的联锁试验项目必须重新试验。

联锁试验完毕的设备未经允许严禁变动,如果确需变动,需重新进行试验检查确认。

(三)组织编制开通联锁试验大纲

在制订施工方案和提报施工计划阶段,组织召开施工联锁试验大纲制订会,预制试验表格,确定施工联锁试验时间段安排、使用的试验器材、模拟条件的给出方法。施工前对试验人员进行面对面布置,明确联锁试验范围、试验项目、试验方法、试验流程、试验纪律、职责分工、联系方式及相关要求等。

(四)开通试验

按照预制的开通联锁试验表格逐项进行试验。

(五)审核联锁试验资料

联锁试验完毕,对联锁试验资料进行整理并审核,确认无误后,相关人员在试验资料上签认并存档。

三、信号联锁试验纪律

(一)防止联锁失效应重点注意的内容

①防止联锁试验不彻底,造成的联锁失效。
②防止尚未纳入联锁的设备与既有联锁设备连接,造成的道岔错误转动、信号错误开放。
③防止道岔配线错误,造成道岔错误表示。
④防止挤切销非正常折断,造成道岔机械锁闭失效。
⑤防止信号电缆绝缘不良,造成接地、混线。
⑥防止室内外设备状态(位置)表示不一致。
⑦防止电源对地漏电流超标。
⑧防止轨道电路调整不当导致分路残压超标。
⑨防止分路不良管理制度不落实,造成联锁失效。
⑩防止软件(数据)版本不一致或错误使用,造成联锁失效。

(二)对运用中的信号设备进行拆、改、配线作业,必须遵守的规定

①一律纳入路局集团公司月度施工计划或天窗作业Ⅰ级维修计划。作业前,须制定施工安全措施。

②必须按图施工,配线图必须由电务段及以上或有相应资质设计部门编制,经电务段审核并履行审批程序、批准后方可实施。

③必须由车间或以上技术人员组织参加方可进行,工区一律不得擅自组织此类施工作业。

(三)在信号设备上进行试验或采用革新项目,变更联锁图表、电路图、信号显示方式及器材规格时的规定

①改变主要器材规格、变更信号显示方式,须经国铁集团批准。
②变更信号设备联锁关系、修改电路图,由铁路局集团公司批准。
③变更接点组(不改变联锁条件)、配线图由电务段批准。

(四)联锁电路检查试验中的安全事项

①联锁电路检查试验前要制定安全措施,明确试验分工、试验程序、试验方法、试验标准用语及注意事项。

②联锁试验要明确试验负责人,严格执行专人指挥、专人操作、专人监督的试验制度。

③联锁试验告一段落或结束时,按分工负责的设备范围,认真复查确认是否恢复正常状态。

④办理由股道发车或调车的联锁试验时,事先须向值班员询问股道内有无机车停留,在机车停留的股道需进行有关的试验时,事先征得车站值班员和司机的同意后,方可进行。

⑤严禁利用行车人员办理使用的进路进行联锁试验。

⑥严禁扳动被列车占用和列车刚出清的轨道区段中的道岔。

⑦不得采用不能反映设备真实情况的方法进行联锁试验。

第二章　车站基本联锁关系检查试验

第一节　普速铁路联锁进路检查试验

信号联锁关系试验的基本依据是信号联锁技术规范、技术条件和信号联锁图表等，具体每条进路中检查的联锁功能应符合这些规范、条件及联锁图表的要求。试验过程中应对各项要求进行逐项试验，核对其正确性，试验项目见表 2-1。

表 2-1　普速铁路联锁进路检查试验表

进路号码	进路始端	进路变通	进路终端	正常开放信号	道岔位置不对信号不能开放	道岔无表示信号关闭	区段占用不能开放信号	调车信号白灯保留	带动道岔	防护道岔	信号开放后锁闭道岔	敌对信号	敌对照查	随时关闭信号	接近锁闭及区段核对	进路正常解锁	取消进路解锁	人工延时解锁	区段人工解锁	重复开放信号	局部控制	进路表示器	调车中途返回解锁	自动闭塞离去区段占用（或区间空闲检查）	半自动闭塞	自动站间闭塞	引导信号	机务段同意	侵限绝缘	6‰下坡道	到发线出岔	非进路调车	防止迎面解锁	道口自动通知及道口自动信号	改变运行方向电路	备注
1	2	3	4	5	6	7	8	9	10	11	12	13	14	15	16	17	18	19	20	21	22	23	24	25	26	27	28	29	30	31	32	33	34	35	36	37

一、进路号码

1. 填写方法

根据联锁表中给定的进路号码进行填写。

2. 试验方法

排列该条进路，核对进路号与所排进路的一致性。

3. 注意事项

(1)在进路表中，对通过进路等组合进路以接车进路号加发车进路号组合填写，不单独计入进路总数中。组合进路填写时按联锁表中给定的进路号填写和核对。

(2)核对联锁表未列的列车进路不应排出。

(3)非新建站仿真试验应核对进路与既有进路的一致性。

二、进路始端

根据联锁表中排列进路按下按钮栏中进路始端按钮的名称进行填写。

三、进路变通

1. 填写方法

根据联锁表中排列进路按下按钮栏中的变通按钮按钮的名称进行填写。

2. 注意事项

(1)变通进路核对时要重点核对与既有变通进路是否一致,是否存在“小八字”变通的情况,不允许排出“小八字”进路。

(2)核对联锁表未列出的变通进路应不能排出。

(3)如果在试验中发现存在多条变通进路的情况,若确有需要,应对进路表进行补充完善,需设计单位签认变通进路,并对每条变通进路进行试验。

(4)当始终端按钮之间存在两条及以上进路时,需核对确定运行方向道岔栏道岔是否决定了进路的方向,即区分基本进路和变通进路的道岔。

四、进路终端

根据联锁表中排列进路按下按钮栏中进路终端按钮的名称进行填写。

五、正常开放信号

顺序按压(或点击)进路始终端按钮后,确认进路能够锁闭,信号可以正常开放,开放的信号机名称、显示与联锁表信号机栏的名称、显示一致。核对进路光带应与联锁表道岔栏内道岔位置一致,并无其他异常显示。

六、道岔位置不对不能开放信号

1. 试验方法

将所办进路上的所有道岔(含防护道岔)逐组置于不符要求的位置并单锁,试排该条进路,该进路不能办理,信号应不能开放。单解该道岔后,进路将道岔选至规定位置。将所办进路上的所有道岔逐组断表示,试排该条进路,该进路不能办理,信号应不能开放。

2. 注意事项

(1)试验时该条进路经过的所有道岔必须单组逐一进行试验,不得两组及以上道岔同时进行试验。

(2)核对试验的道岔名称、数量与联锁表道岔栏内道岔名称、数量一致(带动道岔除外)。

七、道岔无表示关闭信号

1. 试验方法

办理进路并开放信号后,将与进路有关的所有道岔(包括与进路上的某组道岔组成的多动道岔)表示逐组断开(可采用断开室内道岔表示电路断路器的方法),每次应能关闭信号。

2. 注意事项

对于多动或多机牵引道岔,断开每一动道岔或每个牵引点转辙机的道岔表示,该进路已开放的信号均应自动关闭。可纳入道岔单项设备试验。

八、区段占用不能开放信号

1. 试验方法

(1)先模拟区段占用后办理进路,此时进路应不能锁闭(引导进路和调车进路的无岔区段除外)。

(2)模拟占用列车进路内的任一轨道区段,列车信号机均应立即关闭,需逐区段试验;占用调车进路内的任一道岔区段时(有白灯保留电路的调车信号机内方第一轨道区段除外),调车信号机均应立即关闭。

2. 注意事项

(1)试验时,必须按上述两种方法对进路内各区段逐个进行试验。

(2)需核对试验的区段与联锁表轨道区段栏的区段名称、数量一致。

九、调车信号白灯保留

1. 调车信号开放后,顺序占用接近区段和调车信号机内方第一区段,调车信号机的白灯必须保持开放状态(机走线和机务段出口处以及机待线上的调车信号机除外)。

2. 接近区段空闲后白灯关闭,或接近区段仍占用,占用调车信号机内方第二个轨道区段、出清调车信号机内方第一个轨道区段后白灯关闭,或接近区段仍占用,调车信号机内方第一个轨道区段空闲后白灯关闭。三种关闭时机均需进行试验。

十、带动道岔

1. 设置目的

设置带动道岔的目的是为了提高运输效率,带动道岔未带动到规定位置或被带动的道岔失去表示时不影响进路办理和信号开放,被带动的道岔失去表示时已开放的信号不会关闭。在联锁表道岔栏中带动道岔用大括号{　}标注。

2. 平面图审核

在平面图中带动道岔所在的区段一般包含两组及以上道岔,带动道岔一般为双动或多动道岔。审核时在平面图中查找同一区段内包含两组及以上道岔的区段,审核是否存在经由该区段而不经由区段中某组道岔的进路,且该未经由道岔的另一动能够同时办理另一条进路。

如图 2-1 所示,3-7DG 包含两组双动道岔中的 3 号和 7 号,存在经由 3-7DG 区段而不经由区段中 3 号道岔的调车进路 D_3 至 D_7,且该未经由道岔的 3 号的另一动 1 号道岔能够同时办理 D_1 至 D_5 的进路。经由 5/7 号道岔反位的进路需将 1/3 号带动至定位。综上所述,需对平面图按此方法进行审核,核对需按带动进行设置的道岔。

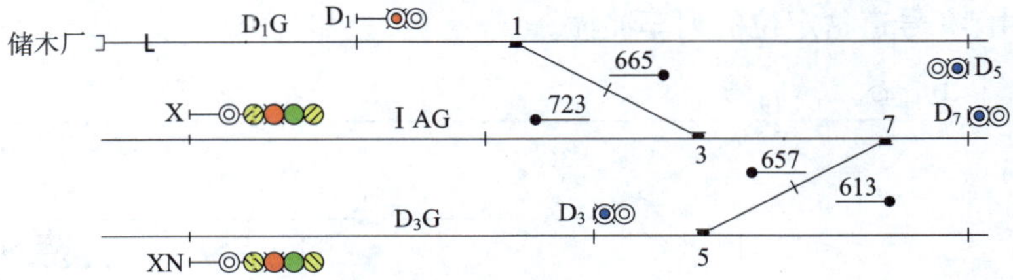

图 2-1　带动道岔

3. 试验方法

(1)将带动道岔单锁在需要带动的相反位置,然后办理进路,进路能够办理,信号能够开放。信号开放后,单解带动道岔,道岔不会被带动,仍在原位置。如图 2-1 所示试验 D_3 至 D_7 的进路时,将 1/3 号道岔单锁在反位,然后办理 D_3 至 D_7 的进路,进路能够办理,D_3 信号能够开放。D_3 信号开放后,单解 1/3 号道岔,1/3 号道岔不会被带动,仍在反位。

(2)将带动道岔放置在需要带动的相反位置,然后办理进路,进路能够办理,信号能够开放,此时,该道岔被带动到规定位置。如图 2-1 所示试验 D_3 至 D_7 的进路时,将 1/3 号道岔放置在反位,然后办理 D_3 至 D_7 的进路,进路能够办理,D_3 信号能够开放,此时,1/3 号道岔被带动到定位,不影响经由 1 号道岔定位的进路。

(3)信号开放后,若该带动道岔不在进路中的轨道区段内,单独操纵带动道岔,该道岔应可以操纵,断开带动道岔表示,已开放的信号不关闭。此情况较少。

十一、防护道岔

1. 设置目的

设置防护道岔的目的是为了确保进路安全,防护道岔因故不能被带到防护位置或无表示,将直接影响防护进路的办理、信号的开放及关闭信号。在进路表中防护道岔用中括号[ ]标注。

2. 平面图审核

(1)在平面图中首先审核开通安全线的道岔是否应设置为防护道岔,一般开通安全线的单动道岔或脱轨器应设置为防护道岔。

如图 2-2 所示,排列经由 24/26 号道岔反位的进路时,32 号道岔应防护在定位,防止接触网工区线车辆溜逸与经由 24/26 号道岔反位的列车冲撞。

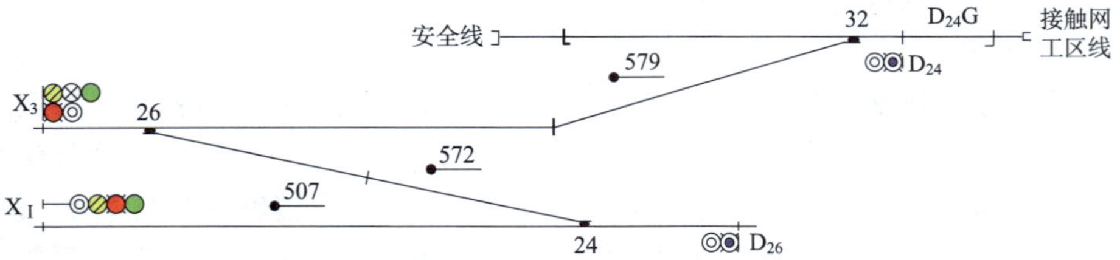

图 2-2　防护道岔 1

(2)为了隔开,特殊情况下开通安全线的双动道岔有时也设置为防护道岔。

如图 2-3 所示,排列经由 19 号道岔定位的进路时,23/25 号道岔应防护在定位,防止 6G 车辆溜逸与经由 19 号道岔定位的列车冲撞。

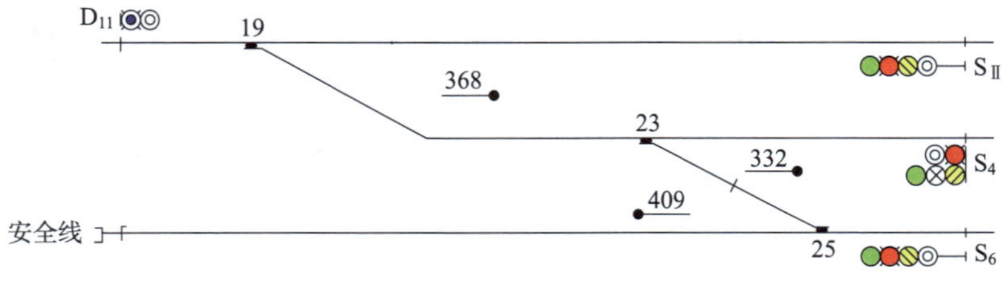

图 2-3　防护道岔 2

(3)交叉渡线的双动道岔互为防护道岔。

如图 2-4 所示，排列经由 1/3 号道岔反位的进路时，5/7 号道岔应防护在定位。排列经由 5/7 号道岔反位的进路时，1/3 号道岔应防护在定位。

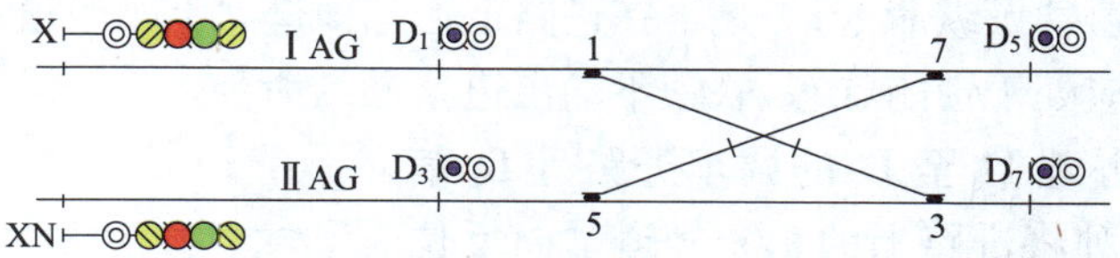

图 2-4　防护道岔 3

(4)特殊情况下，将侵限绝缘处相关的道岔设置为防护道岔，避免侵限区段占用时影响已开放的信号，同时防止发生侧面冲突。

如图 2-5 所示，12DG 与 16DG 处的绝缘为双边侵限，经由 14/16 号道岔反位的进路检查 12DG 空闲或 12 号道岔在定位。为防止冒进或车辆溜逸时与经由 14/16 号道岔反位的列车冲突，同时避免 12 号道岔在反位时 12DG 红光带影响经由 14/16 号道岔反位的已开放进路，设置 12 号道岔为防护道岔，经由 14/16 号道岔反位的进路 12 号道岔应防护在定位。

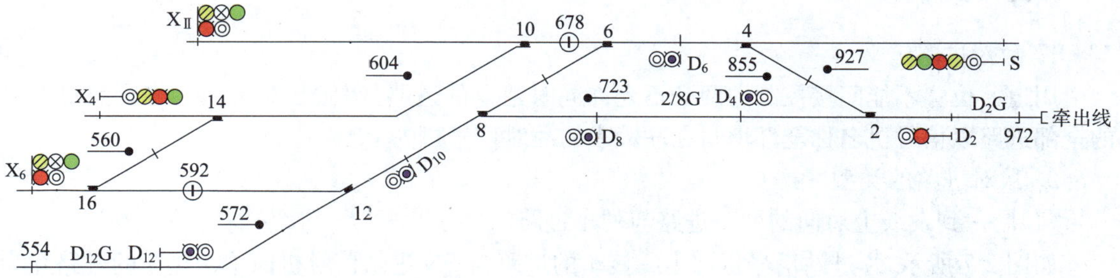

图 2-5　防护道岔 4

3. 试验方法

(1)将防护道岔单锁在非防护位置后，办理进路，进路不能够办理，信号不能开放。如图 2-5 所示，试验经由 14/16 号道岔反位 S 至 6G 的列车进路时，将 12 号道岔单锁在反位，办理该进路，进路不能锁闭，S 进站信号机不能开放。

(2)断开防护道岔表示后，办理进路，进路不能够办理，信号不能开放。如图 2-5 所示，试验经由 14/16 号道岔反位 S 至 6G 的列车进路时，将 12 号道岔断开表示，办理该进路，进路不能锁闭，S 进站信号机不能开放。

(3)进路锁闭且信号开放后，单独操纵防护道岔，该道岔不能扳动。如图 2-5 所示，试验经由 14/16 号道岔反位 S 至 6G 的列车进路时，办理该进路，S 进站信号机开放后，单独操纵 12 号道岔至反位，道岔不能启动，计算机联锁不能输出道岔动作命令，继电联锁道岔启动继电器不能动作。

(4)信号开放后，断开防护道岔的表示，已开放的信号将自动关闭。如图 2-5 所示，试验经由 14/16 号道岔反位 S 至 6G 的列车进路时，办理该进路，S 进站信号机开放后，断开 12 号道岔表示，S 进站信号机自动关闭。

十二、信号开放后锁闭道岔

办理某条进路且信号开放后，一是逐组单独操纵进路上的所有道岔，这些道岔均应处于锁闭状态，联锁不输出道岔操纵命令；二是不在进路上但与该进路上某组道岔属同一个区段的其他道岔，这些道岔均应处于锁闭状态，联锁不输出道岔操纵命令。

如图 2-6 所示，办理 D_3 至 D_7 的调车进路且 D_3 信号机开放后，一是单独将进路上的 1/3 号道岔向反位操纵，1/3 号道岔应处于锁闭状态，计算机联锁不输出道岔动作驱动命令，6502 电气集中联锁继电器 1DQJ 不会吸起，该组道岔不会失去表示影响已经开放的信号；二是不在该条进路上但与该进路上 1 号道岔属于同一个区段 1-5DG 的 5 号道岔，将 5 号向相反的位置操纵，该道岔应处于锁闭状态，计算机联锁不输出道岔动作驱动命令，6502 电气集中联锁继电器 1DQJ 不会吸起，该组道岔不会失去表示影响已经开放的信号。

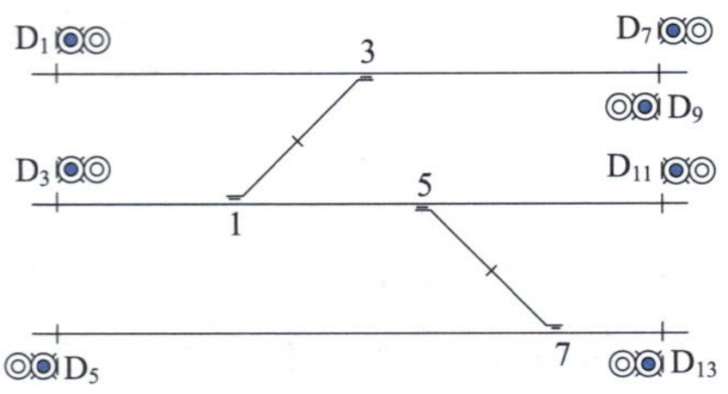

图 2-6　信号开放后锁闭道岔

十三、敌对信号

1. 敌对进路定义

用道岔位置不能间接控制的两条不允许同时建立的进路，叫做敌对进路。将有敌对关系的全部进路以信号机名称全部填写在联锁表的敌对信号栏内。

2. 敌对进路的类型

(1)同一到发线上对向的列车进路与列车进路。

如图 2-7 所示，X 进站信号机向ⅠG 接车的进路与 SN 进站信号机向ⅠG 接车的进路互为敌对进路。

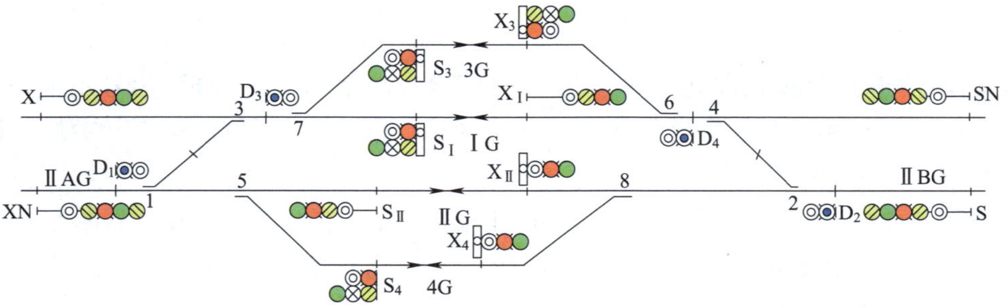

图 2-7　敌对信号 1

(2)同一到发线上对向的列车进路与调车进路。

如图 2-7 所示，X 进站信号机向ⅠG 接车的进路与 D_4 调车信号机向ⅠG 调车的进路互为敌对进路。

(3)同一咽喉区内对向重叠的列车进路。

如图 2-7 所示，X 进站信号机向ⅠG 接车的进路与 $S_Ⅰ$ 出站兼调车信号机向 X 接车口的发车进路互为敌对进路。

(4)同一咽喉区内对向重叠的调车进路。

如图 2-7 所示，D_3调车信号机向ⅠG 的调车进路与$S_Ⅰ$出站兼调车信号机向 X 接车口的调车进路互为敌对进路。

(5)同一咽喉区内对向重叠或顺向重叠的列车进路与调车进路。

如图 2-7 所示，D_3调车信号机向ⅠG 的调车进路与$S_Ⅰ$出站兼调车信号机向 X 接车口的发车进路互为敌对进路，为同一咽喉区内对向重叠的列车进路与调车进路；D_3调车信号机向ⅠG 的调车进路与 X 进站信号机向ⅠG 接车的进路互为敌对进路，为同一咽喉区内顺向重叠的列车进路与调车进路。

(6)进站信号机外方，列车制动距离内接车方向为超过 6‰的下坡道，而在该下坡道方向的接车线末端未设线路隔开设备时，该下坡道方向的接车进路与对方咽喉经过延续进路排列的接车进路、非同一到发线上顺向的发车进路及调车进路。

对于该类型敌对进路一般的做法是设置延续进路，所以出现此类敌对的情况比较少。

(7)防护进路的信号机设在侵入限界的轨道绝缘节处，禁止同时开通的进路。

如图 2-8 所示，D_6调车信号机设在侵入限界的轨道绝缘节处，经由 4/6 号道岔反位的进路与以D_6信号机为终端的进路互为敌对进路。D_{12}至D_4的进路在联锁表的敌对信号栏内应填写＜(2)＞D_2，表示D_{12}至D_4的进路建立后，经由 2 号道岔反位的D_2至D_6的进路不能建立，此时D_2信号机为敌对信号。

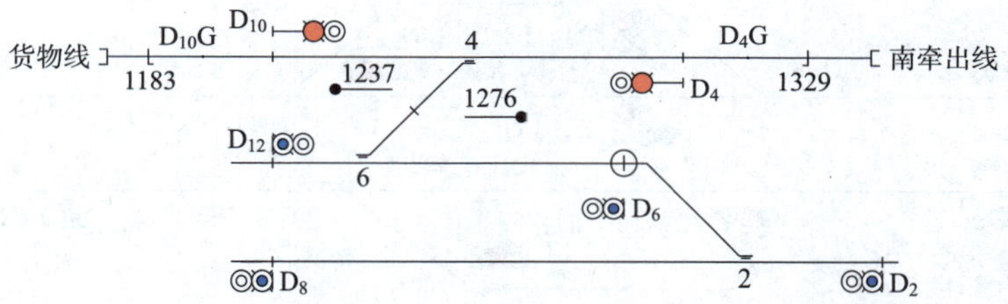

图 2-8　敌对信号 2

(8)向驼峰推送车列占用的股道与另一端向该股道的接车进路或调车进路。

(9)咽喉区内无岔区段上对向的调车进路(到发线上无岔区段应根据具体情况及运营要求另作规定)。

如图 2-9 所示，D_{10}调车信号机向无岔区段 2-4WG 的进路与D_2调车信号机向无岔区段 2-4WG 的进路互为敌对进路。

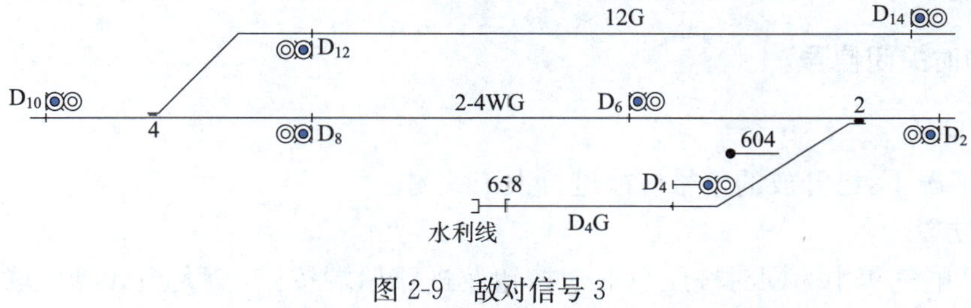

图 2-9　敌对信号 3

3. 试验方法

先办理某条进路信号开放后，根据联锁表中敌对信号栏的信号机办理所有与其有关的敌对进路，所有敌对信号机均应不能开放。

4. 注意事项

(1)注意核对联锁表中敌对信号栏的敌对信号机是否齐全，根据站场平面图及上述敌对进路的类型进行核对，确保敌对信号试验齐全。

(2)试验有条件的敌对信号时，必须确认办理的敌对进路与条件相符。

十四、敌对照查

1. 列车进路

试验向股道接车的某条列车进路时，办理另一咽喉向该股道的列车进路，信号开放后再办理该列车进路，进路不应锁闭；办理另一咽喉向某一股道的调车进路，信号开放后再办理该列车进路，进路不应锁闭。在联锁表的迎面进路栏的列车、调车分栏内体现列车和调车敌对照查。

如图 2-10 所示，试验 X 进站信号机至ⅠG 接车进路时，先办理 SN 或 S 进站信号机至ⅠG 的接车进路，信号开放后再办理 X 进站信号机至ⅠG 接车进路，进路不应锁闭；取消 SN 或 S 进站信号机至ⅠG 的接车进路，办理 D_4 调车信号机至ⅠG 的调车进路，信号开放后再办理 X 进站信号机至ⅠG 接车进路，进路不应锁闭。

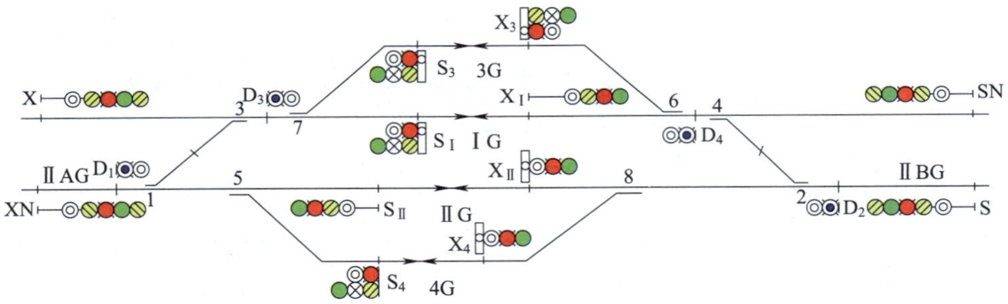

图 2-10　敌对照查

2. 调车进路

试验向股道接车的某条调车进路时，办理另一咽喉向某一股道的列车进路，信号开放后再办理该调车进路，进路不应锁闭。在联锁表的迎面进路栏的列车分栏内体现列车敌对照查。

如图 2-10 所示，试验 D_3 调车信号机至ⅠG 调车进路时，先办理 SN 或 S 进站信号机至ⅠG 的接车进路，信号开放后再办理 D_3 调车信号机至ⅠG 调车进路，进路不应锁闭。

十五、随时关闭信号

1. 试验目的

在任何情况下，已开放的信号应能进行人工关闭。

2. 试验方法

(1)6502 电气集中为同时按压总取消按钮及进路始端按钮(交大型计算机联锁为先按压总取消按钮，再按压进路始端按钮)，信号应能及时关闭。

(2) 6502 电气集中为按压总人工解锁按钮及进路始端按钮(交大型计算机联锁为先按压总人工解锁按钮，再按压进路始端按钮)，信号应能及时关闭。

(3)6502电气集中为同时按压总人工解锁按钮和进路上任一区段故障解锁按钮(交大型计算机联锁为先按压总人工解锁按钮,再按压进路上的任一道岔号),信号应能及时关闭。

3. 注意事项

(1)如已用前两种方法关闭信号,严禁再同时按压总人工解锁按钮和故障解锁按钮(交大型计算机联锁严禁按压区故解按钮后再按压进路上的道岔号),否则将使该区段立即解锁。

(2)采用紧急关闭信号的方法关闭信号后,应确认接近区段无车,或有车但已与司机联系确认车已停妥,且进路空闲后,进行解锁进路,当未接近锁闭时可按总取消解锁进路,当接近锁闭时可按人工解锁方法解锁进路,当出现进路内方异常造成的非正常关闭信号需要解锁进路,可按先办理进路总取消再按区段故障解锁方法进行操作。

十六、接近锁闭及区段核对

1. 试验目的

接近锁闭的意义是当列车接近时由于某种原因造成信号关闭,为防止列车冒进时进路已解锁带来的危险而采用的防护措施。

2. 接近锁闭区段长度设置

(1)列车进路和调车进路均应设置接近锁闭。

(2)列车进路

① CTCS-3级区段,接近锁闭区段长度不小于列控车载设备与RBC最大允许通信中断时间内列车按设计速度运行的距离与列车最大常用制动距离之和。

② CTCS-2级区段,接近锁闭区段长度不小于列车按设计速度运行时的最大常用制动距离。

③其他区段,不小于列车按设计速度运行时的紧急制动距离。侧线出站信号受过岔速度限制,一般以股道作为接近锁闭区段。

(3)调车进路的接近锁闭区段宜为调车信号机外方的轨道区段;必要时,可按第2条的原则确定接近锁闭区段的长度,或于调车信号开放后立即构成接近锁闭。

(4)进路的防护信号机无接近区段或接近区段长度不符合接近锁闭要求时,应在信号开放后立即构成接近锁闭。

3. 试验方法

试验时先办理某条进路且信号开放后,按上述要求在其接近区段任一处进行人工模拟占用该区段构成接近锁闭,此时采用取消进路的方式,信号能够自动关闭,但进路不能解锁。

4. 注意事项

(1)对于有多个接近区段的进路来讲,每一个接近区段都要试验一次。

(2)对于未设接近区段的调车进路,在信号开放后采用取消进路的方式,信号能够自动关闭,但进路不能解锁。

(3)重点核对接近区段设计长度是否符合要求。

十七、进路正常解锁

1. 试验方法

模拟列车或车列走行条件,顺序占用、出清进路的接近区段及进路的每一个区段,各区段在实现三点检查(曾占用并出清前一区段、占用并出清本区段、占用后一区段,进站内方第一区段除外)后,进路自始端起,各区段在出清后延时 3 s,依次向终端解锁。

2. 注意事项

(1)进路必须在信号关闭后解锁。

(2)进路宜按分段解锁方式设计,凡有条件的轨道区段均应符合三点检查的解锁要求;进路亦可按一次解锁方式设计。

(3)信号非正常关闭后,已锁闭的进路不得自动解锁。

(4)除延续进路外,列车或车列进入已锁闭的进路后,进路内列车或车列运行前方各轨道区段不得解锁。

(5)列车或车列占用进路后,列车或车列后方未解锁的空闲轨道区段宜设计为能经人工操作解锁。

十八、取消进路解锁

1. 试验方法

办理某条进路并锁闭,信号未开放或信号已开放但未构成接近锁闭时,采取按压总取消按钮和进路始端按钮的方式(交大型计算机联锁为先按压总取消按钮,再按压进路始端按钮)办理取消进路手续,进路应能立即解锁。

2. 注意事项

计算机联锁办理取消进路的方式以联锁厂家提供的使用说明书为准。

十九、人工延时解锁

1. 试验方法

开放信号后占用接近区段,采取按压总人工解锁按钮和进路始端按钮的方式取消进路,此时信号应立即关闭,进路按规定延时后解锁。

2. 注意事项

(1)接近区段由多个区段组成时应分别占用。

(2)自按压进路始端按钮和总人工解锁按钮起至进路上第一个区段解锁止所用的时间,应符合各种进路解锁的延时要求(普速车站接车进路及正线发车进路的延迟解锁时间为 3 min,侧线发车及调车进路的延迟解锁时间为 30 s,高速车站进路的延迟解锁时间根据列车运行速度及规定分别适当增加)。

(3)在接近区段出现瞬间红光带时,电气集中电路在红光带消失后可按取消进路方式解锁进路;对于计算机联锁来说,当列车进路的接近区段出现瞬间红光带时,考虑接近区段分路不良的影响,对接近锁闭的解锁方式采取了防护处理,即接近区段闪过红光带后,即使红光带消失也应按人工延时解锁方式解锁进路。

(4)某些计算机联锁设备(如 JD 型计算机联锁)在确认系轨道电路瞬间故障造成进路错误接近锁闭时,可通过二次办理的方式来解锁进路,即先按压总取消和进路始端按钮来取消进路,此时信号自动关闭,但进路仍不能解锁;重复开放信号后再办理第二次取消方可将进路解锁,这种方法是为提高作业效率设置的保留措施。

二十、区段人工解锁

1. 设置意义

列车或车列经过进路、办理总取消或总人工解锁手续后，如整条进路或部分区段未能解锁时，在区段空闲条件下，应能办理故障解锁。

2. 试验方法

试验时，应分别试验区段空闲和占用两种情况，按压总人工解锁按钮和该区段的故障解锁按钮，空闲时应能解锁（列车或车列占用进路时，运行前方区段虽然空闲，但不论采用何种操作方法均应不得解锁），占用时应不能解锁。

如试验某条进路，一是先办理进路信号开放后，先按压总人工解锁按钮和进路中某区段的故障解锁按钮关闭信号（也可使用其他办法关闭信号），再逐区段按压总人工解锁按钮和该区段的故障解锁按钮试验空闲情况下区段人工解锁，进路所有区段均能解锁；二是先办理进路信号开放后，先按压总人工解锁按钮和进路中某区段的故障解锁按钮关闭信号（也可使用其他办法关闭信号），再逐区段先占用后按压总人工解锁按钮和该区段的故障解锁按钮试验占用情况下区段人工解锁，进路所有区段均不能解锁。

3. 注意事项

（1）计算机联锁办理区段人工解锁的方式以联锁厂家提供的使用说明书为准。

（2）对于 6502 电气集中，当进站信号机内方设有无岔区段并在开放进站信号后，如该无岔区段故障使信号关闭后，将不能采取任何人工方式解锁进路，必须办理一次引导接车进路，待列车接入后才能进行区段故障解锁。

二十一、重复开放信号

1. 试验目的

一是防止自动重复开放信号，即指列车通过进路后，如不再次办理选路手续，不准信号自动重复开放（办理自动通过除外）；二是信号开放，在列车或车列尚未进入其防护的进路时，信号因故关闭后，在造成信号关闭的因素消除之后，经人工操纵，信号机应能重复开放。

2. 试验方法

如试验某条进路，办理进路信号开放后，先占用进路中某一区段关闭信号后出清，整条进路未解锁，信号未自动开放，再按压进路始端按钮，信号开放。

二十二、局部控制

1. 定义

把集中控制的联锁道岔改为调车员现场操纵称为局部控制道岔。

2. 技术要求

（1）改由局部控制时，信号楼值班员必须先检查未办理涉及该局部控制区域的进路，确认该区域内各道岔区段空闲。信号楼值班员同意（操作方式为按下局部控制按钮 JA）后，应将局部控制道岔转换到规定位置上。道岔锁好后，各有关的调车信号机均应开放，与局部控制道岔位置有关的调车信号机要根据道岔位置开放或关闭。改成局部控制后，值班员就失去对该道岔的控制权。

(2)将道岔交回集中控制时必须经现场调车员的同意(操作方式为拉出接受局部控制按钮JSA),要求调车员先将局部控制道岔恢复定位,检查有关道岔区段空闲后拉出接受局部控制按钮JSA,值班员确认调车员同意后,拉出局部控制按钮JA,解除对有关道岔和敌对进路的锁闭,收回道岔控制权。

3. 试验方法

(1)改由局部控制时,有关道岔能自动转到定位并锁在规定位置上,改成局部控制后,由信号楼操纵局部控制道岔,道岔应不得转换;有关的调车信号机均应开放,敌对信号不能开放,与局部控制道岔位置有关的调车信号的开放与否应由有关道岔的开通位置决定。

(2)收回道岔控制权时,局部控制道岔必须在定位,有关道岔区段必须空闲,有关道岔区段故障时,通过局部控制故障恢复能够收回道岔控制权;收回道岔控制权后,由现场操纵局部控制道岔,道岔应不得转换。

4. 试验举例

如图2-11所示,局部控制道岔平面图中10号道岔为局部控制道岔。

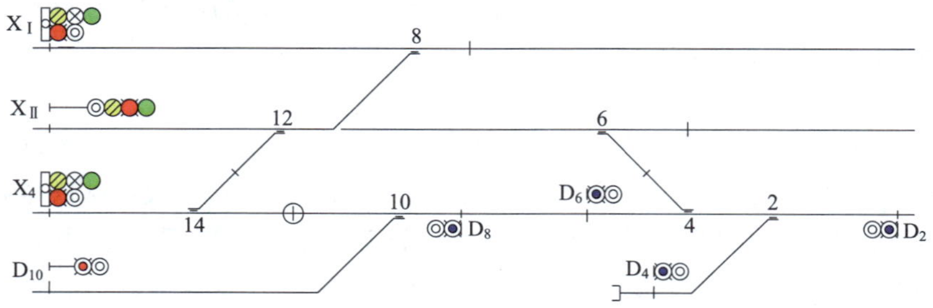

图2-11　局部控制

(1)该区域内各道岔区段(2-4DG、10DG、14DG)空闲且未处于锁闭(本咽喉未办理涉及该局部控制区域的进路)状态、另一咽喉未办理向4道的接车进路时控制台按下局部控制按钮JA,方能转为局部控制,试验每一条件不满足时均不能转为局部控制;试验按下局部控制按钮JA后能够将2、4/6和12/14自动转到定位,转为局部控制后2、4/6和12/14号道岔单操扳动反位时道岔不能动作、表示不能失去;转为局部控制后D_2、D_6、D_8调车信号机均应开放,室外局控盘操纵10号道岔,定位时X_4开放调车信号D_{10}信号机关闭,反位时D_{10}信号机开放X_6信号机关闭,另一咽喉办理向4道的接车进路,进路不能锁闭。

(2)在局部控制道岔时,试验局部控制道岔10号在反位时不能收回道岔控制权;分别试验10DG、14DG占用时不能收回道岔控制权,通过局部控制故障恢复能够收回道岔控制权。收回道岔控制权后,由现场操纵局部控制道岔10号,道岔不能转换。

二十三、进路表示器

1. 设置目的

进路表示器在其主体信号机开放时点亮,用于区别进路开通方向或双线区段反方向发车,不能独立构成信号显示。

2. 联锁关系

(1)如每个方向均设有表示器,主体信号开放可不检查表示器灯丝继电器的前接点。

(2)对于双线双向自动闭塞区段如仅在开通反方向设有表示器时,如果反方向进路表示器灭灯时主体信号显示不变就会造成显示方向错误,因此开放反方向的主体信号必须检查该方向表示器灯丝继电器的前接点。

3. 试验方法

(1)主体信号开放不检查进路表示器灯丝继电器的前接点时,核对进路表示器显示方式符合要求。

(2)主体信号检查该方向进路表示器灯丝继电器的前接点时,除核对显示方式外还需试验两个方面,一是进路表示器不能点亮时(断开进路表示器电源断路器或拔灯泡),主体信号不得开放,二是主体信号开放后,进路表示器如熄灭,主体信号应关闭。

(3)计算机联锁仿真试验时,核对驱动相应的方向继电器是否与显示标准相符,设计各方向进路表示器显示方式是否符合规范。

二十四、调车中途返回解锁

1. 定义

中途返回解锁是指原牵出进路的部分或全部未解锁,当车列经折返信号返回并出清原牵出进路(有些情况下需出清接近区段),牵出进路的各区段应延时 3 s 后解锁;所有可作折返调车信号的信号点均应具有调车中途返回解锁功能。

2. 试验方法

试验时,模拟车列运行,根据每个可作为折返信号的信号点,分两种情况试验:

(1)整条牵出进路未解锁时应试验以下四项内容:

①车列根据折返信号全部退出牵出进路时,整条牵出进路应能自动解锁。

②原牵出进路存车,车列退出接近区段时,原牵出进路不应解锁。试验时可人工模拟调车占用接近区段和牵出进路后,去掉接近区段的占用条件,核对进路解锁情况。

③原牵出进路无折返信号时,车列退出牵出进路,接近区段仍占用,牵出进路不应解锁。试验时可人工模拟调车占用接近区段和牵出进路后,去掉牵出进路占用条件,核对进路解锁情况。

④出站兼调车信号机防护的进路不得按中途返回方式解锁,即车列占用牵出进路并未出清接近区段(股道)时,牵出进路出现分路不良,即牵出进路上第一个区段红光带出现后又消失,随后车列全部进入牵出进路(牵出进路无红光带),此时整条牵出进路不应解锁。试验时,可人工模拟调车占用接近区段和牵出进路内方的第一区段且其余区段未占用时,先去掉牵出进路第一区段占用条件,后去掉接近区段占用条件,牵出进路不应解锁。

(2)部分牵出进路未解锁时:

①当车列驶入调车进路后,全部出清作为折返点的信号机内方各区段,此时原牵出进路以折返信号机为界分为两段,折返信号机防护内方的牵出进路已解锁,折返信号机防护外方的原牵出进路未解锁,开放折返信号后模拟车列依次占用折返信号机内方区段并逐个退出原牵出进路未解锁的各区段的条件,检查车列确已根据开放的折返信号机驶入该信号机内方,且出清全部未解锁的区段后,该部分区段应自动解锁。

②牵出进路部分未解锁的区段存车,车列退出该区段时不应解锁。试验时,可人工模拟调车占用折返信号机外方的区段,并办理折返进路,模拟车列进入折返进路,同时保留原牵出进

路区段的占用条件，再按折返进路运行方向顺序去掉各轨道区段的占用条件，核对进路解锁情况。

③折返进路未占用，即使原牵出进路区段失去分路，该区段应不能解锁。试验时，可人工模拟调车占用至牵出进路的区段后，未办理折返进路或办理折返进路但未占用时，模拟原牵出进路逐个退出各区段的占用条件，核对进路解锁情况。

3. 注意事项

(1)原牵出进路出现“走过”现象时，折返后原未解锁进路仍不允许解锁。“走过”是指原牵出进路以折返信号机为界，若车列在原牵出进路走行时已出清了折返信号防护外方的某一个(或多个)道岔区段使得该区段已经解锁，则再排列折返信号时，原牵出进路未解锁区段与折返信号机之间存在着已经解锁的轨道区段，在车列折返过程中将经过这些解锁的区段，这在调车作业中是十分危险的，因此调车作业时应严格禁止“走过”现象。当出现“走过”现象时，即使车列按折返顺序出清原牵出进路，原牵出进路上未解锁的区段也不能按中途折返方式解锁。

(2)原牵出进路的中途折返信号机外方有多个轨道区段的站场进行折返试验时，均需试验外方每个轨道区段为折返起始点的解锁情况。

二十五、自动闭塞离去区段占用或区间空闲检查

1. 设置目的

自动闭塞区段的出站信号能否开放或开放时显示什么灯光，应检查离去区段的条件。

2. 试验方法

(1)一离去占用时，有关出站信号应不能开放；出站信号开放后，一旦一离去出现红光带，出站信号应立即关闭(一离去区段单独做为一个闭塞分区的特殊情况除外)。

(2)显示关系核对：三显示自动闭塞一离去区段空闲时出站信号显示黄灯，一、二离去区段空闲时出站信号显示绿灯；四显示自动闭塞区段一离去区段空闲时出站信号显示黄灯，一、二离去区段空闲时显示绿黄灯，一、二、三离去区段空闲时显示绿灯。有特殊运营要求或两站场间距离较近时，离去条件由邻站的站联条件提供。

3. 注意事项

(1)当两站间仅有一个区段，该区段做为一离去条件时，邻站的进站信号开放正线接车信号作为二离去空闲条件，邻站的下一列车(进路或出站)信号机开放正线信号作为三离去空闲条件。

(2)当两站间含有一架通过信号机时，该通过信号机外方区段作为一离去条件，通过信号机防护内方闭塞分区作为二离去条件，邻站进站信号开放正线接车信号作为三离去空闲条件；试验时按相关设计文件进行。

(3)与三显示自动闭塞结合：当列车占用一接近或二接近时，控制台应有音响提示及表示。列车占用第二接近区段时，站内接车进路应实行接近锁闭。

(4)与四显示自动闭塞结合：当列车占用一接近、二接近或三接近时，控制台应有音响提示及表示。

(5)列车速度大于 120 km/h 的自动闭塞区段，站内接车进路接近锁闭区段根据具体情况确定。当列车占用接近区段时，站内接车进路应实行接近锁闭。

二十六、半自动闭塞

本处重点介绍计算机联锁仿真试验内容，以 JD 计算机联锁半自动闭塞电路为例进行说明，其他厂家计算机联锁设备可能因制式不同而有所区别。结合实际设备试验方法在半自动闭塞电路试验表中进行详细介绍。

1. 核对继电器驱动情况

(1)驱动复原按钮继电器 FUAJ 核对：常态不输出驱动，复原按钮按下后输出驱动，4 s 后停止驱动。

(2)驱动事故按钮继电器 SGAJ 核对：常态不输出驱动，事故按钮按下后输出驱动，4 s 后停止驱动。

(3)驱动闭塞按钮继电器 BSAJ 核对：常态不输出驱动，闭塞按钮按下后输出驱动，4 s 后停止驱动。

(4)驱动发车锁闭继电器 FSBJ 核对：常态输出驱动，排列向该口的列车发车进路并锁闭后停止驱动，发车进路最后一个区段解锁后重新输出驱动。

(5)驱动接车锁闭继电器 JSBJ 核对：常态不输出驱动，排列该口的接车进路，当进站信号机外方接近区段占用、引导信号开放采集到引导信号继电器 YXJ 吸起或进站开放列车信号采集到列车信号继电器 LXJ 吸起时输出驱动，该接车进路第一个道岔区段(非无岔区段)解锁后复原落下。

2. 试验闭塞条件、核对显示及语音报警

(1)发车检查闭塞条件试验

一是试验开通继电器 KTJ 采集到前接点且选择继电器 XZJ 采集到后接点时，能够开放发车信号；二是试验 KTJ 采集到前接点且 XZJ 继电器采集到前接点或前后接点均采集到或均未采集到时，不能够开放发车信号；三是试验 XZJ 采集到后接点且 KTJ 继电器采集到后接点或前后接点均采集到或均未采集到时，不能够开放发车信号。

(2)发车表示灯(箭头形式)核对试验

发车表示灯为向站外方向的箭头：一是试验通知出发继电器 TCJ 采集到前接点且回执到达继电器 HDJ 采集到前接点时，显示红色箭头；二是试验通知出发继电器 TCJ、同意接车继电器 TJJ、闭塞继电器 BSJ 均未采集到前接点时，显示红色箭头；三是试验通知出发继电器 TCJ、同意接车继电器 TJJ 均未采集到前接点且闭塞继电器 BSJ、开通继电器 KTJ 均采集到前接点时，显示绿色箭头；四是试验通知出发继电器 TCJ、同意接车继电器 TJJ、开通继电器 KTJ 均未采集到前接点且闭塞继电器 BSJ、轨道继电器 GDJ 均采集到前接点时，显示黄色箭头；五是针对前四种情况均需试验条件缺一不可，否则显示为无色箭头。

(3)接车表示灯(箭头形式)核对试验

接车表示灯为向站内箭头：一是试验通知出发继电器 TCJ 采集到前接点时，显示红色箭头；二是试验通知出发继电器 TCJ、回执到达继电器 HDJ、负电继电器 FDJ 均未采集到前接点且闭塞继电器 BSJ、同意接车继电器 TJJ 均采集到前接点时，显示黄色箭头；三是试验通知出发继电器 TCJ、闭塞继电器 BSJ 均未采集到前接点且同意接车继电器 TJJ 采集到前接点时，显示绿色箭头；四是针对前三种情况均需试验条件缺一不可，否则显示为无色箭头。

(4)语音信息核对

①核对进站信号机外方接近区段占用(采集到接近区段轨道继电器占用)且采集到通知出发继电器 TCJ 吸起时发出“列车接近”语音 。试验时先利用仿真机使联锁机机收到通知出发继电器 TCJ 吸起信息,再占用进站信号机外方接近区段应发出“列车接近”语音 。

②核对采集到负线路继电器 FXJ 吸起时应发出特殊声响,继电联锁为闭塞电铃鸣响 1.5～2 s。

③核对未采集到负线路继电器 FXJ 吸起且采集到正线路继电器 ZXJ 吸起时应发出闭塞声响,继电联锁为闭塞电铃鸣响 1.5～2 s。

④核对通知出发继电器 TCJ、回执到达继电器 HDJ、负电继电器 FDJ 均未采集到前接点且闭塞继电器 BSJ、同意接车继电器 TJJ 均采集到前接点时,显示黄色箭头且发出“请求闭塞”语音。

⑤核对通知出发继电器 TCJ、同意接车继电器 TJJ 均未采集到前接点且闭塞继电器 BSJ、开通继电器 KTJ 均采集到前接点时,显示绿色箭头且发出“同意闭塞”语音。

二十七、自动站间闭塞

试验内容包括自动站间闭塞和与车站联锁结合电路的所有技术条件。以计轴方式为例进行说明,其他方式的自动站间闭塞参照设计说明进行。

(1)自动站间闭塞首次办理

两站值班员确认区间空闲,同时(先后时差可在 13 s 内)按下计轴复零按钮,此时车站控制台上计轴复原按钮表示灯 JFLD 亮白灯,区间表示灯亮红灯。两站间按半自动闭塞方式发第一趟车后,区间占用表示灯灭灯,区间空闲表示灯点亮,两站分别拉出闭塞切换按钮(计轴设备在正常使用过程中,闭塞切换按钮应在加铅封状态),进入站间闭塞方式,此时车站控制台上人工闭塞“U”灯灭,自动站间闭塞“L”灯亮,区间按自动站间闭塞方式行车。

(2)自动站间闭塞正常办理

①发车站办理发车:值班员办理发车进路,发车站表示灯亮黄灯,此时接车站接车表示灯亮黄灯。

②同意发车:接车站自动同意接车,接车表示灯改亮绿灯,自动完成同意接车手续;发车站发车表示灯改亮绿灯,出站信号开放,自动完成请求闭塞办理。

③列车出发:发车站列车出发压入道岔区段,出站信号关闭,压入半自动轨道区段,发车表示灯改亮红灯,区间闭塞;同时接车站接车表示灯改亮红灯,区间闭塞。

④列车在区间运行:发车站列车驶入区间,电铃短时鸣响,区间占用灯亮红灯,出清区间空闲灯亮白灯;接车站列车驶入区间,电铃短时鸣响,区间占用灯亮红灯,出清区间空闲灯亮白灯,列车驶入接近轨道区段,接近通知电铃短时鸣响。

⑤列车到达接车站:列车凭开放的进站信号,进入接车站进站信号机内方,进站信号机关闭,接车、发车表示灯亮红灯。列车尾部驶入进站信号机内方,区间空闲灯亮白灯,接车、发车表示灯红灯熄灭,闭塞自动复原,同时发车站区间空闲灯亮白灯,发车表示灯红灯熄灭,闭塞自动复原。

(3)自动站间闭塞取消复原:发车站出站信号开放后,列车未发车前,发车站若需要取消闭塞,办理取消发车进路,待发车进路解锁后,站间闭塞随之自动复原。

(4)由自动站间闭塞转为半自动闭塞:相邻两站共同确认,未办理闭塞,未排列发车进路,两站同时破封按下闭塞切换按钮,此时两站人工闭塞表示灯亮黄灯,由自动站间闭塞转为半自动闭塞,按半自动闭塞试验方法进行试验。

(5)故障复原

①车站出站信号开放后一度停电恢复:发车站发车表示灯亮红灯,出站信号自动关闭,发车站办理取消发车进路,接车站在听到电铃短时鸣响后按压事故按钮复原,发车站待闭塞电铃鸣响后,两站闭塞复原。

②区间空闲,一站或两站同时一度停电恢复:发车表示灯亮红灯,经确认区间空闲,未排列发车进路,由接车站破铅封按压事故按钮 SGA,两站闭塞复原。

③区间计轴设备故障后修复,需由半自动闭塞制恢复为站间闭塞制运行:计轴设备修复后,区间正常通过一列车后,区间轨道继电器吸起,此时,两站对应区间占用灯灭,区间空闲灯点亮,轴数显示器显示“0000”,两站值班员同时拔出闭塞切换按钮,控制台上站间闭塞灯亮绿灯、人工闭塞灯黄灯灭灯,恢复站间闭塞行车。

(6)区间计轴设备故障转为半自动闭塞:电铃短时鸣响,确认区间空闲后,双方破铅封按下计轴复零按钮(时差可在 13 s)使计轴设备复零。再由两站值班员同时破铅封按压闭塞切换按钮,此时自动闭塞表示灯灭灯,由任意站按电话闭塞法使用路票开行一趟列车。发车站必须开放调车信号机,列车出发后进路自动解锁,列车完全到达接车站后,由接车站按压复原按钮 FUA,人工闭塞表示灯亮黄灯,闭塞复原;发车站闭塞电铃鸣响后,人工闭塞表示灯亮黄灯,此时两站闭塞复原,区间按半自动闭塞运行。

(7)计轴区间占用,接车、发车站均不能办理闭塞开放信号:区间占用表示灯亮红灯时,接车、发车站均不能办理闭塞、出站信号不能开放。

(8)发车站开放出站信号,接车站不能向同一区间开放出站信号:当发车站办理了发车进路且出站信号开放后,接车站再排列发车进路,出站信号应不能开放。

(9)未办妥闭塞,办理发车进路时,发车进路能锁闭但信号不能开放:发车站排列发车进路后,发车站未收到同意发车信号时,发车进路能锁闭但出站信号不能开放。

(10)发车站闭塞区段轨道电路故障,闭塞不能办理:当闭塞区段轨道电路故障时,闭塞应不能办理。

(11)发车站列车出发后,接车站闭塞轨道电路故障,闭塞不能自动复原,需由接车站办理事故复原:在发车站列车出发后,接车站闭塞轨道电路故障时,在列车完全到达接车站,站间闭塞应不能自动复原,需由接车站办理事故复原才能复原。

(12)接车站引导接车时,需由接车站采用事故复原办法办理复原:接车站引导接车时,在列车完全到达接车站,站间闭塞应不能自动复原,须由接车站采用事故复原方式才能复原。

二十八、引导信号

1. 引导方式

开放引导信号有引导进路锁闭和引导总锁闭两种方式。

(1)引导进路锁闭方式主要适用于进路内轨道区段故障(故障区段上的道岔无需转换时)或部分信号开放条件不满足的情况(如需要显示的灯泡断丝、延续进路不能建立等)。按引导进路锁闭方式开放信号时,先将进路上所有道岔操纵到规定位置,再按压引导信号按钮,开放引导信号(计算机联锁车站操作方式以联锁厂家提供的使用说明书为准),控制台或显示器上的信号复示器显示一个红色灯光和一个白色灯光。

(2)引导总锁闭方式主要用于进路中道岔无表示或其他条件不满足时开放引导信号。试验时,按下引导总锁闭按钮,使本咽喉所有道岔处于锁闭状态后,再按压引导信号按钮,应可开放引导信号。

2. 试验方法

(1)引导进路锁闭方式试验

①逐组断开接车进路上的道岔(包括中岔)的表示,进路锁闭式引导信号应不能开放。

②当进路中某轨道区段故障而进路引导方式开放引导信号后,如轨道电路故障恢复,应立即使该区段由区段锁闭转为进路锁闭状态,试验时单操该区段的道岔应不能转换。

③进站(接车进路)信号机红灯灭灯时,引导信号应不能开放。

④列车压上进站(接车进路)内方第一轨道区段时,引导信号应自动关闭。进站(接车进路)内方第一轨道区段故障,开放引导信号时,应长时间按压引导信号按钮至列车占用该轨道区段时止。计算机联锁车站进站内方第一个区段故障时,鼠标点击生效后显示 15 s 的倒计时,在此时间内重复点击可保证引导信号不被关闭。

(2)引导总锁闭方式试验

①按下引导总锁闭按钮,使本咽喉所有道岔处于锁闭状态后,试验本咽喉所有道岔不能扳动。再按压引导信号按钮,应可开放引导信号。

②列车压上进站(接车进路)内方第一轨道区段时,引导信号应自动关闭。

3. 注意事项

(1)办理引导解锁需同时按压进路始端按钮和总人工解锁按钮。

(2)取消引导总锁闭可人工拉出引导总锁闭按钮来解锁全咽喉的道岔。(计算机联锁车站操作方式以联锁厂家提供的使用说明书为准)。

(3)当进站(接车进路)信号正常开放后,进路内方出现红光带时,均可直接按压引导按钮开放引导信号,使进路锁闭转为引导进路锁闭。继电式电气集中采用按压总人解和进路始端按钮的方式一次解锁,有些计算机联锁把上述进路作为两条进路储存起来,解锁时需办理两次解锁操作,操作方式以联锁厂家提供的使用说明书为准。

二十九、机务段同意

1. 技术要求

在办理机车入库作业时,应满足如下的技术要求:

(1)集中联锁区向机务段排列调车进路时,必须取得机务段的同意,才能开放调车信号。

(2)机务段一旦办理了同意入库手续后,除了机车驶入机务段自动取消同意外,机务段无权取消。必要时,可由信号楼值班员办理取消。

(3)机务段办理一次同意入库手续后,只能允许一次机车入库。如另有机车入库,则需再次取得机务段的同意。

(4)机务段办理同意入库手续后,信号楼和机务段的闸楼内都要亮白色同意表示灯。

2. 试验方法

(1)机务段未按压同意按钮,检查进入机务段的有关调车信号应不能开放。

(2)开通机务段的调车信号开放且机车未进入时,控制台和机务段的闸楼内"机务段同意按钮盘"的白色同意表示灯均点亮,试验机务段应不能取消同意,信号楼可以办理取消。

(3)开通机务段的调车信号开放并机车进入后,再次办理进入机务段的有关调车信号应不能开放。

三十、侵限绝缘

1. 定义

侵限绝缘指在道岔区段(除双动道岔渡线的绝缘外)设于警冲标内方小于3.5 m处的钢轨绝缘,在有动车组运行的线路上,钢轨绝缘安装位置距警冲标不得小于5 m。

2. 侵限绝缘类型及试验

侵限绝缘的情况比较复杂,分为条件侵限绝缘和无条件侵限绝缘,要根据站场平面进行仔细分析。

(1)无条件侵限绝缘就是当办理经由侵限绝缘一边的某一道岔区段的进路时,必须无条件检查相邻轨道区段是否空闲。

试验时一是在相邻轨道区段占用的条件下,该进路不能够办理,信号不能开放;二是待进路办理且信号开放后,占用相邻轨道区段,已开放的信号应立即关闭。

如图2-12所示,经由1号道岔反位的进路,必须检查3DG区段的空闲条件。

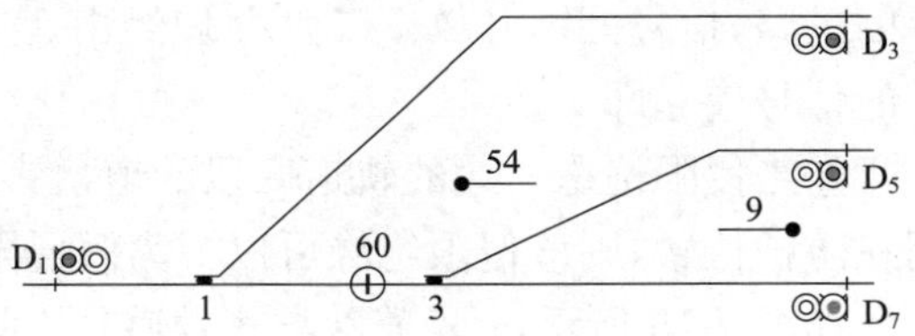

图2-12　无条件侵限绝缘

试验D_1至D_3进路时,一是在3DG占用的条件下,办理D_1至D_3的调车进路,D_1信号不能开放;二是办理D_1至D_3的调车进路,D_1信号开放后,占用3DG,D_1信号应立即关闭。

(2)条件侵限绝缘就是当办理经由侵限绝缘一边的某一轨道区段的进路时,根据相邻道岔位置条件决定是否检查相邻轨道区段的空闲状态。

试验时一是在相邻轨道区段空闲的条件下,不论相邻区段的道岔在定位或反位,该进路均能够办理,信号能够开放。二是在相邻轨道区段占用的条件下,当相邻区段的道岔在反位时,该进路均能够办理,信号能够开放。反之,该进路则不能办理,信号不能开放。三是办理好进路且信号开放后,当相邻区段的道岔在反位时,占用相邻区段,信号不会关闭;当相邻区段的道岔在定位时,占用相邻区段,信号立即自动关闭。

如图2-13所示,在办理经由1/3号道岔反位的进路时,当5号道岔在定位时就不需要检查5DG的空闲条件,但当5号道岔在反位时则必须检查5DG的空闲条件;在办理经由5号道岔定位的进路时,当1/3号道岔在反位时就不需要检查1DG的空闲条件,但当1/3号道岔在定位时则必须检查1DG的空闲条件。

如试验D_7至D_3进路时,一是在5DG空闲的条件下,分别试验5号道岔在定位和反位时办理D_7至D_3的调车进路,D_7信号能够开放。二是在5DG占用的条件下,试验5号道岔在定位时办理D_7至D_3的调车进路,D_7信号能够开放;5号道岔在反位时办理D_7至D_3的调车进路,D_7信号不能够开放。三是办理D_7至D_3的调车进路,D_7信号开放后,5号道岔在定位时,占用5DG区段,D_7信号不会关闭,5号道岔在反位时,占用5DG区段,D_7信号立即关闭。

(3)特殊处所的侵限绝缘

①交叉渡线中间两道岔定位的岔心位置设置的绝缘，一般为侵限绝缘，如图 2-14 所示。当该侵限绝缘处设有单置调车信号机 D_5时，经 3 号道岔定位排列向该调车信号机为终端的调车信号时，与经交叉渡线 5/7 号道岔反位的进路按敌对进路处理，此时不再单独检查侵限绝缘条件；而经另一渡线道岔 5/7 号反位的进路时，此侵限绝缘为无条件侵限绝缘。

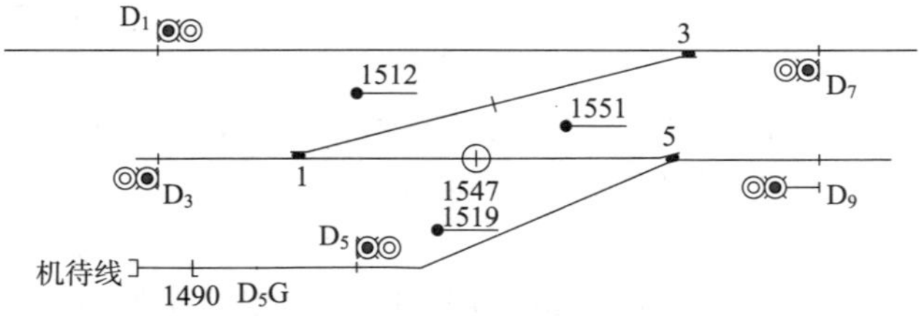

图 2-13　条件侵限绝缘

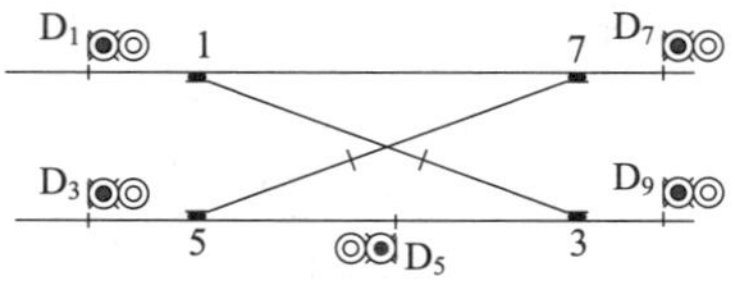

图 2-14　特殊侵限绝缘

试验经由 5/7 号道岔反位的进路时，一是信号开放后，以 D_5 为终端的所有调车进路均不能办理；二是在 3DG 空闲的条件下，办理经由 5/7 号道岔反位的进路，信号能够开放。三是办理经由 5/7 号道岔反位的进路，信号开放后，占用 3DG，开放的信号应立即关闭。

试验经由 1/3 号道岔反位的进路时，一是在 5DG 空闲的条件下，办理经由 5/7 号道岔反位的进路，信号能够开放。二是办理经由 1/3 号道岔反位的进路，信号开放后，占用 5DG，开放的信号应立即关闭。

②当侵限绝缘一边的轨道区段的道岔为防护道岔时，在办理进路时若防护道岔带动并锁闭在防护位置，则该侵限绝缘可以视为假侵限。

如图 2-15 所示，1 号道岔与 5 号道岔之间的侵限绝缘，办理经由 1/3 号道岔反位的进路时不检查该侵限绝缘，但检查 5 号道岔防护在定位，试验方法同“防护道岔”。

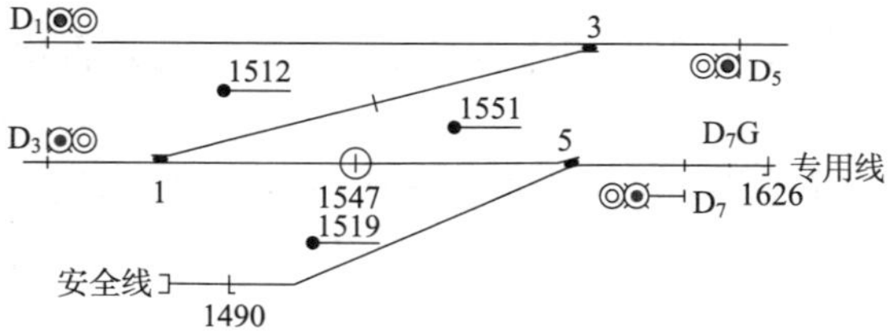

图 2-15　假侵限绝缘

三十一、6‰下坡道

进站信号机外方制动距离内有大于 6‰的下坡道时，所有能办理接车的股道必须设有延续进路。

试验方法：其试验要求按照本章第五节试验方法执行。

三十二、到发线出岔

到发线出岔电路又称中岔电路，在股道中间的道岔称为中岔，中岔的技术条件既要满足调车作业的方便，同时又要保证接、发列车的安全。

试验方法:其试验按照本章第六节试验方法执行。

三十三、非进路调车

非进路调车作业是为了满足推送线向调车区固定进路反复取送车辆而设计的调车作业方式。

试验方法:其试验按照本章第七节试验方法执行。

三十四、防止迎面解锁

1. 定义

在列车运行前方的道岔区段提前错误解锁,称为列车迎面错误解锁。

2. 试验方法

试验时模拟列车或车列按正常方式运行,从压入信号机内方第一个区段起,对前方未占用区段进行故障解锁,这些区段应不能解锁。

三十五、道口自动及道口自动信号

1. 车站通知条件试验:主要检查与站内联锁相关联的条件。一般来说,站内道口及邻近车站的区间道口的通知条件包括:按速度计算列车或调车接近相应的区段时,向道口发出接近通知条件;列车越过道口占用相应的区段给出道口复原条件,具体情况应按设计提供的技术说明进行。

2. 道口通知报警距离核对:道口通知报警距离必须满足道口有关技术条件规定。试验时,核对设计距离及现场实际测量距离均符合按线路允许最高速度和道口有关技术条件的计算结果。

3. 道口声光报警设备定位显示允许道路方向车辆通过信号:无列车接近时,设于道口道路方向的信号机显示月白灯,音响器不发声。

4. 列车接近时自动点亮道路方向道口信号机红灯:当列车接近道口、到达接近报警点时,自动向道路方向显示禁止车辆通行的信号,即道口信号机两个红灯交替闪光,红色闪光信号的闪光频率为 50～70 次/min,亮灭比为 1∶1。

5. 列车接近时道口音响器自动报警:当列车到达接近报警点时,设于道口两侧道路方向的音响器自动报警,音响频率为 1.5～2.0 Hz,间歇比为 1∶1。

6. 当列车通过道口并出清到达点后停止报警:列车出清到达点后,道口信号机红色闪光灯光自动熄灭,转为点亮月白色灯光,音响器停止报警。

7. 人工短路轨面防护该闭塞分区的通过信号机显示禁止灯光:为确保列车运行安全,在自动闭塞区段有些道口设有人工短路轨面的短路装置,其目的是当道口因故无法关闭或停留在道口上的车辆故障时,可通过人工操作短路装置来短路轨道电路,使列车在运行前方信号机前停车,避免发生事故。

8. 遮断信号显示试验:遮断信号机控制按钮在正常位时遮断信号机灭灯,遮断信号机控制按钮在遮断位时,遮断信号机红灯点亮。

三十六、改变运行方向电路

本处重点介绍计算机联锁仿真试验内容,以 JD 型计算机联锁四线制方向电路为例进行说明，其他厂家计算机联锁设备可能因制式不同而有所区别。结合实际设备试验方法在方向电路试验表中进行详细介绍。

1. 正常改方

(1)未按允许改方按钮反向发车不能改方：正方向为接车的发车口，当需要改变运行方向时，需破封按下“允许改方”按钮后，条件自复式，按下时，按钮闪烁；再次按压（相当于按钮松开）按钮停止闪烁。按钮按下方可办理改方电路。试验时一是不按压“允许改方”按钮，直接试排发车进路，计算机联锁应不驱动该发车口的发车按钮继电器，发车进路锁闭但反向出站信号不能开放；二是按压“允许改方”按钮，直接试排发车进路，计算机联锁应驱动该发车口的发车按钮继电器，发车进路锁闭但反向出站信号不能开放。同时核对发车锁闭继电器 FSJ 状态（平时驱动吸起），当排列了发车进路后落下，进路最后区段（包含无岔轨）解锁后再次吸起。排列向相应口的发车进路，在仿真机上搭接控制出发继电器 KFJ 条件，当 KFJ 吸起出站信号开放，当 KFJ 落下出站信号关闭。

(2)核对状态表示灯，每个发车口均需进行试验。

仿真机模拟采集到方向继电器 FJ 落下条件，则发车表示灯为绿色向站外方向箭头；采集到方向继电器 FJ 吸起条件，则接车表示灯为黄色向站内方向箭头。

2. 辅助改方

(1)按压相应的按钮，核对对应的屏幕显示

①总辅助按钮 ZFZA，非自复式，带口令。按下时，按钮闪烁；再次按压，按钮停止闪烁。当 JFZA 或 FFZA 由按下状态恢复为正常状态时，ZFZA 不会自动复原。

②发车辅助按钮 FFZA，条件自复式，带口令。按下时，按钮闪烁；再次按压或 FJ 落下时，按钮停止闪烁。

③接车辅助按钮 JFZA，条件自复式，带口令。按下时，按钮闪烁；再次按压或短路继电器 DJ 吸起时，按钮停止闪烁。

(2)核对计算机联锁输出驱动信息

①发车辅助办理按钮继电器 FFAJ（平时落下）：ZFZA 按下、FFZA 按下，驱动 FFAJ 吸起，FFZA 闪红；当 FJ 落下或再次按压 FFZA（此时 FFZA 停止闪烁），并且 ZFZA 复原后 FFAJ 落下。

②辅助办理表示灯 FZD，平时灭灯，当 DJ↑时点白灯。

③进路开通继电器 JKJ，平时吸起，列车出发驶入向该发车口的列车进路内方第一区段、或者车列驶入向该发车口的调车进路内方第一区段时落下，进路解锁后吸起。

④接车辅助办理按钮继电器 JFAJ，平时落下，ZFZA 按下、JFZA 按下，JFAJ 吸起，JZFA 闪红；当 DJ 吸起或再次按压 JFZA（此时 JFZA 停止闪烁），并且 ZFZA 复原后 JFAJ 落下。

(3)核对区间占用表示灯，每个发车口均需进行试验。

监督区间占用表示灯（JQD），平时灭灯，表示区间空闲；核对以下几种情况时监督区间占用表示灯显示：

①发车辅助继电器 FFJ 落下、接车辅助继电器 JFJ 落下、监督区间继电器 JQJ 落下，监督区间占用表示灯红灯。

②发车锁闭继电器 FSJ 吸起、接车辅助继电器 JFJ 吸起、监督区间继电器 JQJ 落下，监督区间占用表示灯红灯。

③发车锁闭继电器 FSJ 吸起、发车辅助继电器 FFJ 吸起、监督区间继电器 JQJ 落下，监督区间占用表示灯红灯。

④发车锁闭继电器 FSJ 落下、接车辅助继电器 FFJ 吸起、监督区间继电器 JQJ 落下，监督区间占用表示灯红闪。

⑤发车锁闭继电器 FSJ 落下、发车辅助继电器 FFJ 吸起、监督区间继电器 JQJ 落下，监督区间占用表示灯红闪。

第二节　高速铁路联锁进路检查试验

信号联锁关系试验的基本依据是信号联锁技术规范、技术条件和信号联锁图表等，具体试验过程中应根据联锁图表进行逐项试验，核对其正确性，检查试验见表 2-2。

表 2-2　高速铁路联锁进路检查试验表

进路号码	进路始端	进路变通	进路终端	正常开放信号	道岔位置不对信号不能开放	道岔无表示信号关闭	区段占用不能开放信号	调车信号白灯保留	带动道岔	防护道岔	信号开放后锁闭道岔	敌对信号	敌对照查	随时关闭信号	接近锁闭	进路正常解锁	取消进路解锁	人工延时解锁	区段人工解锁	重复开放信号	进路表示器	调车中途返回解锁	自动闭塞离去区段占用或区间空闲检查	自动站间闭塞	引导信号	侵限绝缘	延续进路	防止迎面解锁	全站轨道停电恢复	改变运行方向电路	列车股道40秒停稳试验	点灯(含引导)及反方向灭灯发车区间空闲检查	点灯或灭灯条件检查	点灯状态进路内方第一区段解锁时灭灯	点灯状态向股道接车或调车出站自动点亮红灯	允许灯光灯丝断丝转点红灯检查	点灯进站时出站红灯断丝进站关闭	点灯下立折发车或调车进路解锁且股道出清后出站灯光灭灯	临时限速降级信号显示	落物试验	
1	2	3	4	5	6	7	8	9	10	11	12	13	14	15	16	17	18	19	20	21	22	23	24	25	26	27	28	29	30	31	33	33	34	35	36	37	38	39	40	41	42

一、进路号码

与普速铁路“进路号码”（本章第一节“一”）相同。

二、进路始端

与普速铁路“进路始端”（本章第一节“二”）相同。

三、进路变通

与普速铁路“进路变通”（本章第一节“三”）相同。

四、进路终端

与普速铁路“进路终端”(本章第一节“四”)相同。

五、正常开放信号

与普速铁路“正常开放信号”(本章第一节“五”)相同。

六、道岔位置不对信号不能开放

与普速铁路“道岔位置不对信号不能开放”(本章第一节“六”)相同。

七、道岔无表示关闭信号

与普速铁路“道岔无表示关闭信号”(本章第一节“七”)相同。

八、区段占用不能开放信号

与普速铁路“区段占用不能开放信号”(本章第一节“八”)相同。

九、调车信号白灯保留

与普速铁路“调车信号白灯保留”(本章第一节“九”)相同。

十、带动道岔

与普速铁路“带动道岔”(本章第一节“十”)相同。

十一、防护道岔

与普速铁路“防护道岔”(本章第一节“十一”)相同。

十二、信号开放后锁闭道岔

与普速铁路“信号开放后锁闭道岔”(本章第一节“十二”)相同。

十三、敌对信号

与普速铁路“敌对信号”(本章第一节“十三”)相同。

十四、敌对照查

与普速铁路“敌地照查”(本章第一节“十四”)相同。

十五、随时关闭信号

与普速铁路“随时关闭信号”(本章第一节“十五”)相同。

十六、接近锁闭

与普速铁路“接近锁闭”(本章第一节“十六”)相同。

十七、进路正常解锁

与普速铁路“进路正常解锁”(本章第一节“十七”)相同。

十八、取消进路解锁

与普速铁路“取消进路解锁”(本章第一节“十八”)相同。

十九、人工延时解锁

与普速铁路“人工延时解锁”(本章第一节“十九”)相同。

二十、区段人工解锁

与普速铁路“区段人工解锁”(本章第一节“二十”)相同。

二十一、重复开放信号

与普速铁路“重复开放信号”(本章第一节“二十一”)相同。

二十二、进路表示器

与普速铁路“进路表示器”(本章第一节“二十三”)相同。

二十三、调车中途返回解锁

与普速铁路“调车中途返回解锁”(本章第一节“二十四”)相同。

二十四、自动闭塞离去区段占用或区间空闲检查

与普速铁路“自动闭塞离去区段占用或区间空闲检查”(本章第一节“二十五”)相同。

二十五、自动站间闭塞

与普速铁路“自动站间闭塞”(本章第一节“二十七”)相同。

二十六、引导信号

试验方法:区间不设通过信号机并按 CTCS-2 或 CTCS-3 级列控系统运行线路的正线车站所涉及的引导具有下列特殊试验要求:

(1)应具有办理车站发车引导进路的功能。线路所设置的通过信号机应具有引导功能。

(2)引导总锁闭仅具备道岔总锁闭功能。引导总锁闭后不应再以任何方式开放本咽喉的引导信号。其他试验方法与与普速铁路“引导信号”(本章第一节“二十八”)相同。

二十七、侵限绝缘

与普速铁路“侵限绝缘”(本章第一节“三十”)相同。

二十八、延续进路

试验方法:如高速铁路设置延续进路,其试验方法与普速铁路“6‰下坡道”(本章第一节

“三十一”)相同。

依据《铁路信号设计规范》(TB 10007—2017)第 6.6.12 条规定“仅运行动车组列车线路外的集中联锁车站,当进站信号机外方进站方向列车制动距离范围内为下坡道且加算坡度的绝对值超过 6‰时,应设置进站接车进路的延续进路。”如果仅运行动车组的线路,可不设置延续进路,具体以设计为准。

二十九、防止迎面解锁

与普速铁路“防止迎面解锁”(本章第一节“三十四”)相同。

三十、全站轨道停电恢复

1. 试验目的

防止进路中轨道继电器的上电励磁顺序与列车出清顺序相一致而造成提前错误解锁。

2. 试验方法

将能排列的所有调车或列车进路办好,模拟全站轨道电路供电电源停电再恢复,此时进路不应解锁。

三十一、改变运行方向电路

与普速铁路“改变运行方向电路”(本章第一节“三十六”)相同。

三十二、列车股道 40 s 停稳试验

1. 试验目的

办理了 CTCS-3 级线路的接车进路(含引导进路),当列车完全进入股道后 40 s 内,不应向该股道再次排列进路。

2. 试验方法

如图 2-16 所示,模拟列车完全进入股道后(接车进路已解锁),联锁开始 40 s 停稳倒计时。

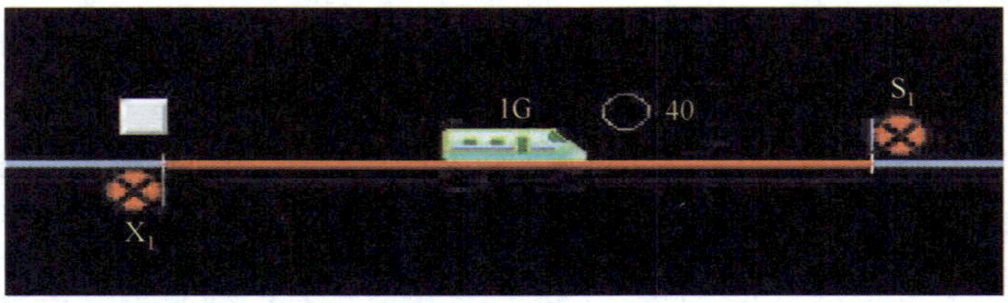

图 2-16　股道停稳计时联锁终端显示

(1)办理接车进路开放允许信号后,模拟列车完全进入股道的 40 s 之内(接车进路已解锁),不能办理至该股道顺向或对向的引导进路或调车进路。40 s 之后股道停稳,能办理至该股道顺向或对向的引导进路或调车进路。

(2)办理引导进路开放引导信号后,模拟列车完全进入股道 40 s 之内,人工解锁引导进路后,不能办理至该股道顺向或对向的引导进路或调车进路。40 s 之后股道停稳,能办理至该股道顺向或对向的进路或调车进路。

三十三、点灯(含引导)及反方向灭灯发车区间空闲检查

1. 试验目的

出站信号机(含引导)点灯或反向运行时应检查站间区间所有轨道区段空闲后才能开放信号。

2. 试验方法

(1)出站信号机灭灯状态发车。

①出站信号机灭灯状态正向发车检查一离去空闲。

一离去占用,办理出站信号灭灯状态的正向发车进路,进路锁闭信号不能开放,出清一离去后出站信号自动开放;出站信号灭灯状态正向发车信号开放后,一离去占用,出站信号关闭。

②出站信号机灭灯状态正向发车不检查区间非一离去区段空闲。

区间非一离去区段占用,办理出站信号灭灯状态的正向发车进路,进路锁闭信号开放;出站信号灭灯状态的正向发车信号开放后,区间非一离去区段占用,出站信号保持开放状态。

(2)出站信号机灭灯状态反向发车检查站间区间空闲。

区间任一闭塞分区(含一离去)占用,办理出站信号灭灯状态的反向发车进路,进路锁闭信号不能开放,区段出清后出站信号自动开放;出站信号灭灯状态的反向发车信号开放后,区间任一闭塞分区(含一离去)占用,出站信号关闭。

(3)出站信号机灭灯状态正向引导发车不检查区间空闲。

区间任一闭塞分区(含一离去)占用,办理出站信号灭灯状态的正向引导发车进路,进路锁闭引导信号开放;出站信号灭灯状态的正向引导发车信号开放后,区间任一闭塞分区(含一离去)占用,引导信号保持开放状态。

(4)出站信号机灭灯状态反向引导发车检查区间空闲。

区间任一闭塞分区(含一离去)占用,办理出站信号灭灯状态的反向引导发车进路,进路锁闭引导信号不能开放;出站信号灭灯状态的反向引导发车信号开放后,区间任一闭塞分区(含一离去)占用,引导信号关闭。

3. 出站信号机点灯状态发车

(1)出站信号机点灯状态正向发车(含引导发车)检查区间空闲。

区间任一闭塞分区(含一离去)占用,办理出站信号点灯状态的正向发车进路(含引导进路),进路锁闭信号不能开放;出站信号点灯状态的正向发车(含引导发车)信号开放后,区间任一闭塞分区(含一离去)占用,出站信号关闭。

(2)出站信号机点灯状态反向发车(含引导发车)检查区间空闲。

区间任一闭塞分区(含一离去)占用,办理出站信号点灯状态的反向发车进路(含引导进路),进路锁闭信号不能开放;出站信号点灯状态的反向发车(含引导发车)信号开放后,区间任一闭塞分区(含一离去)占用,出站信号关闭。

三十四、点灯或灭灯条件检查

1. 试验目的:核对设有自复式"点灯"和"灭灯"按钮车站联锁设备,当信号机内方第一区段处于解锁状态时,顺序按压"点灯"按钮和信号机列车按钮或顺序按压"灭灯"按钮和信号机

列车按钮，可点亮或熄灭信号机的红色灯光。

2. 试验方法：如图 2-17(a)所示，顺序按压点灯按钮和 X_1 信号机列车按钮，点亮信号机的红色灯光，X_1 信号机为点灯状态；如图 2-17(b)所示，顺序按压灭灯按钮和 X_1 信号机列车按钮，熄灭信号机的红色灯光，X_1 信号机为灭灯状态。

(1)信号机内方第一区段未处于进路锁闭时，能人工办理信号机点灯、灭灯操作(具体操作方法依据厂家操作说明执行)。

①信号机灭灯状态且信号内方第一区段未处于进路状态时，人工办理该信号机的点灯操作，该信号机点亮红色灯光。

②信号机点灯状态且信号内方第一区段处于解锁状态时，人工办理该信号机的灭灯操作，该信号机红灯熄灭。

(2)信号机内方第一区段处于进路锁闭状态时，不能人工点亮或熄灭信号机的红色灯光。

①信号机点灯状态办理进路并锁闭后，人工办理该信号机的灭灯操作，操作无效，该信号机仍亮红色灯光。

②信号机灭灯状态办理进路并锁闭后，人工办理该信号机的点灯操作，操作无效，该信号机仍处于灭灯状态。

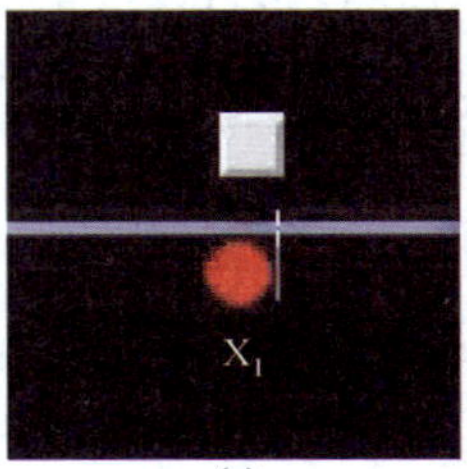

(a)

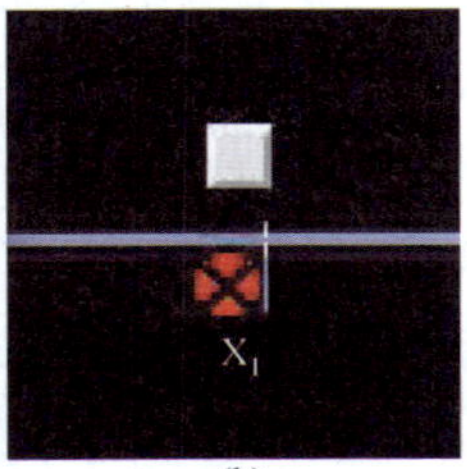

(b)

图 2-17　信号机点灯、灭灯状态

三十五、点灯状态进路内方第一区段解锁时灭灯

1. 试验目的

核对列车头部越过点亮允许灯光的信号机后，该信号机应显示红色灯光；当列车驶过进路，第一个区段解锁后(对于发车进路还应检查股道空闲)，该信号机灯光应自动熄灭。

2. 试验方法

(1)常态灭灯的进站信号机处于点灯状态时，办理接车进路并模拟列车运行，列车驶入进路内方第一区段时，进站信号机改点红灯，第一区段正常解锁后，进站信号红灯自动熄灭(转为灭灯状态)。

(2)常态灭灯的出站信号机处于点灯状态时，办理发车进路并模拟列车运行，列车驶入进路内方第一区段时，出站信号机改点红灯。股道不留车时，当股道出清且第一区段正常解锁后，出站信号红灯自动熄灭(转为灭灯状态)；股道留车时，当第一区段正常解锁后，出站信号红灯保持点亮。

(3)常态灭灯的出站兼调车信号机处于点灯状态时，调车进路建立后应自动点亮白色灯光。股道不留车时，调车车列全部越过信号机后自动改点红色灯光，调车进路内方第一区段解锁后红灯自动熄灭(转为灭灯状态);股道留车时,调车进路内方第一区段出清后自动改点红色灯光并保持。

三十六、点灯状态向股道接车或调车出站自动点亮红灯

1. 试验目的:核对进站信号机点亮并办理了接车进路(含引导进路)或向股道进行调车作业时,对应进路股道上起阻挡作用的信号机应自动点亮红色灯光。列车完全进入股道后 40 s 内,不准许人工将该同向出站信号机红色灯光熄灭;若同向出站信号机不能点亮时,进站信号机(不含引导)不应开放。

2. 试验方法

(1)至股道的接车进路

①股道同向出站信号机处于灭灯状态,办理进站信号机点灯状态至该股道的接车进路,接车进路锁闭后该股道同向出站信号机自动点亮红色灯光,且分别测试以下内容:

a. 列车完全进入股道 40 s 之内,该出站信号机的红灯不能人工熄灭。

b. 取消接车进路后,该出站信号机的红灯自动熄灭(具体以设计为准)。

c. 如果该出站信号机不能点亮时,则进站信号机不得开放允许信号。

②股道同向出站信号灭灯状态的发车进路(含引导进路)已建立后,不能办理进站信号机点灯状态至该股道的接车进路。

(2)至股道的引导接车进路

①股道同向出站信号机处于灭灯状态,办理进站信号机点灯状态至该股道的引导接车进路,引导接车进路锁闭后该股道同向出站信号机自动点亮红色灯光,且分别测试以下内容:

a. 列车完全进入股道 40 s 之内,该出站信号机的红灯不能人工熄灭。

b. 人工解锁引导接车进路后,该出站信号机的红灯自动熄灭(具体以设计为准)。

c. 如果该出站信号机不能点亮时,不影响进站信号机引导信号的开放。

②股道同向出站信号灭灯状态的发车进路(含引导进路)已建立后,不能办理进站信号机点灯状态至该股道的引导进路。

(3)至股道的调车进路

①股道同向出站信号机处于灭灯状态,办理至该股道的调车进路,调车进路锁闭后该股道同向出站信号机自动点亮红色灯光,且分别测试以下内容:

a. 调车车列完全进入股道 40 s 之内,该出站信号机的红灯不能人工熄灭。

b. 取消调车进路后,该出站信号机的红灯自动熄灭(具体以设计为准)。

c. 如果该股道同向出站信号机不能点亮时,不影响调车信号的开放。

②股道同向出站信号灭灯状态的发车进路(含引导进路)已建立后,至该股道的调车进路能办理及开放调车信号。

三十七、允许灯光灯丝断丝转点红灯检查

1. 试验目的

核对进站、进路或出站信号机,当开放的信号灯断丝,应自动转变为红灯显示。

2. 试验方法

在点灯状态下,开放进站、进路或出站信号,模拟信号机灯丝断丝或拔掉室外信号机该灯

位灯泡，此时应自动转变为红灯显示。

三十八、点灯进站时出站红灯断丝进站关闭

1. 试验目的

核对点灯状态下，进站信号机开放应检查股道相应出站信号机的灯丝处于完好状态。

2. 试验方法

进站信号机在点灯状态下，开放进站接车信号，相应的出站信号机红灯被点亮，拔掉室外出站信号机红灯灯泡或断开红灯回路，此时进站信号机应改点红灯。

三十九、点灯下立折发车或调车进路解锁且股道出清后出站灯光灭灯

1. 试验目的

核对折返作业的发车或调车进路内方第一区段解锁且股道出清后，原接车或调车时点亮的起阻挡作用的出站信号机红色灯光应自动熄灭。

2. 试验方法

(1)向股道办理进站信号机点灯状态的接车进路(或调车进路)后，该股道同向出站信号机自动点亮红色灯光，列车(或调车车列)完全进入股道 40 s 之内，办理以该股道另一侧出站信号机为始端的立折发车进路。股道不留车时，当股道出清且发车进路第一区段正常解锁后，该股道同向出站信号机的红灯自动熄灭；股道留车时，当发车进路第一区段正常解锁后，该股道同向出站信号机保持点亮红灯。

(2)向股道办理进站信号机点灯状态的接车进路(或调车进路)后，该股道同向出站信号机自动点亮红色灯光，列车(或调车车列)完全进入股道 40 s 之内，办理以该股道另一侧出站信号机为始端的调车进路。股道不留车时，当股道出清且调车进路第一区段正常解锁后，该股道同向出站信号机的红灯自动熄灭；股道留车时，当调车进路第一区段正常解锁后，该股道同向出站信号机的保持点亮红灯。

四十、临时限速降级信号显示

1. 试验目的

核对进站信号机应根据列控中心的命令予以降级显示，当检测到与之相连的列控中心失去通信联系时，应将相关每个进站口的信号机均予以降级显示。

2. 试验方法

如图 2-18 所示，ST 进站信号机根据列控中心的降级命令，在联锁控显界面 ST 信号机旁显示“红色三角形”的降级标志。

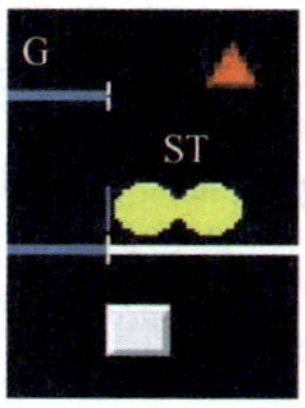

图 2-18　信号机降级显示

(1)办理经由 18 号及以上道岔侧向位置的接车进路，进站信号机显示黄闪黄，接近轨发送 UUS 码。在接车进路上设置低于 80 km/h 的临时限速，列控中心向联锁发送降级命令，进站信号机降级显示双黄，进站接近轨改发 UU 码。

(2)在接车进路范围设置低于 80 km/h 的临时限速，办理经由 18 号及以上道岔侧向位置的接车进路，列控中心向联锁发送降级命令，进站信号机显示双黄，进站接近轨发送 UU 码。

四十一、落物试验

1. 试验目的

核对当发生异物侵限时，相应的轨道区段应显示红光带。

2. 试验方法

进行落物试验时，模拟断开异物继电器吸起接点，相应的轨道区段应显示红光带。CTCS-3级线路计算机联锁应向无线闭塞中心传送异物侵限灾害信息。

(1)异物侵限点在站内，办理经由该异物侵限点所在轨道区段的进路，进路锁闭信号开放。将该异物侵限继电器打落，模拟站内发生异物侵限，则该异物侵限对应区段的轨道继电器落下，该区段改发 H 码，信号自动关闭。

(2)异物侵限点在发车口一离去区段，办理至该发车口的发车进路，进路锁闭出站信号开放。将该异物侵限继电器打落，模拟区间发生异物侵限，则该一离去区段的轨道继电器落下，一离去区段改发 H 码，出站信号自动关闭。

(3)异物侵限点在区间(非一离去区段)，将该异物侵限继电器打落，模拟区间发生异物侵限，则该异物侵限对应闭塞分区所有的轨道继电器均落下，该闭塞分区改发 H 码，防护该闭塞分区的通过信号机改点红灯，该通过信号机外方的其他闭塞分区追踪发码。

第三节　计算机联锁功能按钮及显示检查试验

在计算机联锁系统中，操作表示机接收值班员的操作，系统在运行时，系统操作主画面除显示当前车站信号、道岔、轨道等状态信息外，还新增了通过计算机操作手段代替既有 6502 电气集中控制台上的一些人工操作，报警信息实现语音及汉字提示等特殊功能。试验过程中应对这些特殊功能逐项进行试验，具体试验项目见表 2-3。

表 2-3　计算机联锁功能按钮及显示检查试验表

顺号	试验设备名称	钮封	钮解	单锁道岔是否有效	单解道岔是否有效	单封道岔是否有效	解封道岔是否有效	上电锁闭试验	引导总锁不能扳动道岔	区段前后接点校核正确	封闭信号机是否有效	站场图形显示核对	双机切换	报警及延时信息	分路不良设置	无网区核对	设备文字显示正确
1	2	3	4	5	6	7	8	9	10	11	12	13	14	15	16	17	18

一、试验设备名称

填写计算机联锁盘面上显示的道岔、信号机、轨道区段名称，如 1/3、X、1-3DG 等。

二、钮封、钮解

1. 试验方法

逐架信号机的列车、调车按钮进行钮封试验，钮封后按压该列车、调车按钮操作无效。对已钮封的信号机列车、调车按钮进行钮解试验，钮解后按压该列车、调车按钮可正常操作。

2. 注意事项

钮封、钮解成对操作，钮封、钮解按钮被按压后必须按下列车、调车按钮，按压其他按钮无效。

三、单锁、单解道岔是否有效

1. 试验方法

逐组道岔进行单锁试验，单锁后单独操作道岔不能扳动，道岔所处位置满足进路要求时可以开放信号，道岔所处位置不满足进路要求时排列进路道岔不能转换，信号不能开放。逐组对已单锁的道岔进行单解试验，单解后单独操作、进路操作道岔，道岔转换良好表示正常。

2. 注意事项

单锁、单解成对操作，单锁、单解按钮被按压后必须按下道岔按钮，按压其他按钮无效。

四、单封、解封道岔是否有效

1. 试验方法

逐组道岔进行单封试验，单封操作后道岔单操可以正常扳动，表示正常。但无论道岔位置是否满足进路要求，排列经由该道岔的进路(包括防护道岔)，进路不能选排。逐组对已单封的道岔进行解封试验，解封操作后单操道岔，进路操作道岔，道岔转换良好，表示正常。

2. 注意事项

单封、解封为成对操作，单封、解封按钮被按压后必须按下道岔按钮，按压其他按钮无效。

五、上电锁闭试验

联锁机停电恢复后，计算机联锁(交大微联)盘面上显示全站白光带，所有道岔处于锁闭状态；计算机联锁(DS6-K5B)未按压“上电解锁”前所有微机驱动的继电器均处于落下状态，上电锁闭状态下单操道岔、排列进路均无效。

六、引导总锁不能扳动道岔

1. 试验方法

按下某一咽喉的引导总锁闭按钮，不论引导信号是否开放，单独操纵本咽喉内的所有道岔均应不能正常转换。

2. 注意事项

本咽喉按下引导总锁闭后，除本咽喉所有道岔锁闭外，对方咽喉的中间出岔也不能正常转换。

七、区段前后接点校核正确

计算机联锁车站采集轨道区段的前、后接点，根据区段轨道继电器的状态核对电务维修机采集状态栏内码位一致，并核对盘面显示正确。采集到区段前接点时轨道区段显示空闲，采集到后接点(或后接点未采集到)时轨道区段显示红光带。

八、封闭信号机是否有效

封闭信号机后，按压该信号机按钮无效，排列以该信号机为始、终端的进路均不能选排。

九、站场图形显示核对

计算机联锁盘面上显示的道岔名称、开通位置、分表示，信号机名称、安装位置、高（矮）柱、显示方向、灯光颜色，轨道区段名称、绝缘节（侵限绝缘）位置等与平面图进行一致性核对。

十、双机切换

排列进路信号开放后，对计算机联锁操表机、联锁机分别进行切换试验，已开放的信号无异常。

十一、报警及延时信息

设备发生故障后的报警信息能准确显示在计算机联锁盘面内，列车接近语音提示、延时倒数计时时间显示正确。

十二、分路不良设置

具备分路不良设置功能的计算机联锁车站，轨道区段均可设置为分路不良区段，设置后盘面有相应的表示，不影响正常排列信号，给使用维护人员以提示。

十三、无网区段核对

1. 试验方法

若站场存在无网区段，根据车务部门申请，供电部门提供技术资料，可在计算机联锁盘面设置无网区段标识。

2. 注意事项

基本进路应尽量避免经过无网区段，根据站场作业情况，有特殊要求时以设计为准。

十四、设备文字显示正确

核对计算机联锁盘面上的汉字与平面图相符，符合设计要求。

第四节　场、站间联系电路检查试验

联络线标准场联电路：一个车站有两个车场分别由两个信号楼控制时，当场间联络线的轨道电路有车占用时，两车场的任何一方都不能向该联络线排列列车或调车进路，两场必须满足不能同时向场间联络线发车或调车，实现互相联锁，为此设计的电路，叫做场间联系电路，又称场间照查电路。具体试验项目见表 2-4。

衔接道岔场联电路：场与场之间横列式布置时，两车场之间采用渡线道岔相衔接，为了使两车场的作业互不干扰，衔接道岔在定位时，将两车场的线路隔开，为了保证两车场间的作业安全，应设计衔接道岔场间联系电路。具体试验项目见表 2-4。

站间联系电路：当两相邻的车站，站间距离较短，其间不能装设预告信号机时，可采用站间联系电路做为闭塞设备使用，此时在站间必须装设轨道电路。具体试验项目见表 2-4。

表 2-4 场、站间联系电路试验表

场间联系电路																		站间联系电路												
联络线标准场联电路									衔接道岔场联电路																					
联系电路名称	正常排列进路	取消进路	进路正常解锁	联络线占用排列列车进路	联络线占用排列调车进路	联络线敌对照查	关联信号机显示核对	联络线占用表示	道岔号码	场联道岔表示	同意动岔办理及表示	同意道岔封锁办理及表示	邻场的照查条件检查	邻场信号开放条件检查	信号显示一致性核对	邻场轨道表示	同意动岔手续一次有效检查	站间电路名称	正常排列进路	取消进路	进路正常解锁	列车未完全到达邻站不能重复开放出发信号	相邻两信号机重复显示	相邻两信号机禁止灯光重复显示	接近区段延长至邻站出发信号机核查	单线区间有车不能改变运行方向	单线改变运行方向发车站必须先改为接车站后方能改变	邻站信号开放有表示	接近区段占用表示及音响	单线运行方向表示
1	2	3	4	5	6	7	8	9	1	2	3	4	5	6	7	8	9	1	2	3	4	5	6	7	8	9	10	11	12	13

一、联络线标准场联电路

（一）联系电路名称

按图纸标识的场间联络线轨道电路名称填写。

（二）正常排列进路

当本场和场间的联锁条件均具备时，可以向联络线正常排列进路，满足信号开放条件时，信号可以开放；当联络线无列车信号机时，列车进路由两个车场间的两段进路组成，当后段进路（接车进路）未建立时，前段发车进路不能建立，发车信号机不能开放。试验时按压进路始、终端按钮，向联络线办理进路，信号应能正常开放；当联络线无列车信号机时，在邻站接车进路未建立的情况下，发车站出发信号不能开放。

（三）取消进路

向场间联络线排列进路并锁闭，信号未开放或已开放但未构成接近锁闭时，采取按压总取消按钮和进路始端按钮的方式办理取消，进路应能立即解锁；当联络线无列车信号机时，列车进路由两个车场间的两段进路组成，当接近区段或前段进路有车占用时，后段进路不得解锁，取消或人工解锁进路时，必须先解锁前段进路，后段进路才能解锁。试验时，按压总取消按钮和进路始终端按钮，应能关闭信号和解锁进路；当联络线无列车信号机时，列车进路由两个车场间的两段进路组成，当接近区段或前段进路有车占用时，取消或人工解锁后段进路，应不能解锁。

（四）进路正常解锁

列车或车列顺序占用并出清接近区段、进路内的区段、到达联络线轨道电路，走行条件满足三点检查（占用本区段、出清前一区段、占用后一区段并出清本区段），进路自始端起，各区段在出清后延时 3 s，依次向终端解锁，进路应能正常解锁。试验时，可模拟列车或车列运行，顺序占用出清接近区段、进路内的区段、到达场联轨，进路应能顺序解锁。

（五）联络线占用排列列车进路

当联络线被占用时，两个车场均不能向联络线排列列车进路。试验时占用联络线区段后，两场分别向该联络线排列列车进路均不能选排。

（六）联络线占用排列调车进路

当联络线被占用时，两个车场均不能向联络线排列调车进路。试验时占用联络线区段后，两场分别向该联络线排列调车进路均不能办理。

（七）联络线敌对照查

向联络线办理任何进路均应检查对方场是否已办理敌对进路。试验时，一是对方场办理向联络线的进路，检查本场通向联络线的进路应不能办理；二是办理本场通向联络线的进路，检查对方场向联络线的进路也应不能办理。同时核对相应的敌对照查指示灯与进路性质相一致。

（八）关联信号机显示核对

1. 试验依据：应满足《铁路技术管理规程（普速铁路部分）》规定，在列车运行速度不超过 120 km/h 的区段，当同方向相邻两架指示列车运行的信号机间的距离小于 400 m 时，前架信号机的显示必须完全复示后架信号机的显示（其他速度等级按设计要求试验）；当两架信号机间的距离在 400 m 及以上，但小于 800 m 时，后架信号机在关闭状态时，则前架信号机不准开放。（其他速度等级按设计要求试验。）

2. 试验方法：在列车运行速度不超过 120 km/h 的区段，同方向相邻两架指示列车运行的信号机间的距离小于 400 m 时，在后架信号机显示各种灯光时，检查前架信号机的各种显示应与其一致；当两架信号机间的距离在 400 m 及以上，但小于 800 m 时，在后一架信号机显示禁止灯光时，检查前架信号机应不能开放。（其他速度等级按设计要求进行试验。）

（九）联络线占用表示灯

两场控制台上应有场间联络线轨道占用表示光带及构成接近锁闭表示灯。试验时，占用场间联络线轨道区段后核对两场控制台场间联络线轨道区段均显示红光带；对方场排列向本场的发车进路占用进路内方第一区段构成接近锁闭后，本场的接近表示灯红灯点亮。

二、衔接道岔场联电路

（一）道岔号码

填写两场间渡线道岔的名称。如图 2-19 所示高速场与普速场间的 16/18 号道岔。

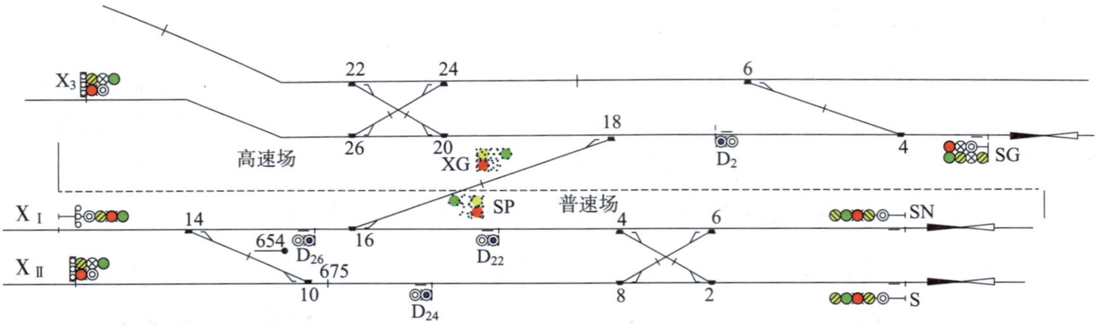

图 2-19 举例站场平面图

(二)场联道岔表示

场间衔接道岔位置信息应在两个联锁区控制台上均有表示。试验时,分别将场联道岔16/18 置于定位、反位和四开位,两联锁区控制台上应有正确表示。

(三)同意动岔办理及表示

如图 2-19 所示 16/18 号衔接道岔由普速场控制,高速场只检查其表示情况。

1. 高速场、普速场办理经其定位的进路时,不需联系,当办理经其反位的进路时,普速场转换道岔需取得高速场同意。试验时,在未办理好“同意动岔”手续前,普速场扳动 16/18 道岔,道岔不能转换。

2. 正常办理“同意动岔”手续,需检查高速场 18 号道岔未处于锁闭状态(包括进路锁闭、上电锁闭、引导总锁、区段锁闭),高速场才能发出同意动岔条件。试验时,高速场分别在 18 号道岔处于进路锁闭、上电锁闭、引导总锁、区段锁闭的情况下按下“同意动岔”按钮,高速场与普速场的“同意动岔”表示灯均不点亮白灯。

3. 高速场办理好同意“动岔手续”后,普速场除检查本场锁闭条件外还需检查高速场18 号道岔处于解锁状态,条件都满足后单操或进路操纵 16/18 号道岔可以转换。

4. 高速场取消“同意动岔”手续前需检查 16/18 号道岔在定位,16/18 号道岔反位转换过程中或已转换至反位时,高速场取消同意动岔条件,操作应无效。试验时可在 16/18 号道岔在反位或失去表示时办理取消“同意动岔”手续,不能办理。

5. 普速场控制台设置“同意动岔”表示灯,灭灯表示未办理同意动岔手续,白灯表示办理了同意动岔手续;高速场设置“同意动岔”按钮,非自复式,及“同意动岔”表示灯,平时熄灭,办理了同意动岔手续后亮白灯。

(四)同意道岔封锁办理及表示

场间衔接道岔进行道岔封锁操作时,需经对方场同意方可操作,办理手续同“同意动岔”手续相近,再次不再详述。办理完毕后应把岔封信息送至对方场,岔封操作后普速场与高速场均不能办理经由该道岔的进路。普速场设置“同意岔封”表示灯,平时熄灭,办理岔封手续后亮白灯。高速场设置“同意封锁”按钮,非自复式及“同意岔封”表示灯,平时熄灭,办理岔封手续后亮红灯。

（五）邻场的照查条件检查

办理好“同意动岔”手续后，两联锁区不得同时办理经由场联衔接道岔反位的进路。试验时，当普速场办理了经衔接道岔反位的列车、调车进路的情况下，高速场再次排列经由衔接道岔反位的进路时，进路不能选排，信号不能开放。反之高速场排列好经由衔接道岔反位的进路后，普速场也不能再次排列经由衔接道岔反位的进路。

（六）邻场信号开放条件检查

办理好同意动岔手续后，排列经道岔反位的进路时，必须检查对方同意条件后，才能开放信号。如图 2-19 所示：高速场与普速场在 16/18 号道岔渡线绝缘处分界，普速场设置虚拟信号机 SP，高速场设置虚拟信号机 XG，两场间的接、发车进路由两段进路构成。

1. 当普速场 X_{I} 向高速场 SG 排列列车进路时，发车进路由普速场进路 X_{I}-XG 和高速场进路 XG-SG 两段组成，普速场向高速场排列列车进路时需检查高速场 XG 的列车信号已开放，普速场向高速场排列引导进路时需检查高速场 XG 的引导信号已开放。

2. 办理进路后，普速场想取消进路，必须由高速场先取消进路。高速场进路取消后，普速场可通过按压总取消（或总人解）＋X_{I} 列车按钮，使进路取消。

3. 高速场进路完整未解锁的情况下，普速场通过总取消、总人解、区故解的方式均不能使本场进路解锁，但信号要关闭。

4. 当普速场进路已解锁且高速场虚拟 XG 信号机外方第一区段曾经占用过，高速场进路完好时，高速场进路不能取消，但可以通过区故解的方式逐个进行区段解锁，第一个区段需延时 3 min 后解锁。

5. 当车顺序压过高速场进路后，按三点检查的方法正常解锁。

（七）信号显示一致性核对

邻场相关信号开放情况，应复示到本场控制台。试验时，结合场联电路和联锁采集条件，分别核对邻场相关信号机在开放或关闭状态时，办理的是列车进路还是引导进路等信息，本场控制台相应表示应正确。

（八）邻场轨道表示

邻场间渡线道岔所在轨道区段状态，应复示到本场控制台。试验时，结合场联电路和联锁采集条件，分别核对邻场间渡线道岔所在轨道区段占用或空闲时，本场控制台相应表示应正确。

（九）同意动岔手续一次有效检查

交大微联车站早期设计办理一次同意动岔操作后将衔接道岔扳至反位，一旦道岔回定位后再次扳动衔接道岔需重新办理同意动岔手续。后根据车站作业需要并结合 6502 电路设计进行修改，办理同意动岔手续后，对方场未弹出“同意动岔”按钮前，本场可以自由操作衔接道岔，不受同意动岔手续一次有效检查限制。

三、站间联系电路

(一)站间电路名称

为线别名称或××站—××站。

(二)正常排列进路

当本站和站间的联锁条件均具备时,可以向邻站正常排列发车进路,自动改变运行方向,出站信号应能开放。试验时,按压进路始、终端按钮,向邻站正常排列发车进路,在区间空闲时,应将本站改变为发车方向,出站信号应能正常开放。

(三)取消进路

向站间联络线排列进路并锁闭,信号未开放或已开放但未构成接近锁闭时,采取按压总取消按钮和进路始端按钮的方式办理取消,进路应能立即解锁。

(四)进路正常解锁

列车或车列顺序占用并出清接近区段、进路内的区段、到达区间,走行条件满足三点检查(占用本区段、出清前一区段、占用后一区段并出清本区段),进路自始端起,各区段在出清后延时 3 s,依次向终端解锁,进路应能正常解锁。试验时,可模拟列车或车列运行,顺序占用出清接近区段、进路内的区段、到达站联轨,进路应能顺序解锁。

(五)列车未完全到达邻站不能重复开放出发信号

列车是否完全到达邻站通过前行列车是否完全出清站间联系轨道区段来证明,既站间联系轨道区段有车占用,出发信号不能开放。试验时,可模拟列车运行,在站间联联系轨道区段未出清的情况下,发车站再次排列出发信号,检查出发信号不能开放。

(六)相邻两架信号机重复显示

列车运行速度不大于 120 km/h 时:试验方法与场间联系电路相同。

(七)相邻两信号机禁止灯光重复显示

列车运行速度不大于 120 km/h 时:试验方法与场间联系电路相同。

(八)接近区段延长至邻站出站信号机检查

当区间长度小于制动距离时,邻站向本站排列通过进路时,本站接车进路接近锁闭延长至邻站进站内方第一区段,邻站向本站排列侧线发车进路时,本站接车进路接近锁闭区段延长至邻站侧线发车进路对应股道。试验时可在本站开放进站信号后,根据邻站排列的进路,信号开放后占用相应区段,核对本站接车进路应转为接近锁闭状态。(特殊情况应根据设计文件要求进行试验)。

(九)单线区间有车不能改变运行方向

列车正在区间运行或区间轨道电路故障时,应不得改变运行方向。试验时可模拟列车运行或人为短路区间轨道电路，办理改变运行方向手续后应不能改变运行方向。

（十）单线区间改变运行方向发车站必先改为接车站后方能改变

1. 试验目的：为防止两站同时向区间办理发车进路，改变运行方向时，必须使原发车站先改为接车站后，原接车站才准许改为发车站，不准许同时为发车站，即使一瞬间也不准许。改变运行方向时，方向电路动作前必须检查区间空闲、原发车站的发车进路在解锁状态、原接车站的发车进路已锁闭等条件。

2. 试验方法：一是人工将原接车站方向继电器状态改为发车站，检查应不能改变方向；二是将区间人为占用，办理改方手续应不能改变运行方向；三是将原发车站的发车进路锁闭后进行改变运行方向操作，检查方向应不能改变；四是原接车站在改方过程中人为使发车进路不锁闭，检查运行方向应不能改变。

（十一）邻站信号开放表示

邻站进站信号开放时，本站控制台上的邻站进站开放表示灯应显示绿灯，站联电缆允许的情况，邻站进站信号机开放的各种显示均应显示在本站控制台盘面上，人工办理后确认表示正确。

（十二）接近区段占用表示及电铃

当进站信号开放，列车压上接近区段时，接近表示灯应显示红灯，接近电铃鸣响。试验时，人工模拟列车运行，确认表示及电铃正常。

（十三）单线运行方向表示

办理接车时，接车方向表示灯应显示白灯；办理发车时，发车方向表示灯应显示白灯；邻站出站信号开放时，邻站办理发车表示灯应显示绿灯；按项目办理，人工确认表示是否正常。在计算机联锁中由于各厂商提供的上位机界面和操作方法不一致，其表示灯的表示方式也不尽相同，有些用带颜色的箭头表示方向，有些用指示灯来表示，试验中需要请注意区分。

第五节　延续进路联锁关系检查试验

进站信号机外方制动距离内有大于 6‰的下坡道时，所有能办理接车的股道必须设有延续进路，延续进路试验的表格见表 2-5。

表 2-5　延续进路联锁试验表

进路名称	正常排列延续进路	延续进路未建立进站信号不能开放	信号开放后延续进路上道岔锁闭	道岔位置不对延续进路不能排列	延续进路区段占用进路不能排列	延续进路敌对信号	接车进路未锁闭延续进路不锁闭	正常接车延续进路 3 min 解锁	延续进路不限时解锁	取消解锁	人工解锁	办理延续进路的出发信号	
												接车进路未解锁	接车进路已解锁，但延续进路未解锁
1	2	3	4	5	6	7	8	9	10	11	12	13	14

一、进路名称

(一)填写方法

根据联锁表中给定的进路号码进行填写。

(二)试验方法

排列该条延续进路,核对进路号与所排进路的一致性。

(三)注意事项

1. 联锁表单独列出延续进路的填写延续进路号,未单独列出的填写接车进路号。

2. 同一条接车进路必须对其全部延续进路分别进行试验。如图 2-20 所示,XN 方面接车进路进站外方为 8.4‰的坡道,每一股道的延续进路设置了两条,一条为延续至安全线,另一条为延续至 SN 进站口。

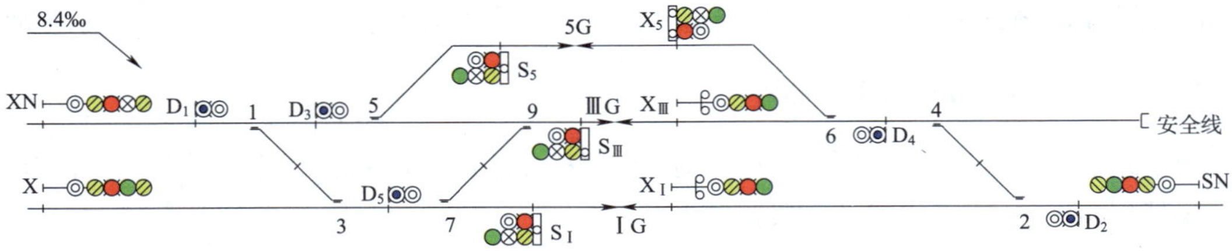

图 2-20　延续进路

二、正常排列延续进路

(一)延续进路始终端

延续进路的始端为同方向出站信号机,终端为安全线上的车挡、牵出线或专用线入口处的调车信号机、进出站口的进站信号机或站界标等。

(二)试验方法

顺序按压接车进路始、终端按钮和延续进路终端按钮,延续进路能够锁闭,接车信号能够开放。

如图 2-20 所示,XN 方面接车至 5G 的进路,如果延续进路终端为安全线,则顺序按压 XN 列车按钮、S_5 列车按钮和向安全线延续进路终端坡道按钮 PA;如果延续进路终端为 SN 进站口,则顺序按压 XN 列车按钮、S_5 列车按钮和 SN 列车按钮。

三、延续进路未建立进站信号不能开放

1. 定义

延续进路建立是指道岔位置正确、进路空闲、没有建立敌对进路、道岔和延续进路已经锁好等,即延续进路上这些条件完全具备后,方可开放进站信号(引导信号除外)。

2. 试验方法

对上述条件逐项缺失试验,检查进站信号应不能开放。

四、信号开放后延续进路上道岔锁闭

1. 试验目的

有延续进路的进站信号开放后(不含引导信号),延续进路上的道岔应处于锁闭状态。

2. 试验方法

办理延续进路信号开放后,逐组单独操纵延续进路上的所有道岔,这些道岔均应处于锁闭状态,计算机联锁不输出道岔操纵命令,继电集中联锁道岔启动继电器不动作。

如图 2-20 所示,XN 方面接车至 5G 的进路,如果延续进路终端为安全线,办理延续进路信号开放后,分别单操 2/4、6 号道岔,道岔不能反位,定位表示不会失去。

五、道岔位置不对延续进路不能排列

1. 定义

指延续进路上的有关道岔位置不符规定要求或无表示时,延续进路不能建立。

2. 试验方法

人为将道岔置于不符要求的位置并单锁或断开道岔表示,延续进路不能锁闭。

如图 2-20 所示,XN 方面接车至 5G 的进路,如果延续进路终端为安全线,分别单操 2/4、6 号道岔至反位并单操锁闭,延续进路均不能锁闭。

六、延续进路区段占用进路不能排列

1. 定义

指延续进路上的有关区段被占用时,延续进路不能建立。

2. 试验方法

人为分路延续进路上的有关区段,延续进路不能锁闭;延续进路锁闭后,人为分路延续进路上的轨道区段,接车信号不关闭(计算机联锁以厂家设计说明为准)。

如图 2-20 所示,XN 方面接车至 5G 的进路,如果延续进路终端为安全线,分别占用 4DG 和 6DG,延续进路均不能锁闭。延续进路锁闭后,人为分别占用延续进路上的轨道区段 4DG 和 6DG,XN 接车信号不关闭。

七、延续进路敌对信号

1. 定义

与延续进路重叠的对向接车和调车信号、顺向重叠的调车信号等均属延续进路的敌对信号。

2. 试验方法

在开放敌对信号后,检查延续进路应不能建立;在办理延续进路并锁闭后,检查敌对信号应不能开放。

八、接车进路未锁闭延续进路不锁闭

1. 设计目的

此要求主要是为了减少对延续进路一端作业效率的影响。

2. 试验方法

排列接车进路后进路未锁闭时，检查延续进路应不锁闭。

九、正常接车延续进路 3 min 解锁

分别试验在正常接车情况下，须在列车占用股道 3 min 后，才准许延续进路自动解锁；当列车占用延续进路后，延续进路不得解锁。

十、延续进路不限时解锁

在列车头部进入股道 3 min 且接车进路最末道岔区段解锁后，因故障导致延续进路不能正常解锁时，可采用按压坡道解锁按钮的方法使延续进路立即解锁。

十一、取消解锁

1. 解锁顺序

接车进路先解锁，延续进路才能解锁；在接车进路未解锁时，延续进路应不得解锁。

2. 试验方法

模拟列车占用接近区段，办理接车进路人工解锁，在 3 min 延时解锁时间内办理延续进路取消手续，延续进路不能解锁。

十二、人工解锁

1. 解锁顺序

接车进路先解锁，延续进路才能解锁；在接车进路未解锁时，延续进路应不得解锁(包括故障解锁)。

2. 试验方法

模拟列车占用接近区段，办理接车进路人工解锁，在 3 min 延时解锁时间内办理延续进路人工解锁及故障解锁手续，延续进路不能解锁。

十三、办理延续进路的出发信号

1. 定义

指延续进路转为发车进路后，出站信号应能开放。

2. 试验方法

(1)接车进路未解锁时，先办理闭塞条件，单独按压延续进路的始端列车按钮，延续进路能够转为正常发车进路，出站信号可以开放。

(2)接车进路已解锁，但延续进路还未解锁，办理闭塞条件，单独按压延续进路的始端列车按钮，延续进路能够转为正常发车进路，出站信号可以开放。

第六节　到发线出岔联锁关系检查试验

到发线出岔电路又称中岔电路，在股道中间的道岔称为中岔，中岔的技术条件既要满足调车作业的方便，同时又要保证接、发列车的安全。到发线出岔试验的项目见表 2-6 所示。

表 2-6　到发线出岔联锁试验表

进路号码	正常开放信号	带动中岔	锁闭中岔	中岔位置不正确不能开放信号	中岔部分的敌对信号	取消和人工解锁	股道不留车发车正常解锁	股道留车发车正常解锁	接车未占用中岔解锁	接车压留中岔解锁	接车出清中岔解锁	停电恢复故障解锁
1	2	3	4	5	6	7	8	9	10	11	12	13

一、进路名称

1. 填写方法

填写中岔所在股道的接发车进路号。如图 2-21 到发线出岔平面图所示，3G 中间的 12 号道岔为中岔，试验的进路有 8 条，分别为 X、XN、S、SN 至 3G 的 4 条接车进路和 3G 至 X、XN、S、SN 的 4 条发车进路。

2. 试验方法

排列进路，核对进路号与所排进路的一致性。

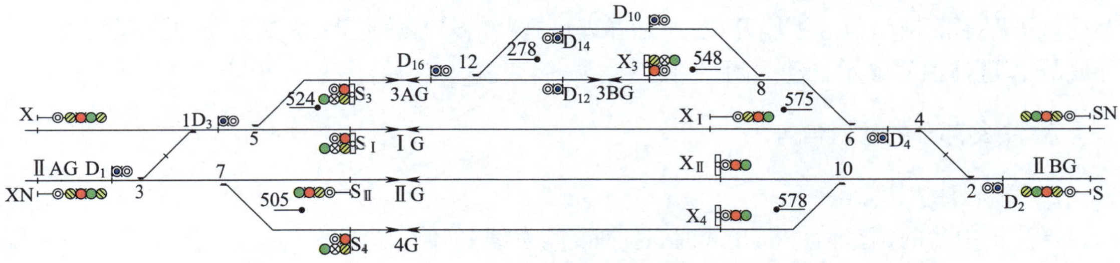

图 2-21　到发线出岔平面图

二、正常开放信号

办理进路，试验在具备开放条件时信号能够正常开放。

三、带动中岔

1. 原则

办理中岔所在的股道接、发列车进路时，有关中岔应能被自动带到规定位置。

2. 试验方法

将有关中岔先置于不符要求的位置，再办理接、发列车进路，检查有关中岔能够被带到规定位置。

如图 2-21 到发线出岔平面图所示，试验 X 进站信号机至 3G 的接车进路，先将 12 号道岔扳到反位，再办理该进路，12 号道岔能够被带到定位。

四、锁闭中岔

1. 原则

办理中岔所有的股道接、发列车进路时(包括进路式引导信号)，有关中岔应被锁闭在规定位置，方可开放信号。

2. 试验方法

信号开放后，单操有关中岔，中岔不能动作。

如图 2-21 到发线出岔平面图所示，试验 X 进站信号机至 3G 的接车进路，先办理该进路信号开放后，单操 12 号道岔至反位，12 号道岔不能扳动，联锁不输出道岔动作命令，表示不能失去。

五、中岔位置不正确不能开放信号

1. 试验目的

如中岔因故不能被带到规定位置或无表示时，有关接、发列车(包括进路式引导)信号应不能开放。

2. 试验方法

将中岔单锁在不符要求的位置，检查有关信号应不能开放。人工切断中岔表示，检查有关信号应不能开放，已开放的信号将自动关闭。

如图 2-21 到发线出岔平面图所示，试验 X 进站信号机至 3G 的接车进路，一是先单操 12 号道岔至反位并单操锁闭，办理该进路不能锁闭信号不能开放；二是断开 12 号道岔表示，办理该进路不能锁闭信号不能开放；三是办理该进路信号开放后，人为断开 12 号道岔表示，已开放的 X 进站信号显示自动关闭。

六、中岔部分的敌对信号

1. 试验目的

当防护中岔的调车信号机开放时，通向该到发线的接车进路不得建立，但发车进路可以建立。

2. 试验方法

逐个开放防护中岔的调车信号机，不能排列试验的接车进路，如果试验的是发车进路则可以开放。

如图 2-21 到发线出岔平面图所示，试验 X 进站信号机至 3G 的接车进路，一是办理 D_{12} 至 3AG 的调车进路，D_{12} 信号机开放后排列该接车进路，进路不能锁闭；二是办理 D_{16} 至 3BG 的调车进路，D_{16} 信号机开放后排列该接车进路，进路不能锁闭。试验 3G 至 X 进站信号机的发车进路，一是办理 D_{12} 至 3AG 的调车进路，D_{12} 信号机开放后排列该发车进路，信号能够开放；二是办理 D_{16} 至 3BG 的调车进路，D_{16} 信号机开放后排列该发车进路，信号能够开放。

七、取消和人工解锁

1. 接车进路

(1)试验目的：办理接车进路取消解锁和人工解锁时，中岔区段应在咽喉区接车进路解锁后自动解锁；咽喉区最后一个道岔区段未解锁时，中岔不允许解锁。

(2)试验方法：在进站信号关闭但接车进路未解锁的延时时间内，单操中岔应不能动作。

2. 发车进路

(1)试验目的：取消发车进路时，中岔与发车进路同时解锁。

(2)试验方法:办理发车进路人工解锁在出站信号关闭但发车进路未解锁的延时时间内，单操中岔应不能动作。

八、股道不留车发车正常解锁

1. 试验目的

分别试验岔前、中岔及岔后区段被列车占用并办理发车进路，在列车占用咽喉区第一个道岔区段并全部出清股道后，才准许中岔解锁。

2. 试验方法

模拟发车，人工确认。

如图 2-21 到发线出岔平面图所示，试验 3G 至 X 进站信号机的发车进路，以试验 3BG 为例，一是占用 3BG，排列该进路信号开放后核对 12 号道岔处于锁闭状态；二是模拟列车运行完全进入 3AG 后，核对 12 号道岔处于锁闭状态；三是模拟列车进入 5DG 未出清 3AG 时，核对 12 号道岔处于锁闭状态；四是模拟列车出清 3AG 时，核对 12 号道岔处于解锁状态。

九、股道留车发车正常解锁

1. 试验目的

发车时如股道留有车辆，需在咽喉区第一个道岔区段解锁后，才准许中岔解锁(如中岔区段留车，则转为对中岔进行区段锁闭)。

2. 试验方法

模拟发车，分别在岔前、中岔及岔后区段留车及第一个区段解锁前、后，检查中岔是否解锁。

十、接车未占用中岔解锁

正常开放接车信号，模拟车列运行，在车列出清接车进路最后一个道岔区段正常解锁后开始计时，经延时 3 min 后中岔自动解锁。

十一、接车压留中岔解锁

1. 试验目的

接车时列车停留在中岔区段，咽喉区道岔区段正常解锁后，中岔区段不应解锁。

2. 试验方法

采用人工模拟列车运行并停留在中岔区段，单操中岔不能动作。

十二、接车出清中岔解锁

1. 试验目的

列车占用并按顺序出清中岔区段后，该区段应能按三点检查方法正常解锁；列车停留在中岔区段，停留车列如沿原接车方向发车或调车，出清中岔区段后应自动解锁；如停留车列向原接车相反方向发车或调车，在出清中岔区段后，应办理故障解锁手续使中岔区段解锁。

2. 试验方法

模拟列车运行来确认解锁时机，按上述的三种情况分别进行试验。计算机联锁车站的中岔，经 3 min 延时并出清区段后自动解锁。

十三、停电恢复故障解锁

1. 试验目的

发生停电恢复时，6502 电气集中联锁在先解锁中岔股道两端的咽喉区道岔区段后，方可使用故障解锁方式解锁中岔。

2. 试验方法

先断开电源屏两路输入电源再恢复供电，在咽喉区道岔未解锁时以区段故障解锁方式（按压中岔所在咽喉的总人工解锁按钮和中岔区段故障按钮）解锁中岔，确认中岔应不能解锁；在咽喉区道岔解锁后，以区段故障解锁方式解锁中岔，中岔区段白光带消失，操纵中岔能够正常转换。（计算机联锁车站的解锁方式以联锁厂家提供的使用说明书为准）。

十四、到发线出岔试验注意事项

1. 其他设在含有通过进路的正线股道的中岔电路或多中岔电路，需要根据具体运营条件和设计说明提出相应的试验项目进行针对性试验。

2. 取消进站信号，该咽喉的进路解锁后，中岔延时 3 s 解锁。股道有车时开放引导信号，然后取消引导信号，中岔经 3 min 后解锁。

3. 中岔轨道区段故障，不能开放与中岔有关的接车信号。

4. 列车顺序地进入并出清中岔所在的轨道区段后，中岔应按分段自动解锁。如果列车进入股道在中岔轨道区段前停车，中岔延时 3 min 后自动解锁。

5. 双中岔接车时，列车压在第一中岔并未压在第二中岔，第二中岔仍需 3 min 限时后自动解锁。

6. 被中岔分割的两个无岔区段，一般不允许同时向里调车，若其中一个无岔区段足够长（股道），根据需要，也可同时往里调车。

7. 防护中岔的调车信号机与同一咽喉区的调车信号机应能办理长调车进路，但不能越过中岔办理长调车进路。

8. 上、下行分别使用进路引导和引导总锁闭方式引导接车时，中岔都应被锁。

第七节　非进路调车联锁关系检查试验

非进路调车作业是为了满足推送线向调车区固定进路反复取送车辆而设计的调车作业方式。非进路调车试验的表格见表 2-7 所示。

表 2-7　非进路调车联锁试验表

进路号码	非进路调车指示灯显示	信号开放	带动道岔	锁闭道岔	道岔位置不正确不能开放信号	道岔区段占用不能开放信号	敌对信号	正常调车不关闭信号	取消进路经 30 s 延时解锁	区段占用不能解锁	区段故障人工解锁	侵限绝缘检查
1	2	3	4	5	6	7	8	9	10	11	12	13

一、进路名称

填写非进路的号码，如 F_1、F_2 等。

二、非进路调车指示灯显示

1. 设置及显示意义

控制台上设有非进路调车白色表示灯，在允许进行非进路调车作业期间亮灯，取消时在道岔解锁前闪光，解锁后熄灭。

2. 试验方法

分别核对三种显示（亮白灯、闪白灯、熄灭）与非进路作业情况的对应，与显示意义一致。

三、信号开放

1. 试验目的

推送线上办理非进路调车并在条件满足后，不论是正向还是反向信号机均应自动处于开放状态。

2. 试验方法

办理非进路调车，核对推送线上的所有调车信号机能够全部开放。

如图 2-22 非进路调车平面图所示，办理非进路调车后，D_2、D_4、D_{14}、D_{16} 和 D_{18} 调车信号机要全部开放，使之不阻挡往返调车作业，以便完全由手信号指挥调车。

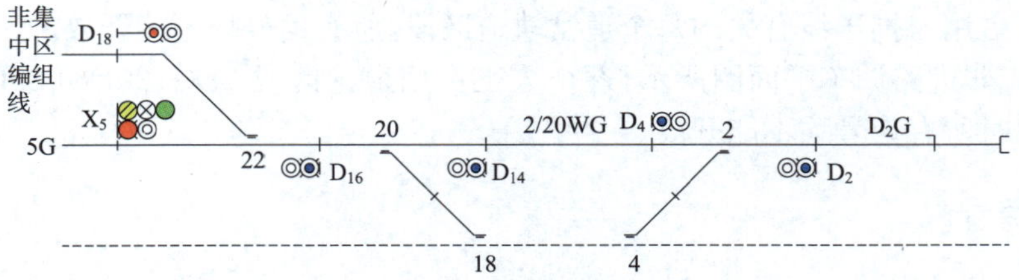

图 2-22　非进路调车平面图

四、带动道岔

1. 试验目的

按压非进路调车按钮后，与推送线有关的道岔均应被自动带到规定位置。

2. 试验方法

预先将道岔置于相反位置，按压非进路调车按钮，检查确认道岔均已被自动带到规定位置。

如图 2-22 非进路调车平面图所示，办理非进路调车后，推送线上的有关联锁道岔都要自动地转换到规定位置，道岔 2/4 和 18/20 要转到定位，使推送线与列车进出的其他线路隔开，道岔 22 转到反位，使推送线固定开向编组线群。

五、锁闭道岔

1. 试验目的

非进路调车信号开放后，与该推送线有关的道岔应全部被锁闭。

2. 试验方法

在开放非进路调车信号后，单独操纵与该推送线有关的道岔，应不能转换。

如图 2-22 非进路调车平面图所示，办理非进路调车后，推送线上的道岔 2/4 和 18/20 转到定位、道岔 22 转到反位后，单独操纵这三组道岔至相反位置，道岔不能转换，联锁不能输出道岔动作命令。

六、道岔位置不正确不能开放信号

1. 试验目的

办理非进路调车时，如该推送线上的道岔无表示或表示位置不符合规定要求，所有信号不能开放。

2. 试验方法

一是将与该推送线有关的道岔逐组单锁在与进路要求不符的位置，办理非进路调车，信号应均不能开放；二是将与该推送线有关的道岔逐组断开表示，办理非进路调车，信号应均不能开放；三是信号开放后，将与该推送线有关的道岔逐组断开表示，信号均将自动关闭。

如图 2-22 非进路调车平面图所示，分别对道岔 2/4、18/20、22 按照三种情形分别进行试验。

七、道岔区段占用不能开放信号

1. 试验目的

与推送线有关的任何一个道岔区段如被占用，办理非进路调车时信号应均不能开放。

2. 试验方法

逐个人工占用与推送线有关的每个道岔轨道区段，所有信号均不能开放。

如图 2-22 非进路调车平面图所示，逐个人工占用道岔区段 2DG、20DG、22DG，每个道岔轨道区段占用时所有信号均不能开放。

八、敌对信号

1. 定义

指与非进路调车相敌对的信号。

2. 试验方法

先开放敌对信号后，有关非进路调车应不能办理，或先办理非进路调车后，有关敌对进路应不能办理。

九、正常调车不关闭信号

1. 试验目的

指办理非进路调车后推送线上的调车信号不随正常调车而关闭。

2. 试验方法

在办理了非进路调车后的推送线上人工模拟调车，检查有关调车信号应不关闭。

十、取消进路经 30 s 延时解锁

1. 试验目的

办理了取消非进路调车手续后，推送线上所有调车信号应及时关闭，但有关道岔处于进路

锁闭状态,需经延时 30 s 后自动解锁。

2. 试验方法

在办理取消进路的延时解锁时间内(非进路表示灯闪光),逐组操纵推送线上道岔,道岔不能转换。

十一、区段占用不能解锁

1. 试验目的

取消非进路调车进路需检查推送线上所有道岔轨道区段均处于空闲状态(无岔区段或前后有调车信号机防护的道岔区段除外)。如图 2-22 非进路调车平面图所示,机车车辆由 20DG 区段向站内方向后退时,其后退进路上有 22 号道岔,但此道岔有 D_{16} 防护;向站外方向前进时,其前进进路上又有 2 号道岔,但 2 号道岔有 D_4 可防护;因此 20DG 即可除外。

2. 试验方法

逐个占用推送线上道岔区段,办理取消非进路调车,非进路调车进路均不能解锁。

如图 2-22 非进路调车平面图所示,人工占用道岔区段 22DG,办理取消非进路调车,非进路调车进路不能解锁。

十二、区段故障人工解锁

办理非进路调车后,当发生该推送线上有关区段故障时,拉出非进路调车按钮,然后按压非进路调车故障复原按钮后,应能使非进路调车设备复原。

如图 2-22 非进路调车平面图所示非进路调车,当 22DG 区段发生故障时,拉出非进路调车按钮,然后按压非进路调车故障复原按钮后,试验能使非进路调车设备复原。

十三、侵限界绝缘检查

非进路调车的侵限界绝缘检查与第一节侵限绝缘试验方法相同。

第八节 机务(洗刷库、场间交权等)同意电路检查试验

区段站和编组站一般设有机务段或机务折返段,机车出库作业要由信号楼直接办理调车作业开放相应的调车信号机,使机车出库进入集中区。机车由集中区进入机务段管辖范围内时,为了保证段管线的行车安全,应取得机务段的同意后,才能开放相应的调车信号机,允许机车入库。机务同意电路具体试验项目见表 2-8。

表 2-8 机务(洗刷库、场间交权等)同意电路试验表

顺　序	试验内容	信号楼	同意接车白灯		试验结果
			控制台	机务段	
1	未办好手续向机务段排列调车进路	信号不能开放	灭	灭	
2	机务段按下自复式同意按钮 JTA	JTJ 吸起	亮	亮	
3	松开同意按钮 JTA	JTJ 吸起	亮	亮	

续上表

顺　序	试验内容	信号楼	同意接车白灯		试验结果
			控制台	机务段	
4	排列向机务段调车进路	信号开放	亮	亮	
5	车列正常驶入机务段,出清进路区段	JTJ 落下	灭	灭	
6	复原后排列向机务段调车进路	信号不能开放	灭	灭	
7	办理取消				

一、未办好手续向机务段排列调车进路

1. 试验方法

未办理好机务段同意手续,机务段与车站集中区控制台"机务同意按钮灯(箭头)"均在灭灯状态,向机务段排列调车进路,信号不能开放。

2. 注意事项

当机务段机车出库线与入库线分开,机务段出库线未设机务同意按钮时,联锁进路表内以机车出库线为终端的调车进路禁止列出。

二、机务段按下自复式同意按钮 JTA

机务段按下机务同意按钮后,机务段与集中区控制台"机务同意按钮灯(箭头)"均显示白灯(箭头)。

三、松开同意按钮 JTA

松开机务同意按钮后,机务段与集中区控制台"机务同意按钮灯(箭头)"显示白灯(箭头)不熄灭。

四、排列向机务段的调车进路

1. 试验方法

办理好机务段同意手续后,排列向机务段的调车进路信号能开放,机车未驶入调车进路接近区段,可通过取消方式取消调车进路,不影响已办理的机务同意手续。

2. 注意事项

机车出库由车站集中区开放相应的调车信号,开放一次调车信号只允许一次机车出库,为避免机车尾随前车进入集中区,机务段出库处的调车信号机不设白灯保留电路。

五、车列正常驶入机务段,出清进路区段

机车正常驶入机务段,出清进路区段后,机务段与集中区控制台"机务同意按钮灯(箭头)"自动恢复为灭灯状态。

六、复原后排列向机务段的调车进路

复原后排列向机务段的调车进路信号不得开放,机务段办理一次同意手续后,只能允许一

次机车入库，如另有机车入库，则需再次取得机务段同意。

七、办理取消

1. 试验目的

办理好机务段同意手续后，除列车正常驶入复原外，机务段无权取消同意手续。

2. 试验方法

办理好机务同意手续后，机务段再次按压机务同意按钮或通过其他方式都不能取消机务同意。确需改变入库计划时，车站集中区可通过按压总取消按钮和机务段与车站集中区邻界的调车信号机按钮，实现取消机务同意手续。

第九节　驱动、采集点对点检查试验

电务维修机的驱动、采集机箱的码位与相关继电器的状态一一对应，简称“驱动、采集点对点”。联锁机检测到逻辑关系正确并满足继电器励磁条件时，输出驱动指令，电务维修机的驱动信息状态栏对应的码位亮绿灯，继电器组合架内相对应的继电器吸起；根据继电器的吸起、落下状态，驱采机采集到继电器吸起（落下）状态后，电务维修机的采集信息状态栏对应的码位亮绿灯。驱动、采集点对点试验项目见表 2-9。

表 2-9　驱动、采集点对点试验表

位置	名称	配线核对	码位核对		线间绝缘	位置	名称	配线核对	码位核对		线间绝缘
			Ⅰ系	Ⅱ系					Ⅰ系	Ⅱ系	
1	2	3	4	5	6	1	2	3	4	5	6

一、位　　置

按照驱动、采集板位置顺序填写。如：Q_1-1、Q_1-2、L_1-1、L_1-2。

二、名　　称

根据驱动匣配线图、采集匣配线图名称填写。如：1/3DCJ-1、XLXJ-1、1DGJ-Q、1DGJ-H 等。

三、配线核对

核对施工图纸驱动匣配线图、采集匣配线图与实际配线端子一致，不得出现多余配线或少线现象。

四、码位核对

1. 试验方法

核对继电器状态与驱动、采集的码位一一对应。可通过电务维修机驱动、采集信息状态栏上的码位与继电器组合架内相应继电器的实际吸起(落下)状态进行核对,驱动信息状态栏某码位亮绿灯时核对相对应的继电器在吸起状态;某继电器在吸起(落下)状态时核对相对应的采集信息状态栏上的码位是否点亮绿灯。

2. 注意事项

(1)计算机联锁车站进行码位核对时,在试验Ⅰ系(A 机)驱采时应关掉Ⅱ系(B 机)驱采,在试验Ⅱ系(B 机)驱采时应关掉Ⅰ系(A 机)驱采。

(2)禁止通过控制台显示正确来间接证明采集信息正确的方法进行试验,如轨道区段的后接点采集核对,当某轨道区段占用 GJ 落下,区段采集不到 GJ 前接点时控制台显示为红光带,但并不能说明后接点采集配线正确,如后接点采集不正确,虽然控制台也显示红光带,但会出现"某某轨道区段前、后接点均断开"的提示信息。

五、线间绝缘

为避免烧毁联锁设备,绝缘测试时需在联锁柜处断开联锁设备与机械室的连接,采用相应仪表测试驱动、采集配线对地、线间绝缘良好,符合标准。

第十节　轨道停电监督电路检查试验

联锁电路必须符合"故障—安全"原则,当轨道电源停电又恢复后,进路中已锁闭的轨道区段不应错误解锁,轨道停电监督电路就是为了防止当轨道电源停电又恢复后,造成已锁闭的进路错误解锁而设置的防护电路。6502 电气集中车站轨道停电监督电路通过监督轨道电源,解锁电路中设置 KZ-GDJ 电源,利用 KZ-GDJ 电源"断电快,恢复慢"特性,解决因轨道继电器参数差异造成已锁闭的进路错误解锁;计算机联锁车站轨道监督电路通过监督轨道电源,采集 GDJ 继电器状态进行逻辑判断,停电又恢复 13 s 内,禁止已锁闭的进路正常解锁;站内一体化车站轨道监督电路通过监督发送器、接收器送电保险来实现停电恢复后造成进路错误解锁的隐患。具体试验项目见表 2-10。

表 2-10　轨道停电监督电路试验表

轨道停电名称	轨道停电范围核对	停电恢复后进路不能正常解锁	轨道停电报警核对(计算机联锁)	断电快恢复慢核对(6502)	KZ-GDJ 电源核对(6502)	备注
1	2	3	4	5	6	7

一、轨道停电名称

按咽喉区填写,如 SGDJ、XGDJ 等。

二、轨道停电范围核对

1. 试验说明

核对各束轨道送电电源用途与设计图纸相符。

2. 试验方法

电源屏内逐束断开轨道电源送电保险，核对出现红光带的区段与设计图纸设定的该束轨道电源的送电范围相符。

三、轨道停电恢复后不能正常解锁

1. 6502 电气集中车站根据站场情况，尽最大限度排列多条列车、调车进路，断开任一束轨道电源又恢复，核对已锁闭进路有无错误解锁情况，可多次试验。

2. 计算机联锁车站在仿真试验过程中可通过模拟轨道停电又恢复后 13 s 内，模拟列车正常通过已排列好的列车、调车进路，进路不能实现正常解锁但可以通过取消方式解锁进路，13 s 后再次模拟列车经过已排列好的进路可实现正常解锁。

3. 站内一体化车站同时将任一区段的主、备发送器保险或主、并接收器保险置于非闭合位置时，SYTJ、XYTJ 落下，恢复保险，SYTJ、XYTJ 吸起后的 13 s 内进路不能实现正常解锁。电路如图 2-23 所示。

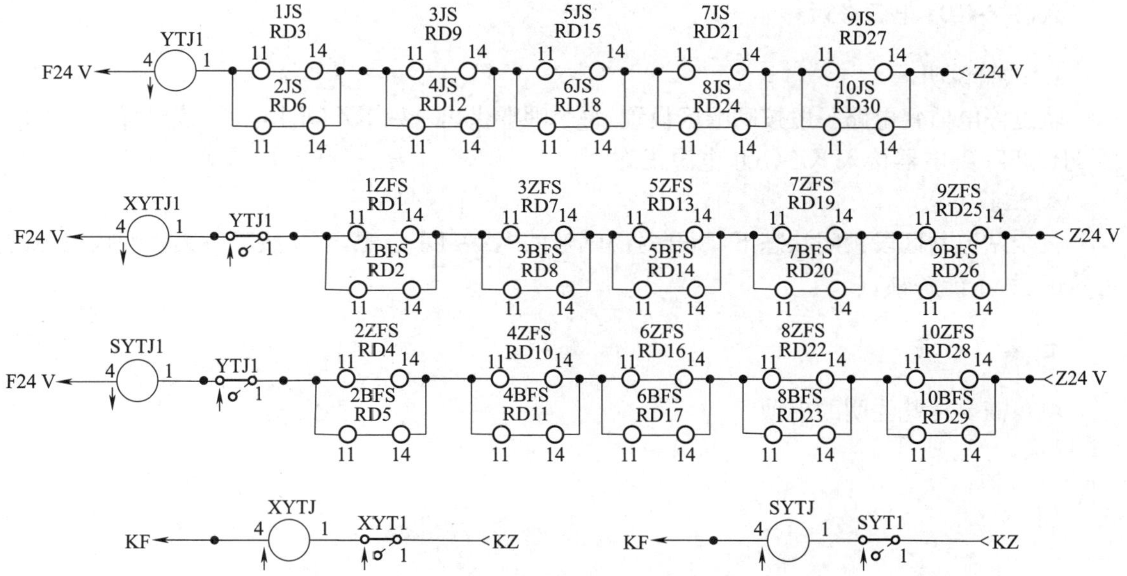

图 2-23　站内一体化轨道监督电路

四、轨道停电报警核对

电源屏内逐束断开轨道电源保险(站内一体化车站同时将任一区段的主、备发送器保险和主、并接收器保险置于非闭合位置)，该束轨道电源供电范围在上行咽喉时，控制台(计算机联锁盘面)上显示“上行轨道停电”报警，该束轨道电源供电范围在下行咽喉时，控制台(计算机联锁盘面)上显示“下行轨道停电”报警，核对文字及语音报警信息正确。

五、断电快恢复慢核对

1. 电路实现

如图 2-24 所示当任一束轨道电源故障后 JDJ 落下切断 GDJ 电路，GDJ 落下致使“KZ-

GDJ 电源"立即断电，实现断电快；轨道电源恢复后 JDJ 吸起后沟通 GDJ 励磁电路，GDJ↑-GDJF↑后"KZ-GDJ 电源"才恢复供电，实现恢复慢的特性。

2. 试验方法

人工测量 KZ-GDJ 电源，逐个断开电源屏轨道送电保险，核对 KZ-GDJ 电源立即断电，当轨道电源恢复后，核对 KZ-GDJ 电源相比 GDJ 励磁吸起滞后一段时间供电。

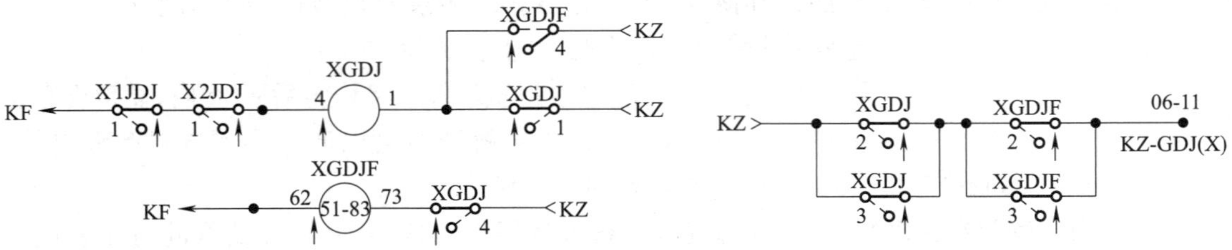

图 2-24　轨道停电电源电路

六、KZ-GDJ 电源核对

1. 试验说明

轨道停电监督电路一般按咽喉区设置，每个咽喉供出一束 KZ-GDJ 电源，核对每个道岔区段 1JL、2TJ 继电器接入 KZ-GDJ 电源正确。

2. 试验方法

在全站道岔区段锁闭状态下，断开对应咽喉的 KZ-GDJ 电源，逐个故障解锁该咽喉区内的道岔区段，不能解锁。

七、备　　注

填写需要特殊注明的事项。

第三章　单项设备联锁关系检查试验

本章对单项设备联锁关系检查试验表格相关项目的填写方法、试验方法及注意事项进行介绍，包括道岔内锁(外锁)转换设备、复示交分道岔整体核对、车站列车(调车及调车复示)信号机、进站(接车进路)信号机黄闪黄、站内轨道电路、道口电路，主要适用于动配线施工、站场改造或新建工程等涉及相关单项设备的联锁关系试验。

第一节　内锁闭道岔转换设备联锁关系检查试验

道岔是机车车辆从一股轨道转入或越过另一股轨道时必不可少的线路设备，是铁路轨道的一个重要组成部分，它对于保证行车安全，提高运输效率起着非常重要的作用。联锁道岔转换与锁闭设备应保证道岔的正常转换、可靠锁闭和正确表示。内锁闭道岔转换设备的联锁关系检查试验见表 3-1，按表格内容逐项进行试验，确保其联锁关系正确。

表 3-1　信号联锁关系检查试验表(道岔转换设备—内锁)

<table>
<tr><th rowspan="2">电机类型</th><th rowspan="2" colspan="2">道岔号码</th><th colspan="6">核对位置</th><th colspan="3">断表示</th><th rowspan="2">道岔被阻后转换试验</th><th rowspan="2">副机被阻试验</th><th colspan="3">断启动</th><th colspan="4">2DQJ、D(F)BJ 及道岔表示一致</th><th rowspan="2">断道岔表示器、密贴检查器的表示接点</th><th rowspan="2">4 mm 不锁闭试验</th><th colspan="4">道岔锁闭</th><th rowspan="2">道岔区段前接点接入启动电路</th><th rowspan="2">道岔封锁</th><th rowspan="2">道岔解除封锁</th><th rowspan="2">挤岔断表示报警</th><th rowspan="2">室外试验人</th></tr>
<tr><th>电机出杆图纸位置</th><th>电机出杆实际位置</th><th>开闭器接点图纸闭合位置</th><th>开闭器接点实际闭合位置</th><th>图纸开通方向</th><th>实际开通方向</th><th>表示接点</th><th>移位接触器</th><th>表示保险</th><th>遮断器</th><th>启动接点</th><th>启动保险</th><th>2DQJ 位置</th><th>表示继电器状态</th><th>控制台道岔表示灯</th><th>控制台光带</th><th>单独锁闭</th><th>区段锁闭</th><th>进路锁闭</th><th>引导总锁闭</th></tr>
<tr><td>1</td><td colspan="2">2</td><td>3</td><td>4</td><td>5</td><td>6</td><td>7</td><td>8</td><td>9</td><td>10</td><td>11</td><td>12</td><td>13</td><td>14</td><td>15</td><td>16</td><td>17</td><td>18</td><td>19</td><td>20</td><td>21</td><td>22</td><td>23</td><td>24</td><td>25</td><td>26</td><td>27</td><td>28</td><td>29</td><td>30</td><td>31</td></tr>
<tr><td rowspan="2"></td><td rowspan="2"></td><td>定位</td><td></td><td></td><td></td><td></td><td></td><td></td><td></td><td></td><td></td><td></td><td></td><td></td><td></td><td></td><td></td><td></td><td></td><td></td><td></td><td></td><td></td><td></td><td></td><td></td><td></td><td></td><td></td><td></td><td></td></tr>
<tr><td>反位</td><td></td><td></td><td></td><td></td><td></td><td></td><td></td><td></td><td></td><td></td><td></td><td></td><td></td><td></td><td></td><td></td><td></td><td></td><td></td><td></td><td></td><td></td><td></td><td></td><td></td><td></td><td></td><td></td><td></td></tr>
</table>

一、电机类型

填写方法：按照设计图纸核对电机使用类型，见表 3-2，1 号道岔填写电机类型为 ZY4。

表 3-2　道岔类型表

钢轨类型 kg/m	辙叉号	道岔编号	电机类型
50	1/9	1,3,31	ZY4
60	TS1/12	9,11,15	ZYJ7

二、道岔号码

填写方法：按照设计图纸核对现场道岔号码名称是否正确，道岔号码填写如 1 号、15 号、

3 号 J、3 号 X 等。

三、电机出杆图纸位置

填写方法：核对图纸(面对岔尖位置看)，看电机出杆位置(右伸出、右拉入或左伸出、左拉入)。如图 3-1 所示，若联锁表中定义上行Ⅱ道接车时 1 号道岔为定位，则 1 号道岔电机出杆图纸位置定位时填写右拉入，反位时填写右伸出。

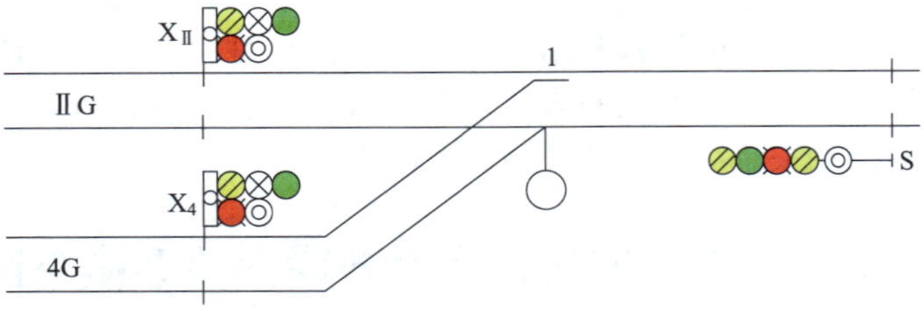

图 3-1　某站平面布置图

四、电机出杆实际位置

1. 试验方法：现场面对岔尖，核对电机出杆位置。
2. 填写方法：与设计图纸一致时画“√”。

五、开闭器接点图纸闭合位置

填写方法：核对图纸道岔在定位(反位)时，接点闭合位置(1、3 或 2、4)。根据电机类型、平面图确定接点闭合位置。比如 ZD6 转辙机自动开闭器有 2 排动接点，4 排静接点，编号是站在电动机处观察，自右向左分别为 1、2、3、4 排，每排有 3 组静接点，自上向下顺序编号，比如第 1 排接点为 11-12、13-14、15-16，以此类推。开闭器接点闭合位置参照表见表 3-3，表中左开是指面对岔尖左侧基本轨与尖轨斥离或列车向左侧运行，右开是指面对岔尖右侧基本轨与尖轨斥离或列车向右侧运行。

表 3-3　开闭器接点闭合位置参照表

电机类型	道岔开通方向	接点闭合
ZD6、ZD7、S700K	左开	2、4
	右开	1、3
ZY4、ZYJ6、ZYJ7、ZYJ4	左开	1、3
	右开	2、4

六、开闭器接点实际闭合位置

1. 试验方法：核对现场实际道岔在定位(反位)时，接点闭合位置。
2. 填写方法：与设计图纸一致时画“√”。

七、图纸开通方向

填写方法：按照站场平面布置图，核对道岔开通方向，填写前方股道、设备名称或左右，如

图 3-1 所示，上行接通Ⅱ道时，1 号道岔为定位，则 1 号道岔定位时图纸开通方向填写为ⅡG 或 $X_{Ⅱ}$ 或右侧。

八、实际开通方向

1. 试验方法：由室外试验人员报出某组道岔的实际开通股道或设备名称，室内联锁试验人核对控制台光带表示开通设备名称及道岔表示灯显示与室外一致。

2. 填写方法：室内外核对与平面图一致时画"√"。

3. 注意事项：道岔位置核对试验必须操纵一组试验一组，严禁先全部核对一个位置，然后全部操纵到另一个位置后再核对所有道岔的另一个位置。

九、表示接点

1. 试验方法：依次逐组断开室外转辙机自动开闭器的定、反位表示接点时，相应的定、反位表示继电器应可靠落下，控制台道岔定、反位表示灯应灭灯，同时检查挤岔声光报警应符合要求。以 ZY4 为例，如图 3-2 所示。

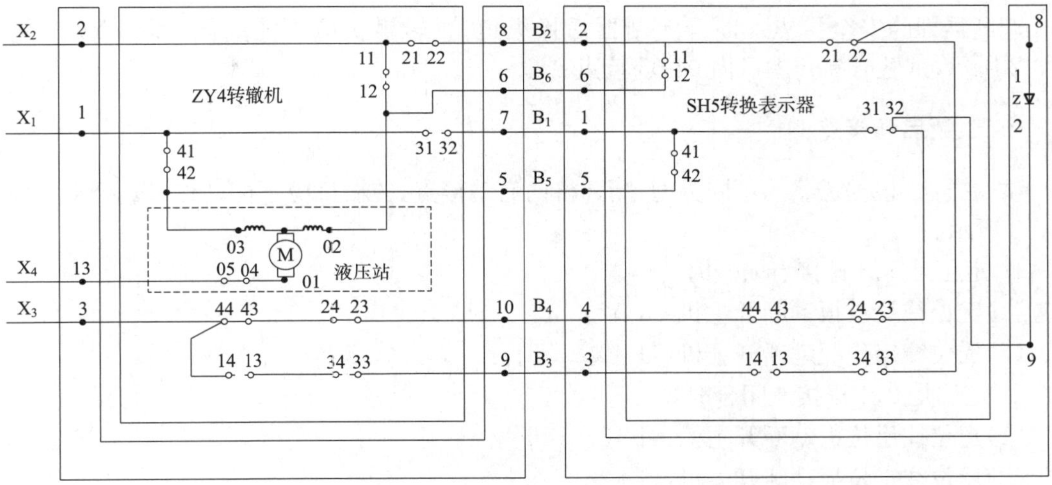

图 3-2　ZY4 室外控制电路

(1)定位是 1、3 排接点闭合时

①主机定位依次断开：31-32、33-34、13-14；副机依次断开：31-32、33-34、13-14。

②主机反位依次断开：21-22、23-24、43-44；副机依次断开：21-22、23-24、43-44。

(2)定位是 2、4 排接点闭合时

①主机定位依次断开：21-22、23-24、43-44；副机依次断开：21-22、23-24、43-44。

②主机反位依次断开：31-32、33-34、13-14；副机依次断开：31-32、33-34、13-14。

2. 填写方法：依次逐组断开室外转辙机自动开闭器的定、反位表示接点，分别对应室内定、反位表示继电器可靠落下，控制台相应道岔定、反位表示灯灭灯，一致时画"√"。

十、移位接触器

试验方法：ZD6 型道岔分别在定位或反位时，断开表示电路所检查的对应移位接触器接点，道岔的定或反位表示继电器应可靠落下，控制台道岔表示灯应灭灯。

十一、表示保险

试验方法：室内断表示保险，道岔表示继电器应落下、控制台道岔表示灯灭灯。

十二、道岔被阻后转换试验

在道岔转换过程中由于各种原因造成受阻不能转换到需要位置时，为防止电机长时间工作而烧坏，必须能将道岔操纵转换到原来位置。

试验方法：人为在尖轨与基本轨间夹入试验铁，使道岔不能转换到位，再往回操纵，道岔应能回转。

十三、副机被阻试验

试验方法：扳动道岔，主机到位、副机未到位时，电机不停转。

十四、断遮断器

遮断器即为安全接点。断开遮断器后操纵道岔，转辙机应不能动作。以 ZY4 为例，如图 3-2 所示，试验时断开主机内 04-05 接点。

十五、断启动接点

试验方法：根据道岔的不同类型，断开机内启动接点，转辙机应不能动作，以 ZY4 为例，如图 3-2 所示。

1. 定位是 1、3 排接点闭合时

(1)定位往反位扳动断开主机：11-12。

(2)反位往定位扳动断开主机：41-42。

2. 定位是 2、4 排接点闭合时

(1)定位往反位扳动断开主机：41-42。

(2)反位往定位扳动断开主机：11-12。

十六、断启动保险

试验方法：拔掉启动熔丝或断开断路器，操纵道岔应不能转换。

十七、2DQJ、D(F)BJ 及道岔表示一致

1. 试验方法：试验每组道岔，检查道岔置于定位时，2DQJ 定位接点应闭合(相当于吸起)，DBJ 应吸起，FBJ 应落下，控制台道岔表示灯应显示绿灯，光带开通应为道岔定位方向；检查道岔置于反位时，2DQJ 反位接点应闭合(相当于落下)，FBJ 应吸起，DBJ 应落下，控制台道岔表示灯应显示黄灯，光带开通应为道岔反位方向。

2. 注意事项：试验时应同时核对复示继电器的位置正确。

十八、断道岔表示器、密贴检查器的表示接点

电动道岔设有表示器或密贴检查器时，分别在定、反位位置断开有关表示接点，检查道岔

对应的表示继电器应落下。

十九、4 mm 不锁闭试验

在第一牵引点中心线处密贴尖轨与基本轨间，用 4 mm 标准检查铁片进行密贴检查试验，道岔不能锁闭和接通表示。

二十、单独锁闭

试验方法：道岔在某一位置时，拉出单操按钮(计算机联锁车站设有道岔单独锁闭按钮，按单锁方式锁闭道岔)后，一是单独扳动道岔不能动作；二是办理经该道岔另一位置的进路，道岔应不能转换，进路不能办理。

二十一、区段锁闭

试验方法：将道岔所在区段占用(双动道岔分别占用所在两个区段)，单独操纵该道岔应不能转换。

二十二、进路锁闭

试验方法：办理经由该道岔的进路并锁闭后(双动道岔应分别办理)，单独操纵该道岔应不能转换。

二十三、引导总闭锁

引导总锁闭方式主要用于进路中道岔无表示或道岔表示条件不满足时开放引导信号，以引导总锁闭方式开放引导信号时，必须先人工确认道岔位置正确。

1. 试验方法：按下该道岔所在咽喉的引导总锁闭按钮，单独操纵该道岔应不能转换。
2. 注意事项：分别按下两个咽喉的引导总锁闭按钮均能将到发线出岔进行锁闭。

二十四、道岔区段前接点接入启动电路

试验方法：计算机联锁车站在道岔区段空闲情况下，仅断开接入该组道岔启动电路中的道岔区段前接点，扳动该组道岔，道岔不能转换。

二十五、道岔封锁

试验方法：在计算机联锁中，办理道岔封锁后，单操该道岔应能转换，经该道岔的进路应不能办理。

二十六、道岔解除封锁

试验方法：计算机联锁中，办理道岔封锁后解封该道岔时，单操该道岔应能转换，经该道岔的进路应能办理。

二十七、挤岔断表示报警

试验方法：道岔断表示，控制台有声光报警信息。

第二节　外锁闭道岔转换设备联锁关系检查试验

列车直向通过速度大于 120 km/h 的线路上，道岔应采用外锁闭装置和三相交流转辙机。外锁闭道岔转换设备的联锁关系检查试验见表 3-4，按表格内容逐项进行试验，确保其联锁关系正确。

表 3-4　信号联锁关系检查试验表（道岔转换设备—外锁）

电机类型	道岔号码	核对位置						断表示		道岔被阻后转换试验	断启动			2DQJ、D(F)BJ 及道岔表示一致				断道岔表示器、密贴检查器的表示接点	断 A、B、C 相保护	4 mm 不锁闭试验	5 mm、6 mm、10 mm 试验	副机被阻试验	TJ 停转试验	多机牵引总保护	多机牵引总表示	道岔锁闭				道岔区段前接点接入启动电路	道岔封锁	道岔解除封锁	挤岔断表示报警	室外试验人
		电机出杆图纸位置	电机出杆实际位置	开闭器接点图纸闭合位置	开闭器接点实际闭合位置	图纸开通方向	实际开通方向	表示接点	表示保险		遮断器	启动接点	启动保险	2DQJ 位置	表示继电器状态	控制台道岔表示灯	控制台光带									单独锁闭	区段锁闭	进路锁闭	引导总锁闭					
1	2	3	4	5	6	7	8	9	10	11	12	13	14	15	16	17	18	19	20	21	22	23	24	25	26	27	28	29	30	31	32	33	34	35
	定位																																	
	反位																																	

一、外锁闭道岔开通方向、表示、启动项目试验核对

与内锁闭道岔试验方法基本相同。道岔位置核对试验必须操纵一组试验一组，严禁先全部核对一个位置，然后全部操纵到另一个位置后再核对所有道岔的另一个位置。对于 18 号及以上道岔尖轨和心轨分别由多台转辙机牵引时还需注意尖轨开通位置与心轨开通位置的一致性，双动道岔要两端位置相一致。多机牵引分动外锁闭道岔，应核对室外各牵引点位置与室内对应各分组合、分组合与总组合表示继电器位置、控制台道岔表示以及对应的 2DQJ、2DQJF 位置一致。

断启动、表示接点试验方法：以两牵引点 ZYJ7 道岔为例，如图 3-3 所示。

1. 定位是 1、3 排接点闭合时

(1)断遮断器、启动接点

定位往反位：先后断 K_1-K_2（安全接点）、11-12、13-14。

反位往定位：先后断 K_1-K_2（安全接点）、41-42、43-44。

(2)断表示接点

主机定位先后断开：11-12、15-16、33-34、35-36；副机断：15-16、33-34、35-36。

主机反位先后断开：41-42、45-46、23-24、25-26；副机断：45-46、23-24、25-26。

2. 定位是 2、4 排接点闭合时

(1)断遮断器、启动接点

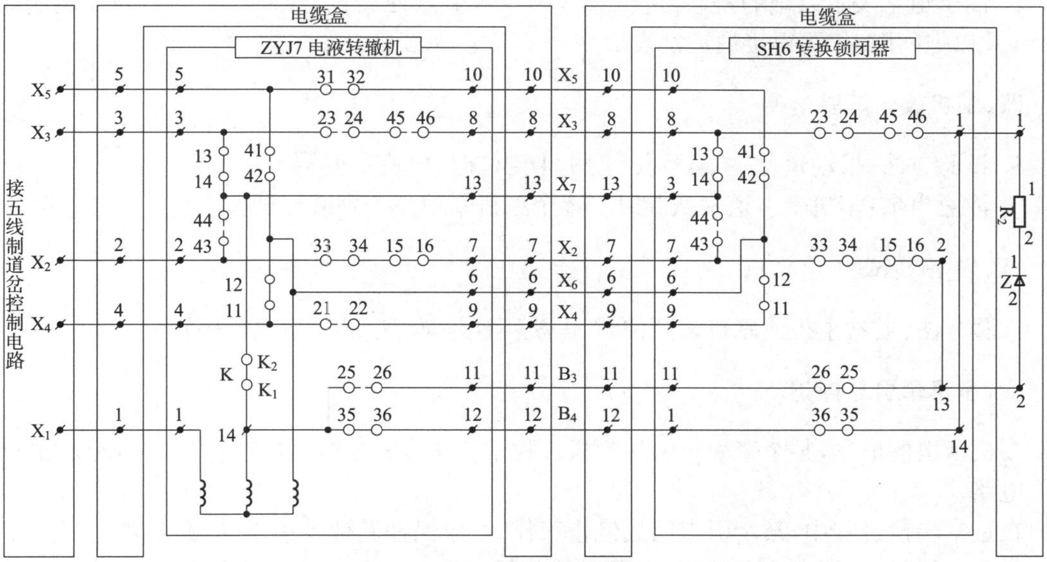

图 3-3　ZYJ7 室外控制电路

定位往反位：先后断 K_1-K_2（安全接点）、41-42、43-44。

反位往定位：先后断 K_1-K_2（安全接点）、11-12、13-14。

(2)断表示接点

主机定位先后断开：41-42、45-46、23-24、25-26；副机断：45-46、23-24、25-26。

主机反位先后断开：11-12、15-16、33-34、35-36；副机断：15-16、33-34、35-36。

二、断 A、B、C 相保护

当三相电源缺一相时，为保护三相电机应自动切断动作电路，应对每个牵引点的每一相电源分别进行断相保护试验。

试验方法：逐个断开各牵引点的每一相电源，操纵道岔时转辙机应不能动作。

三、4 mm 不锁闭试验，5 mm、6 mm、10 mm 试验

试验方法：在规定位置用 4 mm、5 mm、6 mm、10 mm 标准检查铁片进行密贴检查试验，道岔不能锁闭和接通表示。按照高速、普速《维规(技术标准)》规定进行试验，相关要求如下：

1. 采用电动、电液转辙机牵引的道岔，道岔尖轨与基本轨、心轨与翼轨应密贴。牵引点(分动外锁闭锁闭杆处，联动尖轨牵引点尖轨连接杆处)及密贴检查位置处，尖轨与基本轨、心轨与翼轨在下列情况下应满足的要求：

(1)单点牵引道岔牵引点及多点牵引道岔第一牵引点中心线处密贴尖轨(心轨)与基本轨(翼轨)间有 4 mm 及以上水平间隙时，其余密贴段牵引点中心线处有 6 mm 及以上水平间隙时，不应锁闭或接通表示。

(2)直向通过速度大于 120 km/h 小于或等于 160 km/h 的道岔，尖轨牵引点间有 10 mm 及以上水平间隙时，不应接通道岔表示。

(3)直向通过速度大于 160 km/h 的道岔，在两牵引点间有5 mm 及以上水平间隙时，不应接通道岔表示。

2. 用于道岔表示系统的密贴检查装置，第一牵引点处尖轨与基本轨、心轨与翼轨密贴有 4 mm 及以上间隙时，不得接通道岔表示。

四、副机被阻试验

1. 试验方法：扳动道岔，主机到位、副机未到位时，电机不停转。
2. 注意事项：多机牵引道岔试验时对逐个副机牵引点分别进行试验。

五、TJ 停转试验

试验方法：道岔主机或副机未到位时，电机不能停转，需 30 s 后电机停转。

六、多机牵引总保护

多机牵引的道岔，某个牵引点的转辙机因故不能正常转换时，应切断其他牵引点的转辙机动作电路。

在正常转换过程中，某牵引点因故停止工作时，应保证其他牵引点转辙机继续工作（ZYJ7 液压道岔主机到位、副机未到位时，电机不能停转，需 30 s 后停转。对多机牵引道岔，逐个副机牵引点分别进行试验）。ZBHJ、QDJ 励磁电路如图 3-4 所示（QDJ 前接点用于所有转辙机 1DQJ 的自闭电路中）。

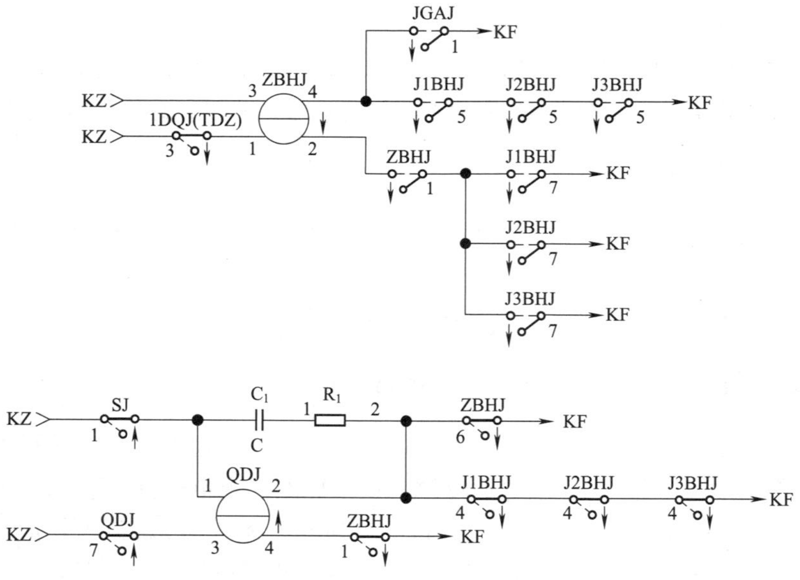

图 3-4　ZBHJ、QDJ 励磁电路

试验方法：对应每个牵引点，将道岔动作电路断开，操纵该组道岔，所有牵引点的转辙机均不应转换；在道岔正常转换过程中，断开某个牵引点的动作电路，其他牵引点的转辙机在规定时间内应正常动作（设有尖轨、心轨故障按钮的道岔，按设计说明进行试验）。

七、多机牵引总表示

试验方法：多机牵引的道岔应校核每个牵引点的表示与道岔总表示一致。逐一断开每个牵引点的表示（可拔表示熔丝或断开表示断路器），总表示继电器均应可靠落下，控制台道岔表示灯均应灭灯。

八、道岔锁闭、道岔区段前接点接入启动电路、道岔封锁、道岔解除封锁、挤岔断表示报警

试验方法：与内锁闭道岔试验方法基本相同。

第三节　复式交分道岔整体核对联锁关系检查试验

复式交分道岔相当于两组对向铺设的单开道岔，实现不平行股道的交叉，但具有道岔长度短，开通进路多及两个主要行车方向均为直线等优点，因而能节约用地，提高调车能力并改善列车运行条件。复式交分道岔整体核对联锁关系检查试验见表3-5，按表格内容逐项进行试验，确保其联锁关系正确。

表3-5　信号联锁关系检查试验表（复式交分道岔核对）

顺号	复示交分道岔号码	分道岔号码				信号平面图复示交分道岔整体开通方向	控制台光带复示交分道岔整体开通方向核对	室外复示交分道岔整体开通方向核对	道岔表示核对	室外核对人
		号码	位置	号码	位置					
1	2	3	4	5	6	7	8	9	10	11
			定		定					
			定		反					
			反		定					
			反		反					

一、序　　号

填写方法：填写序号，便于统计复示交分道岔组数。

二、复示交分道岔号码

填写方法：填写交分道岔的整体名称，不按联锁道岔名称填写。如图3-5所示，交分道岔填写为“1/3/5/7”，不填写其他与之相关的道岔号。

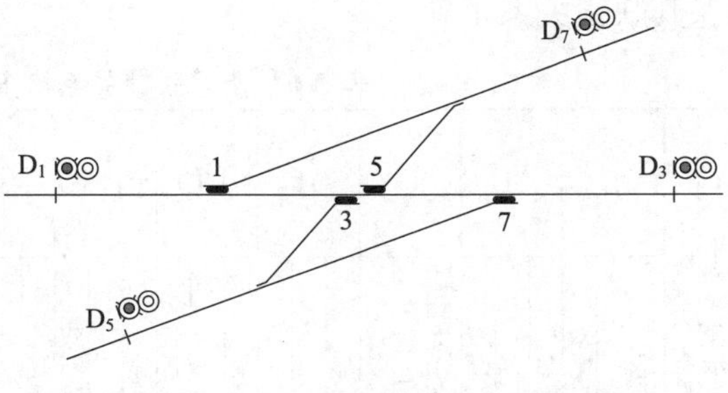

图3-5　复示交分道岔布置图

三、分道岔号码

填写方法：将交分道岔按双动分开填写，不填写其他与其有联锁关系的道岔号。如图3-5所示，交分道岔填写为“1/3”、“5/7”。

四、分道岔位置

填写方法：表格固定项，列出分道岔不同位置组成的四个进路开通方向。

五、信号平面图复示交分道岔整体开通方向

填写方法：根据站场平面图填写交分道岔整体开通方向，填写进路两侧开通的设备名称

（信号机、股道、道岔、线路名称）。如图 3-5 所示，“1/3”定位、“5/7”定位时填写为“D_1至D_3”，“1/3”定位、“5/7”反位时填写为“D_5至D_3”，“1/3”反位、“5/7”定位时填写为“D_1至D_7”，“1/3”反位、“5/7”反位时填写为“D_5至D_7”。

六、控制台光带复式交分道岔整体开通方向核对

试验方法：核对控制台光带开通的两端设备名称与平面图是否一致，6502 电气集中联锁站可以按压接通光带核对。

七、室外复示交分道岔整体开通方向核对

试验方法：室外核对交分道岔开通的两端设备名称与控制台光带开通的两端设备是否一致，若室外不易辨别开通方向，可以采用推小车的方法。

八、道岔表示核对

试验方法：核对控制台分道岔表示与平面图是否一致。无道岔单独表示的计算机联锁核对表示道岔开通位置的短线的颜色（定位绿色、反位黄色）。

第四节　车站列车、调车及调车复示信号机联锁关系检查试验

色灯信号机以其灯光的颜色、数目和亮灯状态来表示信号。车站列车信号机用以防护站内进路以及闭塞分区，是列车进出站的重要行车凭证。调车信号机用以指示站内各种调车作业，如：编组、解体、摘挂、取送、转线、转场、机车出入库、出入专用线以及平面溜放等；调车复示信号机的作用是复示调车主体信号机的显示，采用方形背板、单机构、单显示结构，平时处于灭灯状态，当调车信号机处于开放状态时，点亮白灯。车站列车信号机的联锁关系检查试验见表 3-6，车站调车及调车复示信号机的联锁关系检查试验见表 3-7，按表格内容逐项进行试验，确保其联锁关系正确。

表 3-6　信号联锁关系检查试验表（车站列车信号机）

信号机名称	平面图显示方向及位置	实际显示方向及位置核对	L			LU			U			H			UU			HB			USU			LL			B			进站复示						进路表示器					逆向进路表示器			室外试验人
																														直向AC			侧向AB											
			显示及灯位核对	转换报警	双断试验及灯光转移	显示及灯位核对	转换报警	双断试验及灯光转移	显示及灯位核对（经道岔直股）	转换报警	双断试验及灯光转移	显示及灯位核对	转换报警	双断试验	显示及灯位核对	转换报警	双断试验及灯光转移	显示及灯位核对	转换报警	双断试验及灯光转移	显示及灯位核对	转换报警	双断试验及灯光转移	显示及灯位核对	转换报警	双断试验及灯光转移	显示及灯位核对	转换报警	双断试验及灯光转移	显示及灯位核对	转换报警	双断试验	显示及灯位核对	转换报警	双断试验	方向A	方向B	方向C	方向D	方向E	显示及灯位核对	转换报警	双断试验及灯光转移	
1	2	3	4	5	6	7	8	9	10	11	12	13	14	15	16	17	18	19	20	21	22	23	24	25	26	27	28	29	30	31	32	33	34	35	36	37	38	39	40	41	42	43	44	45

表 3-7　信号联锁关系检查试验表(车站调车及调车复示信号机)

信号机名称	平面图显示方向及位置	实际显示方向及位置核对	H			B			A			室外试验人
			显示核对	转换试验	双断试验	显示核对	转换试验	双断试验及灯光转移	显示核对	转换试验	双断试验	
1	2	3	4	5	6	7	8	9	10	11	12	13

一、信号机名称

填写方法:填写需要试验的信号机名称,如图 3-6 所示,填写 S_3、D_1 等。

二、平面图显示方向及位置

填写方法:按照平面布置图填写,信号机位于线路左侧接车方向的信号机简单填写为左接、位于线路左侧发车方向的信号机简单填写为左发,右接、右发比照以上方法填写。如图 3-6 所示,X 进站信号机填写为左接,S_4 出站信号机填写为左发,X_F 进站信号机填写为右接。

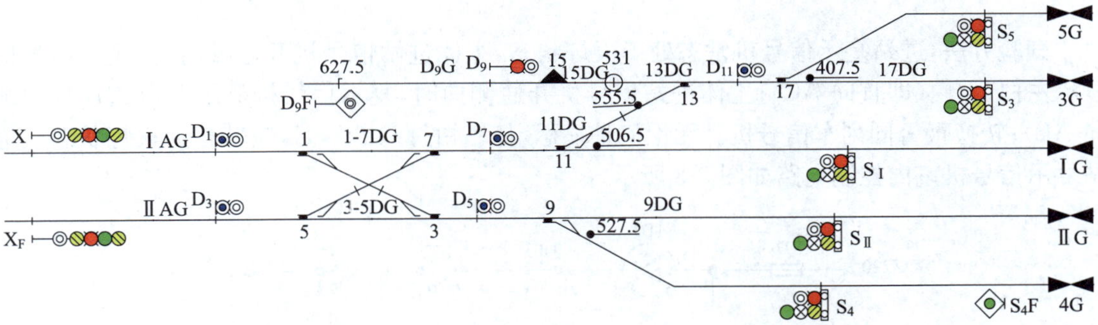

图 3-6　某站平面布置图

三、实际显示方向及位置核对

试验方法:核对室外试验人报告的显示方向及位置与图纸一致性。

四、显示及灯位核对

1. 试验方法:室外试验人按标准用语报告室外信号机实际显示及灯位,应与信号机试验的显示相符。

2. 注意事项:进站(含接车、接发车进路)信号机 U 灯显示应现场检查进路内所有道岔均在直股位置,不能用检查道岔定位表示代替检查道岔直股。

五、转换报警

1. 试验方法:正常情况下,灯泡点亮主灯丝,人为断开主灯丝时,自动点亮副灯丝。设有断丝报警装置的信号机,点灯状态的主丝断开,控制台应给出声光报警。

2. 注意事项:注意查看不能出现双丝同时点亮的情况。

六、双断试验及灯光转移

试验主副灯丝同时断开时,室内 DJ 应落下,允许灯光显示应转移为禁止灯光显示。以进站信号机 6502 电路为例,LXJ 励磁电路如图 3-7 所示,进站信号机开放后列车信号继电器 LXJ 的吸起,将辅助开始继电器 FKJ 自闭电路切断使其落下。在 LXJ 局部电路中接有 DJ 第 6 组前接点,在信号开放前用它反映红灯灯丝完好,在信号开放后用它反映允许灯光的灯丝完好。从而实现红灯断丝信号不能开放;信号开放后允许灯光的灯丝断丝,信号应能自动关闭,并改点红灯。

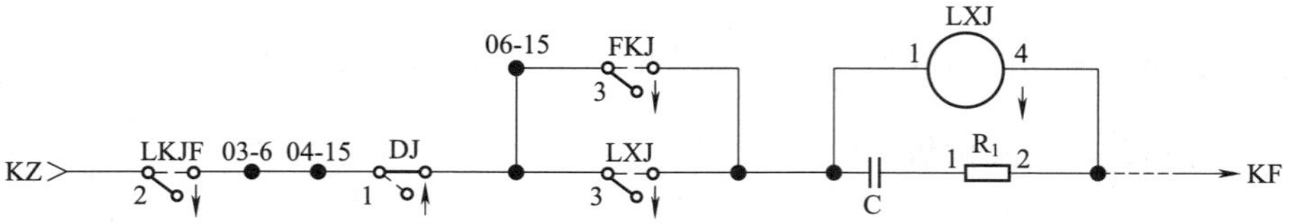

图 3-7　LXJ 励磁电路

七、进站复示

试验方法:进站复示信号机常态处于灭灯状态,主体进站信号机开通直向时,复示信号机显示左白、上白(即直向 AC);主体进站信号机开通侧向时,复示信号机显示左白、右白(即侧向 AB);转换报警同列车信号机。无论何种显示,任一白灯双断丝时,应转移为灭灯状态。进站复示信号机室内控制电路如图 3-8 所示。

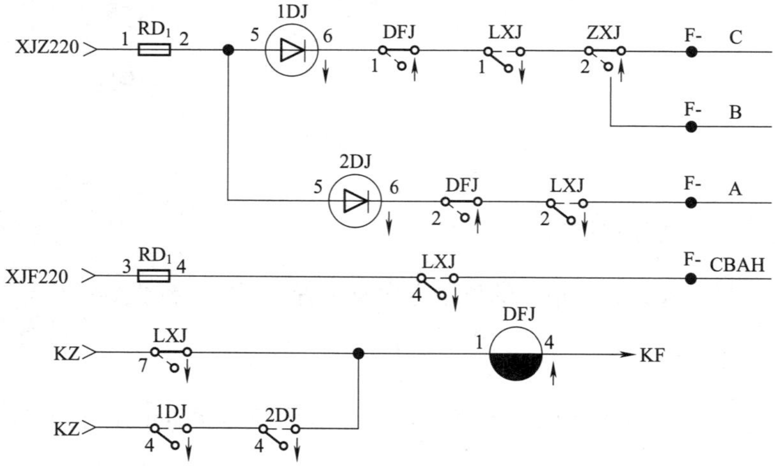

图 3-8　进站复示信号机室内控制电路

八、进路表示器

1. 设置意义:进路表示器在其主体信号机开放时点亮,用于区别进路开通方向或双线区段反方向发车,不能独立构成信号显示。

2. 试验方法：进路表示器不单独构成信号显示。核对主体信号机关闭时，进路表示器应灭灯。具有两个及两个以上发车口的进路表示器，显示方式按《铁路技术管理规程》规定执行。核对室外实际表示器显示应与对应发车口一致。

3. 显示方式：

(1)两个发车方向，当信号机在开放的条件下，分别按左、右两个白色灯光，区别进路开通方向，如图 3-9 所示。

(2)三个发车方向，其显示方式如下：

①信号机在开放状态及表示器左方显示一个白色灯光——表示进路开通，准许列车向左侧线路发车，如图 3-10(a)所示。

②信号机在开放状态及表示器中间显示一个白色灯光——表示进路开通，准许列车向中间线路发车，如图 3-10(b)所示。

③信号机在开放状态及表示器右方显示一个白色灯光——表示进路开通，准许列车向右侧线路发车，如图 3-10(c)所示。

(a)　(b)

图 3-9　两个发车方向

(a)　(b)　(c)

图 3-10　三个发车方向

(3)四个发车方向(由左至右 A、B、C、D 方向)显示方式如下：

①信号机在开放状态及表示器左方横向显示两个白色灯光——表示进路开通，准许列车向左侧 A 方向线路发车，如图 3-11(a)所示。

②信号机在开放状态及表示器左方斜向显示两个白色灯光——表示进路开通，准许列车向左侧 B 方向线路发车，如图 3-11(b)所示。

③信号机在开放状态及表示器右方斜向显示两个白色灯光——表示进路开通，准许列车

(a)　(b)　(c)　(d)

图 3-11　四个发车方向

向右侧 C 方向线路发车，如图 3-11(c)所示。

④信号机在开放状态及表示器右方横向显示两个白色灯光——表示进路开通，准许列车向右侧 D 方向线路发车，如图 3-11(d)所示。

(4)五个发车方向(由左至右 A、B、C、D、E 方向)显示方式如下：

①同四个发车方向的第(1)项——表示进路开通，准许列车向左侧 A 方向线路发车，如图 3-11(a)所示。

②同四个发车方向的第(2)项——表示进路开通，准许列车向左侧 B 方向线路发车，如图 3-11(b)所示。

③信号机在开放状态及表示器中间竖向显示两个白色灯光——表示进路开通，准许列车向中间 C 方向线路发车，如图 3-12 所示。

④同四个发车方向的第(3)项——表示进路开通，准许列车向右侧 D 方向线路发车，如图 3-11(c)所示。

⑤同四个发车方向的第(4)项——表示进路开通，准许列车向右侧 E 方向线路发车，如图 3-11(d)所示。

图 3-12 五个发车方向(C 方向)

(5)六个发车方向(由左至右 A、B、C、D、E、F 方向)显示方式如下：

①信号机在开放状态及表示器左方竖向显示两个白色灯光——表示进路开通，准许列车向左侧 A 方向线路发车，如图 3-13(a)所示。

②信号机在开放状态及表示器左方横向显示两个白色灯光——表示进路开通，准许列车向左侧 B 方向线路发车，如图 3-13(b)所示。

③信号机在开放状态及表示器左方斜向显示两个白色灯光——表示进路开通，准许列车向左侧 C 方向线路发车，如图 3-13(c)所示。

④信号机在开放状态及表示器右方斜向显示两个白色灯光——表示进路开通，准许列车向右侧 D 方向线路发车，如图 3-13(d)所示。

⑤信号机在开放状态及表示器右方横向显示两个白色灯光——表示进路开通，准许列车向右侧 E 方向线路发车，如图 3-13(e)所示。

⑥信号机在开放状态及表示器右方竖向显示两个白色灯光——表示进路开通，准许列车向右侧 F 方向线路发车，如图 3-13(f)所示。

(a) (b) (c) (d) (e) (f)

图 3-13 六个发车方向

(6)七个发车方向(A、B、C、D、E、F、G 方向)显示方式如下：

①同六个发车方向的第(1)项——表示进路开通，准许列车向左侧 A 方向线路发车，如图 3-13(a)所示。

②同六个发车方向的第(2)项——表示进路开通,准许列车向左侧 B 方向线路发车,如图 3-13(b)所示。

③同六个发车方向的第(3)项——表示进路开通,准许列车向左侧 C 方向线路发车,如图 3-13(c)所。

④信号机在开放状态及表示器中间竖向显示两个白色灯光——表示进路开通,准许列车向中间 D 方向线路发车,如图 3-14 所示。

⑤同六个发车方向的第(4)项——表示进路开通,准许列车向右侧 E 方向线路发车,如图 3-13(d)所示。

⑥同六个发车方向的第(5)项——表示进路开通,准许列车向右侧 F 方向线路发车,如图 3-13(e)所示。

⑦同六个发车方向的第(6)项——表示进路开通,准许列车向右侧 G 方向线路发车,如图 3-13(f)所示。

九、逆向进路表示器

1. 试验方法:逆向进路表示器不单独构成信号显示。核对主体信号机关闭或向双线双方向正向发车口发车时,逆向进路表示器不点亮。向双线双方向逆向发车口发车时,核对逆向进路表示器随主体信号机开放而点亮。转换及报警同列车信号机,灯丝双断灭灯时,主体信号机应随之关闭。

2. 显示方式:在双线区段仅用于区分反方向发车时,其显示方式如下:

(1)信号机在开放状态且表示器不点亮——准许列车正方向发车,如图 3-15(a)所示。

(2)信号机在开放状态且表示器显示一个白色灯光——准许列车反方向发车,如图 3-15(b)所示。

图 3-14　七个发车方向(D 方向)

(a)　(b)

图 3-15　双线区段仅用于区分反方向

第五节　进站(接车进路)信号机黄闪黄检查试验

进站(接车进路)信号机可根据站场道岔及线路情况设置黄闪黄信号显示,指挥列车侧向通过(侧向停车)时可提高列车运行速度,从而达到提高车站侧向通过能力的目的。站内接车进路内方设有 18 号及以上道岔,同方向出发信号机存在直向发车或经 18 号及以上道岔侧向位置发车且线路状况允许的情况下,进站(接车进路)信号机设置黄闪黄信号显示,黄闪黄信号显示为进站(接车进路)信号机显示一个黄色闪光和一个黄色灯光,机车信号机显示一个双半黄闪光。

进站(接车进路)信号机黄闪黄显示含义:普速线(客专线个别车站)表示准许列车经18号及以上道岔侧向位置,进入站内越过次一架已开放的信号机且该信号机防护的进路经道岔直向位置或18号及以上道岔侧向位置,高铁线路表示准许列车经18号及以上道岔侧向位置进入站内准备停车,且进路允许速度不低于80 km/h。设有黄闪黄信号显示的试验见表3-8。

表3-8　进站(接车进路)信号机黄闪黄显示试验表

信号机名称	DJ可靠吸起	SNJJ可靠吸起	闪光频率校核	闪光电路故障降级	闪光电路故障报警	备　注
1	2	3	4	5	6	7

一、信号机名称

填写进站(接车进路)信号机的名称。如X、XL等。

二、DJ可靠吸起

1. 电路实现:如图3-16所示进站(接车进路)信号机点亮黄闪黄信号,是通过在进站(接车进路)点灯电路1U的点灯回路中通过SNJ(闪光继电器)间歇式吸起(落下)串入一个可调电阻(0～3 kΩ),当电阻串入后使1U灯变暗,电阻未串入点灯回路时1U灯变亮,通过1U灯间歇式地由亮到暗、由暗到亮,从而实现1U灯闪光的效果。1U点灯回路中当串入的阻值过小,1U灯变暗与正常点亮区别不大时,不能实现闪光效果;当串入的阻值过大,使1U点灯回路中的电流过小,由于DJ为电流型继电器,会造成DJ不能可靠吸起,出现抖动,甚至出现DJ落下,不能正常点亮黄闪黄信号。

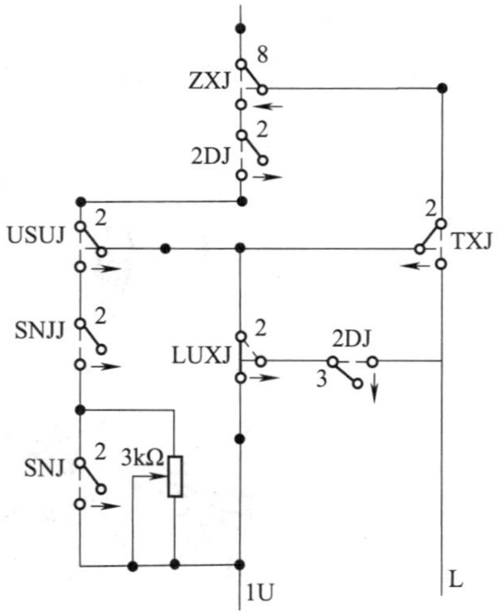

图3-16　黄闪黄1U点灯回路局部电路图

2. 试验方法:室内、外配合调整可调电阻的阻值,当室外1U灯闪光效果良好后,观察DJ能可靠吸起,无前接点断开(抖动)现象,也可在调整可调电阻时测量DJ的电流值是否满足正常励磁的额定值。

三、SNJJ(闪光校核继电器)可靠吸起

如图3-17所示SNJJ是通过SNJ的吸起(落下)间歇式接通电源与阻容放电来实现可靠吸起,当阻容故障或阻容特性变化造成缓放时间不足时,可能引起SNJJ瞬间落下。试验时可在开放黄闪黄信号后观察SNJJ的可靠吸起,无前接点断开(抖动)现象。

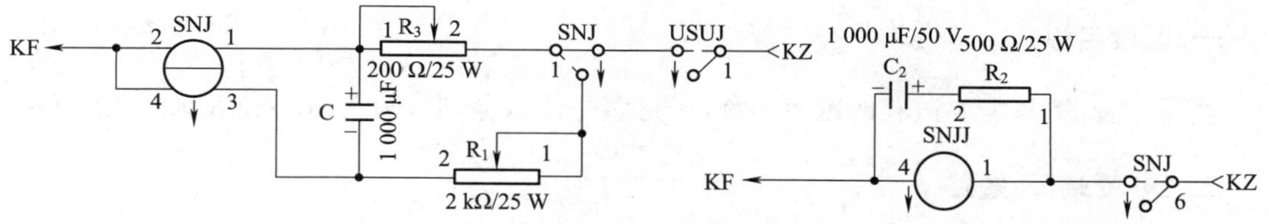

图 3-17　闪光电路图

四、闪光频率校核

进站(接车进路)在开放黄闪黄信号后,进站组合中的闪光继电器 SNJ 吸起和落下时长比基本为 1∶1,闪光频率为 50～70 次/min。

五、闪光电路故障降级

如图 3-17 所示,闪光电路故障一般分两种情况,一是开放黄闪黄信号后因 USUJ 故障落下使已开放的黄闪黄信号自动降级为双黄显示;二是因阻容原件故障等原因造成 SNJJ 不能可靠吸起,致使已开放的黄闪黄信号自动降级为双黄显示。

试验方法:一是人为使 USUJ 落下,核对室外已开放的黄闪黄信号降级为双黄显示;二是拔掉 SNJ、SNJJ 的阻容原件,核对室外已开放的黄闪黄信号降级为双黄显示。

六、闪光电路故障报警

计算机联锁车站采集 SNJJ 继电器状态,因故未采集到 SNJJ 可靠吸起时,给出相应的报警信息,具体报警信息以联锁厂家使用说明为准。

七、备　　注

填写需要特殊注明的事项。

第六节　站内轨道电路联锁关系检查试验

站内轨道电路用以监督站内线路的占用、空闲情况,以及将列车运行与信号显示等联系起来,即通过轨道电路向列车传递行车信息。轨道电路是铁路信号的重要基础设备,它的性能直接影响行车安全和运输效率。站内轨道电路的联锁关系检查试验见表 3-9,按表格内容逐项进行试验,确保其联锁关系正确。

表 3-9　信号联锁关系检查试验表(站内轨道电路)

区段名称	核对占用表示				上行方向入口电流达标	下行方向入口电流达标	双接收器冗余试验	一送多受对位检查	分路残压符合标准	极性交叉检查	绝缘侵限检查	室外试验人
	送端短路	送端开路	受端短路	受端开路								
1	2	3	4	5	6	7	8	9	10	11	12	13

一、区段名称

填写方法：填写需要试验的区段名称，一送多受区段分别填写 XXDG、$XXDG_1$、$XXDG_2$。

二、送、受端开、短路

1. 试验方法：送端开路试验时断开轨道变压器线头，也可采用断保险方法开路试验，开路后 DGJ（DG_1J、DG_2J）应落下；送端短路试验时使用标准分路线封连送电端轨面，DGJ（DG_1J、DG_2J）应落下。受端开路试验时断开轨道变压器线头，也可采用断保险方法开路试验，相对应的 DGJ（DG_1J、DG_2J）应落下，其他分支不能落下；受端短路试验时使用标准分路线封连受电端轨面（一送多受分别短路各分支），相对应的 DGJ（DG_1J、DG_2J）应落下。

2. 注意事项：

（1）为防止相邻区段电缆配线交叉，对工程或更换电缆的施工，开通前还应进行轨道电路开路试验，可分别卸开送、受电端端子上的电缆线头，核对区段占用显示与断开电缆的区段应为同一区段（对轨道绝缘两侧均为受电端的轨道区段应作重点卡控）。开、短路试验时，应同时测量相邻轨道区段继电器电压是否变化。

（2）为了保证轨道电路的可靠工作和故障导向安全，必须保证轨道电路的迂回长度。一般车站正线股道和道岔区段采用双扼流双轨条轨道电路，侧线采用单扼流双轨条轨道电路，这样可尽量避免轨道电路迂回。在轨道电路迂回时，迂回长度需大于规定值。25 Hz 相敏轨道电路迂回电路如图 3-18 所示，轨道电路迂回长度：$L_{迂回}=L_1+L_2+L_3$，L 为轨道电路长度。

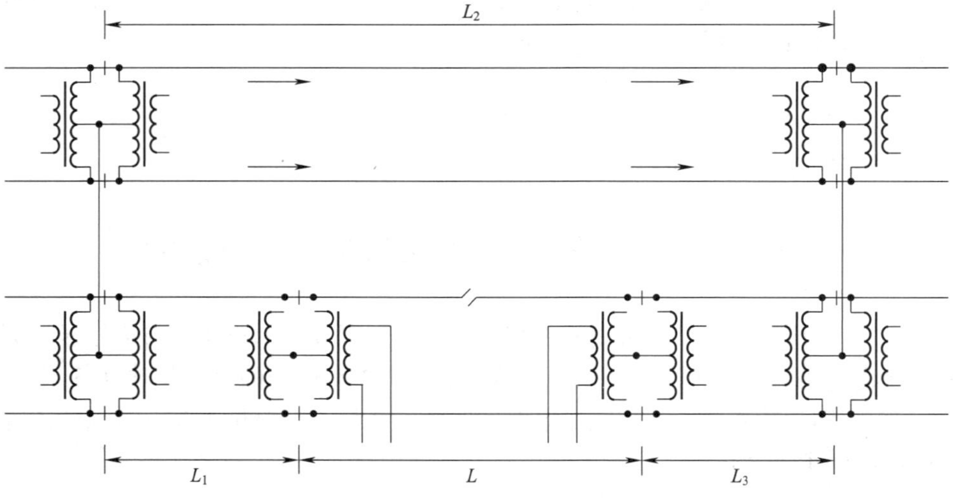

图 3-18　轨道电路迂回电路

随着迂回电路长度增大，钢轨阻抗增大，轨道继电器的电流侧减小，此时，轨道电路的断轨灵敏度提高了。迂回电路的最小容许长度根据检查状态的要求确定。考虑断轨最不利条件，轨道继电器电流换算成实际的电流不应大于其可靠落下电流。根据计算结果绘出断轨灵敏度系数 K_K 与迂回电路长度关系，如图 3-19 所示。

对于具体长度的轨道电路，其迂回电路最小容许值，根据图中斜线与水平直线 $K_K=1.0$ 相交点求出。例如，长度为 1.2 km 的轨道电路，其断轨检查可在迂回电路大于 2.115 km 条

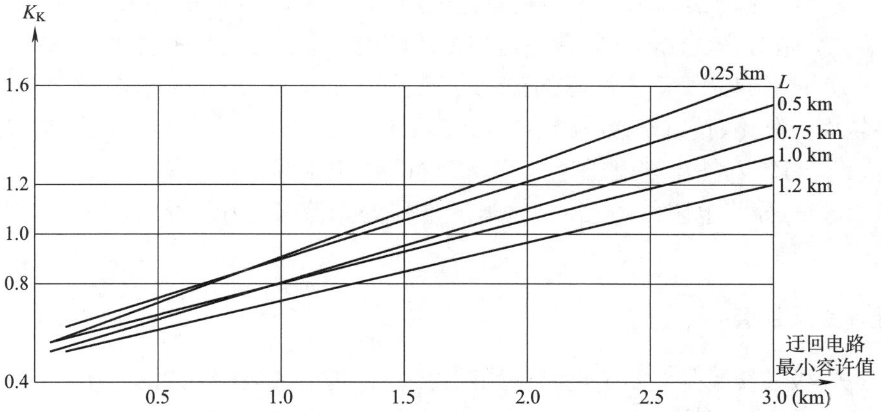

图 3-19　断轨灵敏度系数与迂回电路长度关系

件下得到保证。若迂回长度小于规定值，则在断轨或扼流变压器牵引侧轨道连接线断线时，交流二元二位继电器不切断本身的前接点，因此不能检查断轨。

正线两个进站口的两个横向连接线间隔应满足迂回电路的最小长度。不满足上述条件的车站，应拆掉远离牵引变电所一端的进站口的横向连接线，此横向连接线应向区间推移。

三、上行方向入口电流达标、下行方向入口电流达标

1. 试验方法：开放信号后，断开轨道区段入口处 XB 箱内 10 A 保险，使用标准分路线封连轨道，测试入口电流应符合《普速铁路信号维护规则　技术标准》规定，即载频频率为 1 700 Hz、2 000 Hz、2 300 Hz 时，入口电流不应小于 500 mA，不应大于 1 200 mA；载频频率为 2 600 Hz 时，入口电流不应小于 450 mA，不应大于 1 100 mA。

2. 注意事项：断 10 A 保险的目的是，防止轨道分路不实，轨道电路闪红使信号关闭，发码终止，或股道双向发码相互干扰。

四、双接收器冗余试验

试验方法：交替拔掉互为冗余的两个相敏接收器，不影响轨道电路正常工作，控制台应报警。

五、一送多受对位检查

试验方法：闭路式轨道电路采用分路轨面的方法，核对相应的轨道继电器应可靠落下，继电器残压不超标；开路式轨道电路短路轨面时，相应的轨道继电器应可靠吸起。区段被占用时，控制台对应的区段应显示红光带。一送多受区段核对时，开路式轨道电路的每个分支点都要进行短路；闭路式轨道电路必须采用逐个断开室外每个受电端的方法进行，同时还必须核对每个分支受电端与室内继电器相对应，分支轨道继电器落下时总轨道继电器应可靠落下。

六、分路残压符合标准

试验方法：在每个轨道区段最不利的轨面处所用标准分路电阻线分路轨面，受端继电器交流端电压应符合轨道电路传输特性要求，继电器应可靠落下。分路残压应符合《普速铁路信号

维护规则 技术标准》规定。25 Hz 相敏轨道电路用 0.06 Ω 标准分路电阻线在轨道电路送、受电端轨面上分路时，轨道继电器(含一送多受的其中一个分支的轨道继电器)端电压：旧型不应大于7 V、97 型不应大于 7.4 V，其前接点应断开；用 0.06 Ω 标准分路电阻线在轨道电路送、受电端轨面上分路时，电子接收器(含一送多受的其中一个分支的电子接收器)的轨道接收端电压不应大于 10 V，输出端电压为 0 V，其执行继电器可靠落下。JZXC-480 型交流轨道电路用 0.06 Ω 标准分路电阻线分路时，轨道继电器的交流端电压不大于 2.7 V，继电器可靠落下。

七、极性交叉检查

试验方法：极性交叉是对轨道电路绝缘破损采取的防护措施，必须对每个区段的所有轨道绝缘处(包括双动道岔的渡线绝缘处)进行极性交叉测试。

采取短路法时，可短路一侧绝缘，检查另一侧绝缘节上的电压应增大，说明该绝缘节是极性交叉的；若短路一侧绝缘，另一侧电压减小说明极性不交叉；若短路一侧绝缘而另一侧绝缘处电压无变化说明被短路侧的绝缘本身已处于短路状态或绝缘节两侧区段的轨道电路过轨电缆配线存在短路等异常情况，需要进行处理。

在电化区段，由于扼流变压器的存在，当绝缘节单边短路时会引起轨道电路红光带，短路绝缘节的方法不宜采用。此时可采用电压法，即采用交叉电压测量法进行极性交叉的测试检查：如图 3-20 所示，分别测量 V_1～V_6电压，若 V_1、V_4之和约等于 V_2、V_3之和或 V_1、V_4电压均大于 V_5、V_6时，说明实现了极性交叉。也可采用专用的轨道电路极性交叉检查仪直接测量邻接区段是否交叉。

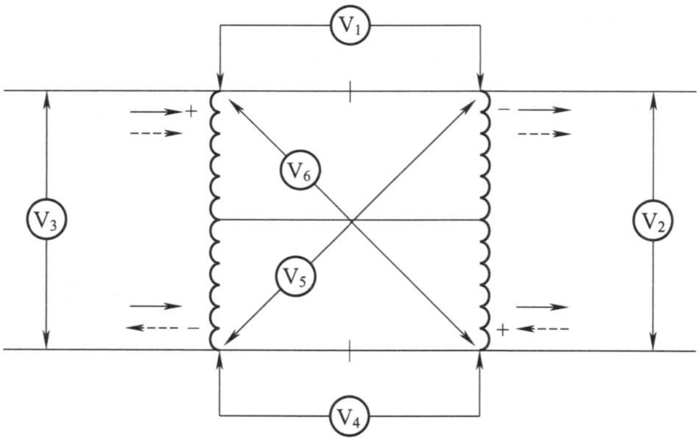

图 3-20　极性交叉测量

八、绝缘侵限检查

试验方法：核对轨道电路送受端(含分支)钢轨绝缘是否处在侵限位置，侵限状态是否与联锁表对应。在道岔区段，设于警冲标内方与警冲标相关的用于分割轨道区段的钢轨绝缘，除双动道岔渡线上的绝缘外，在无动车组运行的线路上，其安装位置距警冲标不得小于 3.5 m，如图 3-21(a)所示；在有动车组运行的线路上，其安装位置距警冲标不得小于 5 m，如图 3-21(b)所示。当不得已必须装于警冲标内方且距警冲标的距离小于上述数值、以及与警冲标并置或设于警冲标外方时，应按侵入限界考虑。

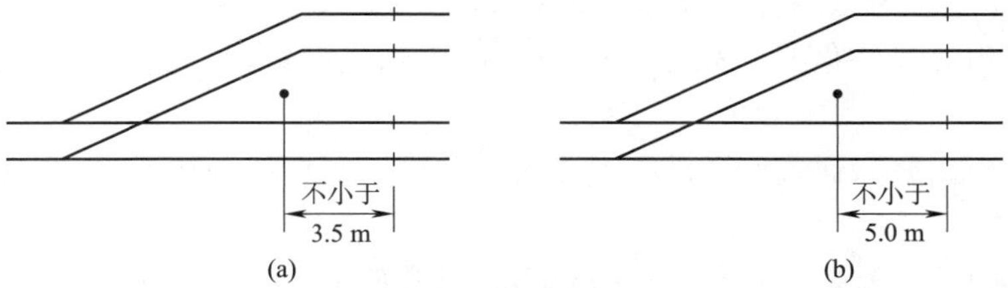

图 3-21　钢轨绝缘至警冲标距离测量

第七节　道口电路联锁关系检查试验

列车接近道口时，道口信号应能分别、及时自动发出报警通知或向道路方向自动发送报警信号，依靠道口看守员人工关闭道口栏杆或由设备控制自动关闭道口栏杆，禁止道路方向通行。列车通过道口后，应及时自动解除道口的报警通知或报警信号，人工或自动开启栏杆，准许道路方向通行。当铁路区间有人看守道口上发生危及行车安全的情况时，道口遮断信号用以向列车发出停车指示。道口电路的联锁关系检查试验见表 3-10。

表 3-10　道口电路联锁关系检查试验表

道口名称	道口电路制式	道口信号												道口遮断信号					
		车站通知条件试验	道口通知报警距离核对	道口声光报警设备定位显示允许道路方向车辆通过信号	列车接近时自动点亮道路方向道口信号机红灯	列车接近时道口音响器自动报警	当列车通过道口并出清到达点后停止报警	人工短路轨面防护该闭塞分区的通过信号机显示禁止灯光	接近通知时间	列车追踪通知	列车追踪复原	停电报警	故障复原	遮断信号机试验	遮断信号与区间自闭结合试验	遮断预告信号机试验	遮断信号机主丝（冷丝）断丝报警	遮断预告信号机主丝（热丝）断丝报警	
1	2	3	4	5	6	7	8	9	10	11	12	13	14	15	16	17	18	19	20

一、道口名称

按道口实际名称填写。

二、道口电路制式

按图纸标示的电路制式填写。

三、车站通知条件试验

站内道口及邻近车站的区间道口的通知条件与站内联锁相关联时，按照设计说明中规定的车站通知时机，排列相关进路并模拟列车运行，当通知条件具备时，向道口发出接近通知条件，道口应收到相应通知信息。列车越过道口占用相应的区段给出道口复原条件，使道口复原。

1. 站内咽喉区道口，通过计算机联锁逻辑驱动道口接近和到达条件，实现道口自动通知及道口自动信号。

2. 站外接近(离去)区段道口及区间道口，通过开放出站信号或区间轨道电路条件，实现道口自动通知及道口自动信号。

3. 列车接近报警点时，开始通知(道口看守房屋内，道口控制盘上列车接近通知灯应点亮，外音响器发出列车接近报警音响，看守人员确认后，按压确认按钮，切断室内音响，道口信号机两个红色灯交替闪光)，一直到列车出清到达点(道口控制盘接近通知灯熄灭，外部音响报警停止，道口信号机点月白稳定灯光)，结束通知。

四、道口通知报警距离核对

道口通知报警距离必须满足道口有关技术条件规定。试验时，核对设计距离及现场实际测量距离均符合按线路允许最高速度和道口有关技术条件的计算结果。

五、道口声光报警设备定位显示允许道路方向车辆通过信号

无列车接近时，设于道口道路方向的信号机显示月白灯，音响器不发声。

六、列车接近时自动点亮道路方向道口信号机红灯

当列车接近道口、到达接近报警点时，自动向道路方向显示禁止车辆通行的信号，即道口信号机两个红灯交替闪光。

七、列车接近时道口音响器自动报警

当列车到达接近报警点时，设于道口两侧道路方向的音响器自动报警。

八、当列车通过道口并出清到达点后停止报警

列车出清到达点后，道口信号机红色闪光灯光自动熄灭，转为点亮月白色灯光，音响器停止报警。

九、人工短路轨面防护该闭塞分区的通过信号机显示禁止灯光

为确保列车运行安全，在自动闭塞区段有些道口设有人工短路轨面的短路装置，其目的是当道口因故无法关闭或停留在道口上的车辆故障时，可通过人工操作短路装置来短路轨道电路，使列车在运行前方信号机前停车，避免发生事故。

十、接近通知时间

接近通知时间为道路车辆以规定最低速度通过道口的时间、道口栏杆关闭的动作时间、列车司机采取紧急制动的确认时间、根据道口实际运用情况适当增加的时间之和。试验时，核对接近通知时间应符合上述要求。

十一、列车追踪通知

当有列车正在通过道口，但没有出清到达点时，追踪列车进入道口接近区段，道口控制盘上追踪表示灯点亮，室内音响器再次发出音响报警。

十二、列车追踪复原

追踪列车出清到达点后，道口信号机红色闪光灯光自动熄灭，转为点亮月白色灯光，音响器停止报警。

十三、停电报警

（DX3 道口为例）设有控制监督继电器 KDJJ，用来监督电源是否正常供电及同一线路中的反向控制器是否故障，平时 DKJJ 吸起，停电时 DKJJ 经缓放落下，由前接点切断室内控制盘上 YD（电源灯）电缆及室外信号机点灯电路。DK-Y4 型道口音响器，当设备故障或停电时，发出断续音响。

十四、故障复原

作用是保证设备复原。设有 GFJ（故障复原继电器），平时落下。设备故障修复后，经道口看守员确认，拉出故障按钮 GA，按下复原按钮 FA，使 GFJ 吸起，设备恢复正常。

十五、遮断信号机试验

1. 试验说明

遮断信号机距防护地点不得小于 50 m；遮断信号机平时处于灭灯状态，不起信号作用，当道口内出现危机行车安全的情况时，经看守人员操作，遮断信号机点亮一个红色灯光，不准列车越过该信号机。

2. 试验方法

遮断信号机控制按钮在正常位时遮断信号机灭灯，遮断信号机控制按钮在遮断位时，遮断信号机红灯点亮。

十六、遮断信号机与区间自闭结合试验

遮断信号机显示红灯时，遮断信号机外方的轨道区段发 HU 码。

十七、遮断预告信号机试验

遮断信号机控制按钮在正常位时遮断预告信号机灭灯，遮断信号机控制按钮在遮断位时，遮断预告信号机黄灯点亮。

十八、遮断信号机主丝（冷丝断丝报警）

1. 试验说明

由于遮断信号机在红灯灭灯时，表示列车可能通过该信号机，所以属于非故障—安全型信号机，一般在其点灯电路设置灯丝监督和冷丝检查设备，并设置灯丝监督表示灯，使灯丝断丝

能及时发现,减少事故的可能性。

2. 试验方法

在遮断信号机未点亮时,断开主丝应有报警信息,灯丝监督表示灯点亮。

十九、遮断预告信号机主丝(热丝断丝报警)

道口遮断预告信号机应具备主丝(热丝)断丝报警功能,当遮断预告信号机点亮黄灯时,断开黄灯主丝后应能转换到副丝,且发出报警信息。

第四章　车站电码化

为了保证行车安全和提高运输效率，使机车信号和列控车载设备在站内运行时连续不断的接收地面信号而不间断显示，在站内轨道电路上采取一定的技术措施，使站内轨道电路能够根据运行前方信号机的显示发送各种电码即车站电码化。我国采用的电码化制式主要有ZPW-2000叠加25 Hz轨道电路方式、同制式轨道电路电码化等方式。

第一节　ZPW-2000电码化低频信息检查试验

ZPW-2000电码化低频信息应与其前方信号机的显示相一致，如前方信号机显示H灯时，低频信息应为HU码，前方信号机显示LU灯时，低频信息应为LU码。ZPW-2000电码化低频信息检查试验的项目见表4-1。

表4-1　ZPW-2000电码化低频信息检查试验表

<table>
<tr><th rowspan="3">序号</th><th colspan="2" rowspan="2">发送器</th><th colspan="2" rowspan="2">载频频率核对</th><th colspan="31">低频频率与前方信号机信号显示的一致性核对</th><th rowspan="3">移频报警</th><th rowspan="3">备注</th></tr>
<tr><th>低频</th><th colspan="2">HU</th><th colspan="2">U</th><th colspan="2">LU</th><th colspan="2">L</th><th colspan="2">L2</th><th colspan="2">L3</th><th colspan="2">L4</th><th colspan="2">L5</th><th colspan="2">UU</th><th colspan="2">U2</th><th colspan="2">UUS</th><th colspan="2">U2S</th><th colspan="2">HB</th><th colspan="2">JC</th><th colspan="2"></th></tr>
<tr><th>名称</th><th>位置</th><th>频率</th><th>主
备</th><th>前方信号机名称</th><th>信号显示</th><th>主
备</th><th>信号显示</th><th>主
备</th><th>信号显示</th><th>主
备</th><th>信号显示</th><th>主
备</th><th>信号显示</th><th>主
备</th><th>信号显示</th><th>主
备</th><th>信号显示</th><th>主
备</th><th>信号显示</th><th>主
备</th><th>信号显示</th><th>主
备</th><th>信号显示</th><th>主
备</th><th>信号显示</th><th>主
备</th><th>信号显示</th><th>主
备</th><th>信号显示</th><th>主
备</th><th>信号显示</th><th>主
备</th><th>信号显示</th><th>主
备</th></tr>
<tr><td>1</td><td></td><td></td><td></td><td></td><td></td><td>H</td><td></td><td>U</td><td></td><td>L
U</td><td></td><td>L</td><td></td><td>L</td><td></td><td>L</td><td></td><td>L</td><td></td><td>L</td><td></td><td>L/L
U/U</td><td></td><td>U</td><td></td><td>L/L
U/U</td><td></td><td>U</td><td></td><td>H
B</td><td></td><td>反向</td><td></td><td></td><td></td><td></td><td></td></tr>
<tr><td>2</td><td></td><td></td><td></td><td></td><td></td><td>H</td><td></td><td>U</td><td></td><td>L
U</td><td></td><td>L</td><td></td><td>L</td><td></td><td>L</td><td></td><td>L</td><td></td><td>L</td><td></td><td>L/L
U/U</td><td></td><td>U</td><td></td><td>L/L
U/U</td><td></td><td>U</td><td></td><td>H
B</td><td></td><td>反向</td><td></td><td></td><td></td><td></td><td></td></tr>
</table>

一、发送器名称、位置

发送器名称以图纸为依据，正线电码化一般用信号机名称加JM或FM命名，侧线股道一般使用信号机名称命名。如图4-1所示，下行正线接车进路电码化发送器名称为XJM；正线发车进路电码化发送器一般与逆向正线接车电码化共用发送器，如$S_{Ⅱ}$正线发车进路与XN正线接车进路共用一个发送器，试验$S_{Ⅱ}$正线发车进路电码化时，发送器名称为$S_{Ⅱ}$FM，试验XN正线接车电码化时，发送器名称为XNJM，发送器位置按照图纸设计位置填写，$S_{Ⅱ}$FM与XNJM的发送器位置相同；侧线3道发车电码化发送器名称，上行为S_3F，下行为X_3F。

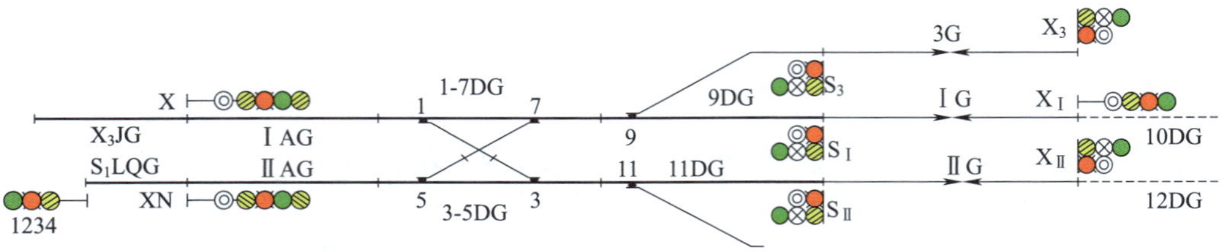

图 4-1　ZPW-2000A 型移频站内电码化站场示例

二、载频频率核对

载频频率指发送器功出的载频中心频率，共有 8 种，分别是 1700-1，1700-2，2000-1，2000-2，2300-1，2300-2，2600-1，2600-2。按照设计图纸将设计载频填写在频率栏。分别测试主发送器及本发送器倒＋1 时的备发送器功出的移频信号中心载频与设计相符后，分别在主、备栏内记录测试结果。

三、前方信号机名称

正线接车进路电码化的前方信号机一般为同方向正线上的出站信号机或进路信号机，正线发车进路电码化的前方信号机一般为同方向防护 2LQ 的区间信号机，如 XJM 的前方信号机为 $X_Ⅰ$，$S_Ⅱ$FM 的前方信号机为防护 S_2LQ 的 1234 区间信号机，XNJM 的前方信号机为 $X_Ⅱ$；3G 上行方向电码化的前方信号机为 S_3，下行方向为 X_3。把信号机名称填写在对应栏内。

四、低频频率与前方信号机信号显示的一致性核对

1. 试验方法

根据编码电路试验前方信号机各种显示状态下，发送器所输出的低频频率应与设计规范相符。如图 4-1 所示站场中 $X_Ⅰ$ 信号机显示红灯时，XJM 低频应为 HU 码 26.8 Hz；$X_Ⅰ$ 开放黄灯时(经道岔直股进路)，应为 U 码 16.9 Hz；开放绿黄灯时，应为 LU 码 13.6 Hz；开放绿灯时，应为 L 码 11.4 Hz；$X_Ⅰ$ 开放弯出进路时，XJM 低频应为 UU 码 18 Hz 或 UUS 码 19.1 Hz，具体根据设计图纸进行试验。主发送与＋1 发送分别测试。测试结果在对应栏内记录。

2. 注意事项

(1)线路允许最高速度为 200 km/h 及以上区段时，在前方信号机为绿灯的情况下，除发送 L 码 11.4 Hz 的低频信息外，根据前方空闲闭塞分区的数量还分别发送 L2 码 12.5 Hz、L3 码 10.3 Hz、L4 码 23.5 Hz、L5 码 21.3 Hz 的低频信息，具体以设计为准。

(2)对于侧线股道电码化，无论出站信号机显示什么灯光，均应发送 UU 或 UUS 码，不能出现 U、LU 、L 等其他低频信息，具体以设计为准。

(3)对于前方信号机为进路信号机的特殊站场，电码化的低频信息应与进路信号机的显示意义一致。如进路信号机开放 UU 时，电码化低频应为 UU 码 18 Hz；进路信号机开放引导信号时，应为 HB 码 24.6 Hz；进路信号机开放直进弯出 U 时，应为 U2 码 14.7 Hz 或 U2S 码 20.2 Hz。

五、移频报警

逐个关断发送器(含＋1)，站内移频报警继电器应落下，控制台有站内移频报警信息。发

送器全部工作正常时,移频报警继电器吸起,控制台无站内移频报警信息。

第二节　ZPW-2000 电码化区段发送通道检查试验

ZPW-2000 预叠加电码化发送通道联锁试验使用的试验项目见表 4-2。

表 4-2　ZPW-2000 预叠加电码化发送通道检查试验表

序号	发送器名称	载频频率	核对使用低频	JMJ/FMJ 名称	JMJ/FMJ 励磁核对	预叠加顺序核对	切码时机核对	一送多受区段电码化用 GJF 的主体继电器核对	发码灯核对	电码化区段通道核对																		备注
										区段名称			区段名称			区段名称			区段名称			区段名称			区段名称			
										分线盘核对		室外发码端核对	分线盘核对		室外发码端核对	分线盘核对		室外发码端核对	分线盘核对		室外发码端核对	分线盘核对		室外发码端核对	分线盘核对		室外发码端核对	
										主	备		主	备		主	备		主	备		主	备		主	备		

一、发送器名称

与第一节低频信息核对的发送器名称填写方法相同。

二、载频频率

以图纸为依据,填写设计载频。

三、核对使用低频

在测试发送通道移频信息时,为了保证所测试移频信息为本发送器所功出的信息,而不是其他发送器功出的信息,需将本电码化进路发送器功出的移频信息与其他移频信息相区分,如其他发送器发送低频为 26.8 Hz 时,将本发送器低频设置为 26.8 Hz 以外的其他频率,这样来区分在发送通道上测试到的移频信号为本发送器信号,测试使用哪个低频,就将哪个低频填写在对应栏内。

四、JMJ/FMJ 名称

按设计图纸填写 JMJ/FMJ 继电器具体的名称。如 XJMJ、SL2JMJ。

五、JMJ/FMJ 励磁核对

1. 动作时机

JMJ/FMJ 的励磁时机为开放正线接发车信号后励磁,车在进路内运行过程中自闭保持吸起,轻车跳动不应导致 JMJ/FMJ 提前复原,列车占用股道或 1LQ 时,JMJ/FMJ 复原落下。

JMJ/FMJ 原理电路如图 4-2 所示。

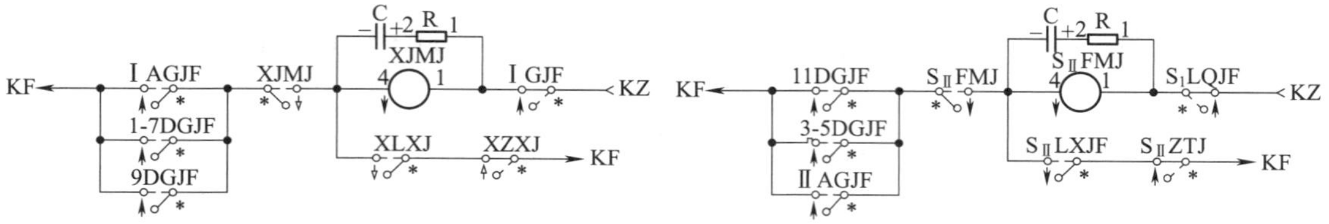

图 4-2　JMJ/FMJ 原理电路图

2. 试验方法

(1)排列正线接车或正线发车,信号开放后核对该继电器状态为吸起,取消进路后落下;排列侧线接车或正线变通进路接车、侧线发车或变通进路正线发车,信号开放后该继电器状态仍为落下,必须逐条进路试验。

(2)逐区段模拟短车运行,即最多同时占用两个区段,查看 JMJ/FMJ 在单独占用进路内任一区段时,不应提前落下。占用股道或 LQ 区段后相应 JMJ 或 FMJ 复原落下。在此基础上还要模拟一次轻车跳动,即某一区段瞬时出清,JMJ 或 FMJ 不应落下,电路中由阻容元件或采用缓放型继电器实现。

3. 注意事项

试验过程中如 JMJ/FMJ 没有采取缓放措施,容易出现轻车跳动或短车高速运行时,前后两区段 GJ 动作过程中 JMJ/FMJ 提前落下的情况。

六、预叠加顺序核对

1. 试验说明

预叠加发码即列车占用本区段前一区段时,本区段开始发码,预发码功能由 GCJ 电路实现。GCJ 原理电路图如图 4-3 所示。一般接车进路的 GCJ 称为 JCJ,发车进路 GCJ 称为 FCJ,GCJ 的吸起时机总是从前一个区段占用开始,这样在列车占用本区段之前,能提前一个区段接通发码通道,保证地面发码的连续性。

2. 试验方法

开放正线接发车信号,由接近区段或股道开始模拟列车运行,核对各区段 GCJ 继电器吸起时机,测试下一区段低频、载频,应与占用区段一致。以图 4-1 XJM 为例,列车占用三接近时,Ⅰ AG 的 GCJ 即吸起,测试Ⅰ AG 的分线盘处应有移频信号电压,列车占用Ⅰ AG 时,Ⅰ AG 和 1-7DG 的 GCJ 均吸起,测试Ⅰ AG、1-7DG 的分线盘处应有移频信号电压。以此类推。

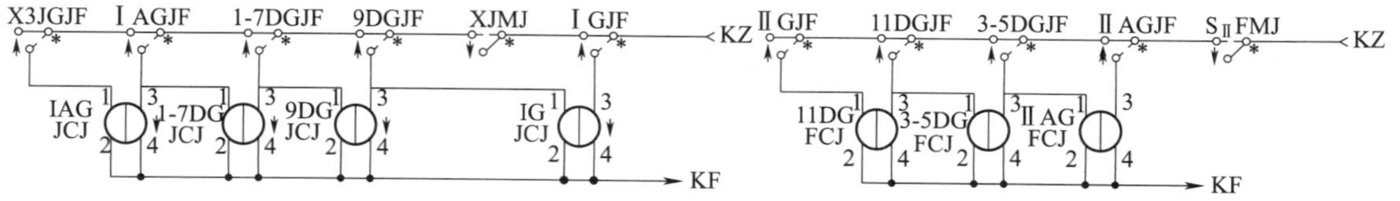

图 4-3　GCJ 原理电路

七、切码时机核对

1. 试验说明

切码时机通过在电码化发送通道电路中串入 MJ 和 GCJ 接点实现。发码通道电路原理如图 4-4 所示。试验时，分别对 MJ 的复原时机和 GCJ 的复原时机进行核对。MJ 的切码时机为列车占用股道或 1LQ 时切断发码，GCJ 的切码时机为列车占用下一区段时，本区段 GCJ 复原落下切断发码。

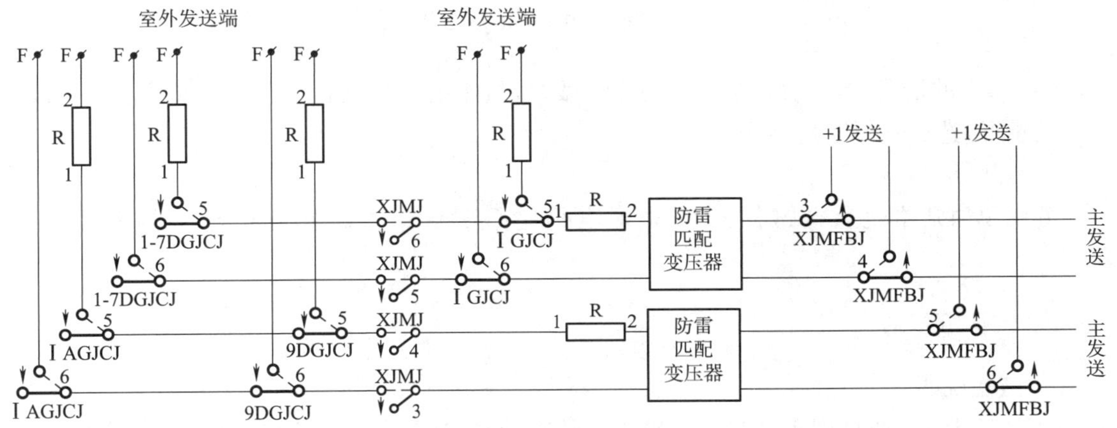

图 4-4　发码通道电路原理

2. 试验方法

排列正线接车或正线发车进路，信号开放后由接近区段或股道逐一顺序占用出清进路内各轨道区段，当列车占用本区段下一区段时，本区段 GCJ 落下切断发码，对应分线盘无发码信息，以图 4-1 中 XJM 为例，当列车运行到 1-7DG 时，Ⅰ AG JCJ 落下，切断Ⅰ AG 发码通道，当列车运行到 9DG 时，1-7DG JCJ 落下，切断 1-7DG 发码通道，以此类推。当列车占用股道或 1LQ 时，核对 JMJ 或 FMJ 继电器应落下。为了验证 JMJ 或 FMJ 在电码化发送通道中的切码作用，应核对在未开放接发车进路的情况下，占用进路内各轨道区段（股道除外）GCJ 不应动作，相应分线盘无发码信息。

3. 注意事项

侧线股道电码化采用占用叠加方式发码，不设 MJ 和 GCJ，由 GJF 实现切码。侧线股道发码通道电路如图 4-5 所示。未占用股道时，在分线盘端子测试，确认无电码化信息；占用股道后，排列前方信号机的进路使该发送器发送与预定低频一致的低频码，在分线盘端子测试确认有效电压的载频、低频均一致的电码化信息。

八、一送多受区段电码化用 GJF 的主体继电器核对

1. 试验说明

对于一送多受区段电码化用 GJF 应与能反映轨道电路占用状态的主体 GJ 同吸同落，而不能使用分 GJ 带动电码化的 GJF 动作，因为列车占用区段时，有可能出现分 GJ 没有落下，而

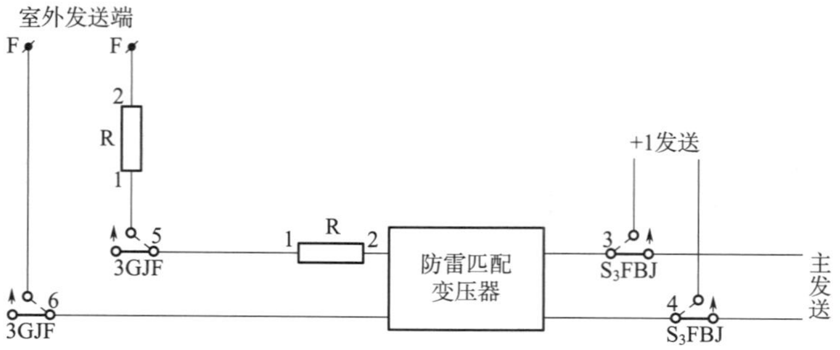

图 4-5 侧线股道发码通道电路示意

主体 GJ 落下的情况，这样会造成列车占用区段时，虽然主体 GJ 已经落下，而电码化 GJF 没有落下的情况，造成发码时机错误。

2. 试验方法

分别单独开路轨道电路各分支，核对电码化 GJF 无论占用哪个分支，均应随主体 GJ 落下。

九、发码灯核对

1. 试验说明

发码灯是反应所排列车进路为发码进路的表示灯，通过 MJ 前接点点亮，一般情况下，每个车站设置两个发码表示灯，SFMD 上行发码灯和 XFMD 下行发码灯，分别对应上下行发码进路。

2. 试验方法

根据设计图纸排列相关进路，信号开放后核对控制台相应发码灯应点亮。

十、分线盘核对主、备

在区段名称栏按顺序将进路内各发码区段的名称填写在对应栏内。正线电码化未排列进路时，在对应区段的分线盘端子上测试，确认无电码化信息。排列正线接车或正线发车进路，并将前方信号机开放，使该发送器发送与预定低频一致的低频码，占用本区段后，在分线盘端子测试电码化信息，其载频、低频与发送器功出的信息一致且电压值有效。关闭主发送器后测试数值应有瞬间的闪断，恢复后电压、载频、低频与主发送器应一致。

十一、室外发码端核对

排列正线接车或正线发车，信号开放后排列前方信号机的进路使该发送器发送与预定低频一致的低频码，在室外具备条件最远端核对电码化电压及短路电流与室内发送的载频、低频一致，重点注意电压及电流的大小，确保电压电流有效。

第三节 同制式轨道电路联锁关系检查试验

在站内使用与区间相同制式的轨道电路，既满足站内联锁的需要，又提供机车信号信息，称为同制式轨道电路(也称一体化轨道电路),同制式轨道电路联锁关系检查试验的项目见表 4-3。

表 4-3　同制式轨道电路联锁关系检查试验表

顺号	进路名称(始终端)	逐区段核对载频正确	逐区段FQJ位置核对	分支处所电码核对	逐区段低频信息核对(主/备)																发送主备转换	接收主备转换	发送转换报警	接收转换报警	维护终端码序核对	灯丝双断	送受电端设置正确	
					JC	GP	H	HU	HB	U	U2	U2S	UU	UUS	LU	L	L2	L3	L4	L5								
1	2	3	4	5	6	7	8	9	10	11	12	13	14	15	16	17	18	19	20	21	22	23	24	25	26	27	28	29

一、进路名称

以图纸为依据,按照联锁表填写发码进路的始、终端按钮名称。

二、逐区段核对载频正确

逐个区段测试发送器功出载频应与设计图纸设定的载频频率一致;接收端频率与发送端一致;同时核对主备发送器、接收并机载频一致,进路内所有区段载频均正确时,在对应栏内记录。

三、逐区段 FQJ 位置核对

1. 试验说明

对于双向发码区段,各区段应设置方向切换继电器(FQJ),用于切换轨道电路送、受电端发码方向。

(1)办理了接车进路或发车进路后,各区段的 FQJ 状态应与所排进路相对应,保证发码方向为迎着列车发码。

(2)取消进路后,该进路上的各区段 FQJ 状态不变。

(3)列车占用:办理进路后,模拟列车顺序占用和出清各轨道区段,检查进路上的各区段(包括占用或已出清的区段)FQJ 状态正确。

(4)列车占用由两个区段组成的股道时,先占用的区段改变方向。如:办理接、发车或通过进路时,当列车沿着接车或发车方向占用至股道第一区段 G1、(G2)时,FQJ 状态不变,当占用第二个区段 G2(G1)时,G1(G2)的 FQJ 转换到另一个位置,另一个 G2(G1)的 FQJ 状态不变。

(5)引导检查 FQJ 状态:开放引导信号后,接、发车进路上的各区段 FQJ 状态与进路方向一致。

(6)停电恢复后,检查全站各区段 FQJ 在默认位置。

2. 试验方法

按照试验说明各项要求,排列相关进路、模拟列车运行、断电重启设备,观察 FQJ 状态正确。

四、分支处所电码核对

1. 试验说明

同制式轨道电路的分支发码端均设置在较长分支处所，短分支处所不另设发码端，采用并联分支线与长分支线路并联连接。这样能保证发码电流在全轨道内传输，实现连续发码。试验时重点核对并联分支线的连接状态，保证各分支均有电码化电流迎着列车运行方向在轨道内传输。

2. 核对方法

现场核对短分支处所的并联分支线要靠近钢轨绝缘安装，防止出现发码盲区，如图 4-6(a)所示；现场核对分支处所发码端必须设置在较长分支处所，否则也将会造成发码盲区，如图 4-6(b)所示；正确的设置方法如图 4-6(c)所示。

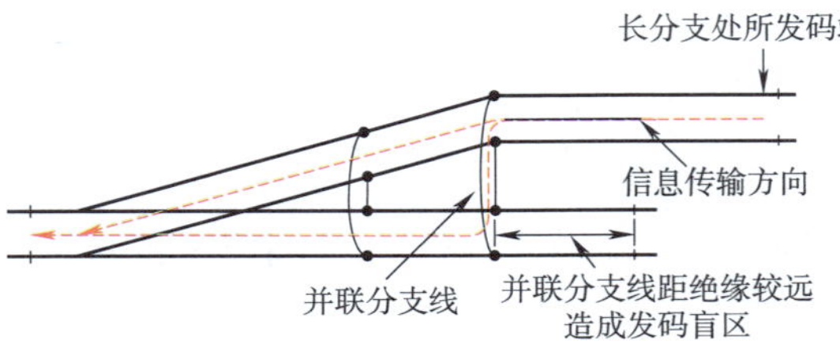

图 4-6(a)　短分支处所的并联分支线距绝缘较远发码盲区示意

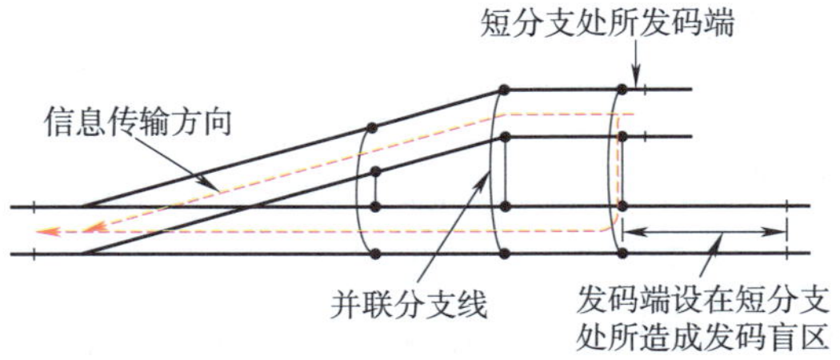

图 4-6(b)　发码端设置在较短分支处所发码盲区示意

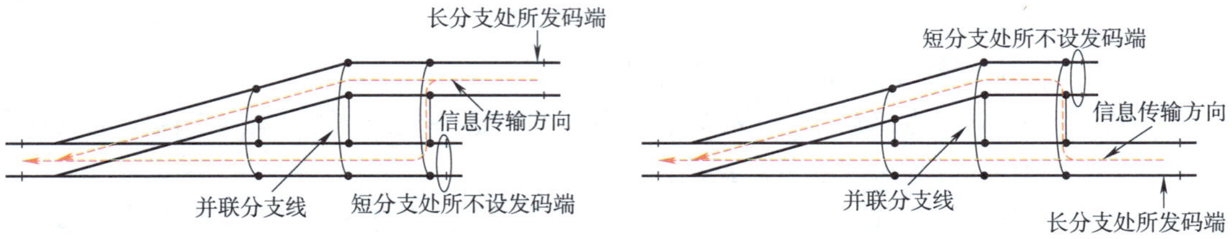

图 4-6(c)　分支处所发码端正确设置方式示意

五、逐区段低频信息核对(主/备)

按照追踪码序贯通发码，逐个区段测试发送器功出低频应与码序表设计的低频频率一致；同时核对备发送与主发送器低频频率一致。

六、发送主备转换

逐个区段分别关闭主、备发送器电源，不影响设备正常工作，主备发送器工作电平应一致，轨道电路无红光带。

七、接收主备转换

逐个区段分别关闭主、备接收器电源，不影响设备正常工作，轨道电路无红光带。

八、发送转换报警

逐个区段进行断开主、备发送器电源，均应有移频报警提示。可结合发送主备转换试验一并进行。

九、接收转换报警

逐个区段进行主、并机接收器关机试验，均应有移频报警提示。可结合接收主备转换试验一并进行。

十、维护终端码序核对

根据排列进路、列车占用情况，核对维护终端的码序与各区段实际测试的载频、低频信息一致。

十一、灯丝双断

根据设计文件要求，检查灯丝双断对低频信息的影响是否符合要求。如：红灯双断转移，允许灯光双断低频信息不改变等。

十二、送受电端设置正确

根据运行方向，发送端应设在运行方向的前方，可通过先校核电缆，然后通过断开送端电缆，轨面无移频信息，断开受端电缆，轨面有移频信息来判断送受电端设置正确；也可以将钢轨短路后，测试轨道电路发送端调谐单元应有移频信息，接收端被短路后无移频信息，确认发送端、接收端与列车运行方向相符。

第五章　区 间 闭 塞

闭塞是保证列车按照空间间隔制运行的技术方法，即保证区间或闭塞分区在同一时间内只允许一个列车运行。

我国铁路采用的区间信号闭塞设备主要有半自动闭塞、自动站间闭塞和自动闭塞。

半自动闭塞是站间区间列车运行的一种闭塞方式，它以出站信号机的开放作为列车占用区间的凭证，通过相邻两站间半自动闭塞的相互控制，保证一个区间在同一时间内只能运行一趟列车。

自动站间闭塞是在半自动闭塞基础上发展起来的闭塞方法，区间两端车站的出站信号机和轨道检查装置构成联锁关系，采用轨道检查装置自动检查区间空闲，列车以站间区间为间隔运行，通过办理发车进路和检查列车出清区间的方式，自动实现区间闭塞和区间开通，它与准移动闭塞相比，两站间不划分闭塞分区，也不设通过信号机，两站之间作为一个闭塞分区。

自动闭塞是把一个站间区间划分成若干个闭塞分区，通过轨道电路检测闭塞分区的占用、空闲状态，列车可间隔不同的闭塞分区追踪运行，闭塞分区始端设通过信号机，根据列车运行及有关闭塞分区状态，自动变换通过信号机显示。轨道电路则迎着列车发送前方空闲闭塞分区数量信息。

第一节　ZPW-2000 区间信号显示与低频信息一致性核对

ZPW-2000 区间信号显示与低频信息一致性核对根据发车口、接车口、长大区间和中继站的不同情况分别采用不同的试验表格，正方向为接车口的核对试验项目见表 5-1，发车口核对试验项目见表 5-2，长大区间及中继站等一般区段核对试验项目见表 5-3。

一、进站、逆向进站、边界信号机栏

对于接车口宜采用表 5-1 进行核对试验，进站信号机栏填写对应接车口的进站信号机名称，如图 5-1 所示，X 接车口的进站信号机名称为 X。对于发车口宜采用表 5-2 进行核对试验，逆向进站信号机栏填写对应发车口的逆向进站信号机名称，例如 XN 发车口的逆向进站信号机名称为 XN。对于长大区间或中继站宜采用表 5-3 进行核对试验，边界信号机栏填写列车运行前方与本站相衔接的邻站区间信号机名称，例如邻站 0126 信号机为本站 0138G 的边界信号机，0138G 的低频信息应与边界信号机 0126 的显示相一致。

表 5-1 接车口 ZPW-2000 区间信号显示与低频信息一致性核对表

进站信号机	区段/信号机名称			区段/信号机名称			区段/信号机名称			区段/信号机名称			区段/信号机名称			区段/信号机名称		
	载频	主备核对		载频	主备核对		载频	主备核对		载频	主备核对		载频	主备核对		载频	主备核对	
	低频(Hz)		信号显示	低频(Hz)		信号显示	低频(Hz)		信号显示	低频(Hz)		信号显示	低频(Hz)		信号显示	低频(Hz)		信号显示
																占用		H
													占用		H	26.8	+1	U
										占用		H	26.8	+1	U	16.9	+1	LU
							占用		H	26.8	+1	U	16.9	+1	LU	13.6	+1	L
				占用		H	26.8	+1	U	16.9	+1	LU	13.6	+1	L	11.4	+1	L
	占用		H	26.8	+1	U	16.9	+1	LU	13.6	+1	L	11.4	+1	L	11.4	+1	L
H	26.8	+1	U	16.9	+1	LU	13.6	+1	L	11.4	+1	L	11.4	+1	L	11.4	+1	L
HB	24.6	+1	U	16.9	+1	LU	13.6	+1	L	11.4	+1	L	11.4	+1	L	11.4	+1	L
UU	18	+1	U	14.7	+1	LU	13.6	+1	L	11.4	+1	L	11.4	+1	L	11.4	+1	L
USU	19.1	+1	U	20.2	+1	LU	13.6	+1	L	11.4	+1	L	11.4	+1	L	11.4	+1	L
正线接车 U	16.9	+1	LU	13.6	+1	L	11.4	+1	L	11.4	+1	L	11.4	+1	L	11.4	+1	L
进直出弯 U	14.7	+1	LU	13.6	+1	L	11.4	+1	L	11.4	+1	L	11.4	+1	L	11.4	+1	L
进直出弯 U	20.2	+1	LU	13.6	+1	L	11.4	+1	L	11.4	+1	L	11.4	+1	L	11.4	+1	L
LU	13.6	+1	L	11.4	+1	L	11.4	+1	L	11.4	+1	L	11.4	+1	L	11.4	+1	L
L	11.4	+1	L	11.4	+1	L	11.4	+1	L	11.4	+1	L	11.4	+1	L	11.4	+1	L
反方向运行	27.9	+1	灭	27.9	+1	灭	27.9	+1	灭	27.9	+1	灭	27.9	+1	灭	27.9	+1	灭

表 5-2　发车口 ZPW-2000 区间信号显示与低频信息一致性核对表

	区段/信号机名称			区段/信号机名称			区段/信号机名称			区段/信号机名称			区段/信号机名称			区段名称		
	载频	主备核对		载频	主备核对		载频	主备核对		载频	主备核对		载频	主备核对		载频	主备核对	
	低频(Hz)		信号显示	低频(Hz)		信号显示	低频(Hz)		信号显示	低频(Hz)		信号显示	低频(Hz)		信号显示	低频(Hz)		逆向进站信号显示
																占用		
													占用		H	26.8	+1	
										占用		H	26.8	+1	U	16.9	+1	
							占用		H	26.8	+1	U	16.9	+1	LU	13.6	+1	
				占用		H	26.8	+1	U	16.9	+1	LU	13.6	+1	L	11.4	+1	
	占用		H	26.8	+1	U	16.9	+1	LU	13.6	+1	L	11.4	+1	L	11.4	+1	
H	26.8	+1	U	16.9	+1	LU	13.6	+1	L	11.4	+1	L	11.4	+1	L	11.4	+1	
U	16.9	+1	LU	13.6	+1	L	11.4	+1	L	11.4	+1	L	11.4	+1	L	11.4	+1	
LU	13.6	+1	L	11.4	+1	L	11.4	+1	L	11.4	+1	L	11.4	+1	L	11.4	+1	
L	11.4	+1	L	11.4	+1	L	11.4	+1	L	11.4	+1	L	11.4	+1	L	11.4	+1	
													26.8	+1	灭	26.8	+1	(H)
													24.6	+1	灭	24.6	+1	(HB)
													18	+1	灭	18	+1	(UU)
													19.1	+1	灭	19.1	+1	(USU)
反方向运行	27.9	+1	灭	27.9	+1	灭	27.9	+1	灭	27.9	+1	灭	16.9	+1	灭	16.9	+1	正线接车(U)
													14.7	+1	灭	14.7	+1	进直出弯(U)
													13.6	+1	灭	13.6	+1	(LU)
													11.4	+1	灭	11.4	+1	(L)
													无	+1	灭	无	+1	

表 5-3　一般区段 ZPW-2000 区间信号显示与低频信息一致性核对表

	区段/信号机名称				区段/信号机名称				区段/信号机名称				区段/信号机名称				区段/信号机名称			
	载频	低频(Hz)	主备核对	信号显示	载频	低频(Hz)	主备核对	信号显示	载频	低频(Hz)	主备核对	信号显示	载频	低频(Hz)	主备核对	信号显示	载频	低频(Hz)	主备核对	信号显示
信号机(边界信号机)																	占用			H
													占用			H	26.8	+1		U
									占用			H	26.8	+1		U	16.9	+1		LU
					占用			H	26.8	+1		U	16.9	+1		LU	13.6	+1		L
	占用			H	26.8	+1		U	16.9	+1		LU	13.6	+1		L	11.4	+1		L
H	26.8	+1		U	16.9	+1		LU	13.6	+1		L	11.4	+1		L	11.4	+1		L
U	16.9	+1		LU	13.6	+1		L	11.4	+1		L	11.4	+1		L	11.4	+1		L
LU	13.6	+1		L	11.4	+1		L	11.4	+1		L	11.4	+1		L	11.4	+1		L
L	11.4	+1		L	11.4	+1		L	11.4	+1		L	11.4	+1		L	11.4	+1		L
反方向运行	27.9	+1		灭	27.9	+1		灭	27.9	+1		灭	27.9	+1		灭	27.9	+1		灭

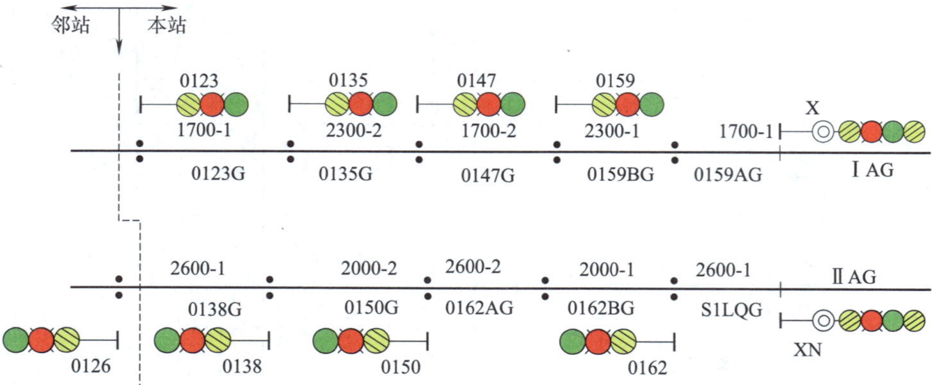

图 5-1　区间自动闭塞信号设备布置示意图

二、区段/信号机名称

区段/信号机名称栏，对于接车口，根据图纸从进站信号机往外方依次填写闭塞分区/信号机名称，分割区段填写在同一区段/信号机名称项内。以图 5-1 为例说明：X 进站外方第一个闭塞分区由 0159AG 和 0159BG 组成，防护信号机为 0159，则填记为 0159AG、BG/0159；第二个闭塞分区为 0147G，防护信号机为 0147，则填记为 0147G/0147。对于发车口，根据图纸从逆向进站信号机往外方依次填写。

三、载 频 栏

填写对应区段的载频频率，有分割区段的闭塞分区，载频用“/”分开填写，与分割区段对应。如：X 进站外方第一个闭塞分区由 0159AG 和 0159BG 组成，载频分别为 1700-1 和 2300-1，则载频栏填记为 1700-1/2300-1；第二个闭塞分区为 0147G，载频为 1700-2，则载频栏填记为 1700-2。核对主备载频与设计一致后，在主备核对栏内记录。

四、区间信号显示与低频信息

根据进站信号机开放的不同信号和区间占用情况，按照码序表测试各区段低频信息与设计一致，在对应低频栏内记录测试结果；区间反方向时，区间信号机灭灯，核对区间低频码序信息，均为 27.9 Hz。本区段倒+1 后，将+1 低频信息核对结果记录在对应+1 栏内。

五、注意事项

1. 表 5-1、表 5-2、表 5-3 预制低频码序最高到 L 码 11.4 Hz，有更高码位时按照码序表添加后续码位，保持表格码序与设计一致。

2. 试验短区间反向码序时如果接近区段同时为反向接近发码区段时，宜采用表 5-2 发车口 ZPW-2000 区间信号显示与低频信息一致性核对表试验反方向码序。

3. 逆向进站信号机外方，一般由两个闭塞分区组成逆向接近发码区段，如图 5-1 中 XN 进站信号机外方 S1LQG 和 0162BG、AG 为 XN 信号机的接近发码区段，其码序与 XN 进站信号机关联，其他区段发检测 JC 码 27.9 Hz。也有的接近发码区段少于两个闭塞分区，例如在制动距离满足条件的情况下，仅将 S1LQG 和 0162BG 作为 XN 信号机的接近发码区段，试验时应根据设计进行试验。

第二节　ZPW-2000 移频自动闭塞联锁关系检查试验

ZPW-2000 移频自动闭塞联锁关系检查试验项目见表 5-4。

表 5-4　ZPW-2000 移频自动闭塞联锁关系检查试验表

名称		正向调谐区小轨条件检查	反向调谐区小轨条件检查	表示灯核对	分割点区段核对								接收主并机	发送报警	接收报警	红灯转移	主、副灯丝转换及报警			灯泡双断丝DJ落下				室外配合试验人	备注
区段	信号机				正向				反向								H	U	L	H	U	LU	L		
					一般分割点	三接近分割点		站联分割点	一般分割点	1LQ分割点		站联分割点													
						进站开放	进站关闭			进站开放	进站关闭														
1	2	3	4	5	6	7	8	9	10	11	12	13	14	15	16	17	18	19	20	21	22	23	24	25	26

一、区段、信号机名称

“区段”按区间信号设备平面布置图的区段名称填写，有分割点区段分别单独填写；“信号机”按区间信号设备平面布置图的信号机名称填写，防护的闭塞分区内有分割点的信号机名称填写在信号机内方第一分割区段行内。

二、正向调谐区小轨条件检查

试验方法：发车口正方向时，本区段为空闲，断开运行前方区段衰耗盘送出的小轨检查电源，测试本区段 XGJ 无电压，本区段应为占用，恢复后本区段为空闲。

三、反向调谐区小轨条件检查

试验方法：发车口反方向时，本区段为空闲，断开运行前方区段衰耗盘送出的小轨检查电源，本区段应为占用，恢复后本区段为空闲。

四、表示灯核对

核对衰耗盘上的发送工作灯在发送器正常工作时点绿灯，故障时灭灯；接收工作灯在接收器正常工作时点绿灯，故障时灭灯；轨道空闲时轨道表示灯点绿灯，占用时轨道表示灯点红灯；区间正方向时，正方向表示灯点亮，反方向表示灯熄灭，区间反方向时，正方向表示灯熄灭，反方向表示灯点亮。

五、正向一般分割点核对

对具有分割点的一般闭塞分区进行区段核对，主要是检查测试各短区段占用、恢复时机和防护该闭塞分区的信号机信号显示变化情况，应满足“逐个占用、同时恢复，防护该闭塞分区的信号机始终显示禁止信号”的原则。区间为正方向时，对闭塞分区内各短区段逐个进行试验。按列车运行方向，逐个区段占用出清，占用前方短区段时，后方所有短区段均为占用状态，防护该闭塞分区的通过信号机始终显示红灯，直至列车完全出清该闭塞分区后，防护该闭塞分区的通过信号机显示允许灯光。分割点核对填写在正向运行时列车最先占用的短区段行内。1LQ分割点正向时按该项进行试验。

六、正向三接近分割点进站开放核对

对三接近闭塞分区进行区段核对，主要是检查测试各短区段占用、恢复时机和防护该闭塞分区的信号机信号显示变化情况，应满足“逐个占用、同时恢复，防护该闭塞分区的信号机始终显示禁止信号”的原则。区间为正方向时，进站信号机开放列车信号（引导信号除外），再对各短区段逐个进行试验。按列车运行方向，逐个区段占用出清，占用前方短区段时，后方所有短区段均为占用状态，三接近通过信号机始终显示红灯，先出清的区段轨入电压基本为零，直至列车完全出清该闭塞分区后，三接近通过信号机显示允许灯光，各区段轨入电压恢复正常。分割点核对填写在正向运行时列车最先占用的短区段行内。

之所以对具有分割点的三接近区段进行进站信号机开放核对是因为：三接近区段选用的定型组合U组合内部发送通道上串有进站信号机DJ和LXJ2FF的前接点并联条件，目的是防止进站信号机允许灯光灭灯时，在信号机改点红灯之前造成发送通道中断，致使三接近区段着灯而设计。当三接近区段有分割点时，对于列车先压入的短区段发送通道中进站信号机的DJ条件改为前方短区段的GJ条件，定型组合现场拆除LXJ2FF的并联接点，如果漏拆将会造成进站信号机开放状态下，LXJ2FF接点并联在前方短区段的GJ接点条件上，致使前方短区段GJ落下时，后方短区段的发送通道仍能通过LXJ2FF接点条件跨过前方短区段的GJ条件，不能满足“逐个占用、同时恢复，防护该闭塞分区的信号机始终显示禁止信号”原则，必须重点试验。原理电路如图5-2所示，0159BG的定型组合内红色配线（LXJ2FF第1、2组接点）应现场拆除。

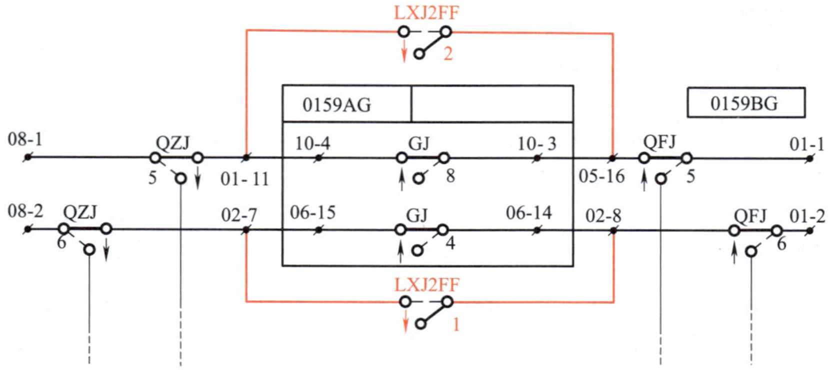

图5-2　用于三接近区段的区间U组合发送通道定型电路图

七、正向三接近分割点进站关闭核对

区间为正方向时，进站信号机关闭状态下，对各短区段逐个进行试验。按列车运行方向，

逐个区段占用出清，占用前方短区段时，后方所有短区段均为占用状态，三接近通过信号机始终显示红灯，先出清的区段轨入电压基本为零，直至列车完全出清该闭塞分区后，三接近通过信号机显示允许灯光，各区段轨入电压恢复正常。分割点核对填写在正向运行时列车最先占用的短区段行内。

八、正向站联分割点核对

试验方法：对正向站联送邻站条件闭塞分区进行区段核对，要确保给对方站送站联条件的轨道继电器接点条件要能完全反映该闭塞分区的占用和空闲状态。区间为正方向时，对各短区段逐个进行试验。按列车运行方向，逐个区段占用出清，占用前方短区段时，后方所有短区段均为占用状态，邻站的复示继电器状态始终为落下。本站相关试验内容按一般分割点进行试验。分割点核对填写在正向运行时列车最先占用的短区段行内。如图 5-3 所示，使用 2204AG 和 2204BG 串联的 GJF 接点条件作为站联条件，无论列车占用 2204BG 还是 2204AG，邻站 GJ(邻)状态均保持落下。

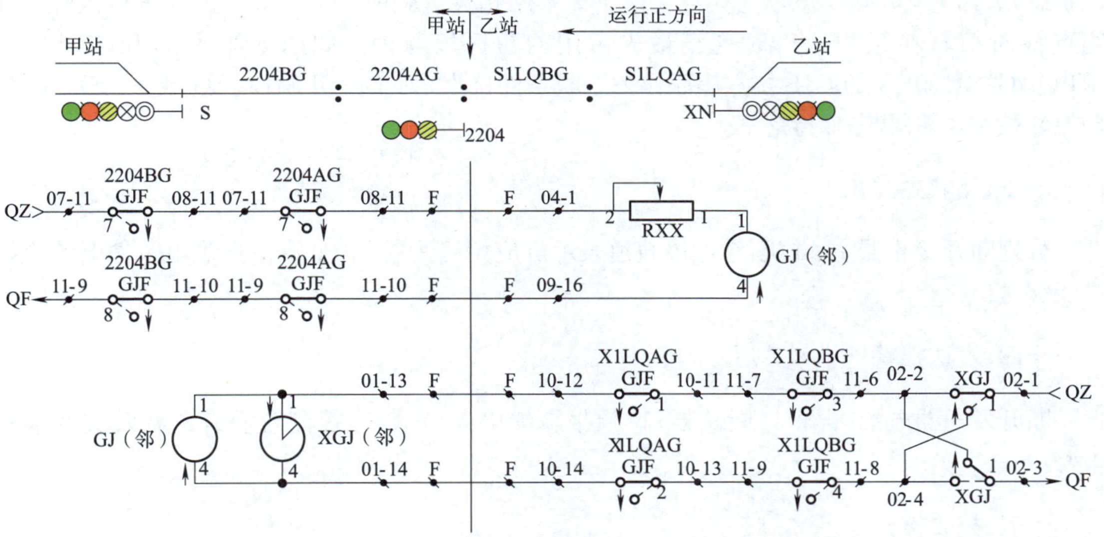

图 5-3　用于站联区段及 1LQ 区段带分割点的站联电路图

九、反向一般分割点核对

区间为反方向时，对各短区段逐个进行试验。按列车运行方向，逐个区段占用出清，占用前方短区段时，后方所有短区段及闭塞分区均为占用状态。分割点核对填写在正向运行时列车最先占用的短区段行内。三接近分割点反向时按该项进行试验。

十、反向 1LQ 分割点进站开放核对

对 1LQ 区段进行核对，主要是检查测试各短区段占用、恢复时机应满足"逐个占用、同时恢复"原则。区间为反方向时，反方向进站信号机开放列车信号（引导信号除外），再对各短区段逐个进行试验。按列车运行方向，逐个区段占用出清，占用前方短区段时，后方所有短区段及闭塞分区均为占用状态，先出清的区段轨入电压基本为零，直至列车完全出清该闭塞分区

后，各区段轨入电压恢复正常。分割点核对填写在正向运行时列车最先占用的短区段行内。

十一、反向1LQ分割点进站关闭核对

对1LQ区段进行核对，主要是检查测试各短区段占用、恢复时机应满足“逐个占用、同时恢复”原则。区间为反方向时，反方向进站信号机关闭情况下，再对各短区段逐个进行试验。按列车运行方向，逐个区段占用出清，占用前方短区段时，后方所有短区段及闭塞分区均为占用状态，先出清的区段轨入电压基本为零，直至列车完全出清该闭塞分区后，各区段轨入电压恢复正常。分割点核对填写在正向运行时列车最先占用的短区段行内。

十二、反向站联分割点核对

对反向站联送邻站条件闭塞分区进行区段核对，要确保给对方站送站联条件的轨道继电器接点条件要能完全反映该闭塞分区的占用和空闲状态。区间为反方向时，对各短区段逐个进行试验。按列车运行方向，逐个区段占用出清，占用前方短区段时，后方所有短区段均为占用状态，邻站的复示继电器状态始终为落下。本站相关试验内容按一般分割点进行试验。分割点核对填写在正向运行时列车最先占用的短区段行内。如图5-3所示，反向时使用S1LQAG、S1LQBG的GJF接点串联作为站联条件接点，列车占用S1LQAG或S1LQBG时，确保邻站GJ(邻)状态保持落下。

十三、接收主并机

分别断开接收器主、并机，该区段轨道表示灯应始终为空闲，小轨检查输出条件电源应始终能够送出。

十四、发送报警

断开发送器电源(含+1)断路器，移频报警继电器应落下，控制台应有语音及文字提示报警。

十五、接收报警

断开接收器电源断路器，移频报警继电器应落下，控制台应有语音及文字提示报警。

十六、红灯转移

当本架通过信号机红灯灭灯时，该信号机外方闭塞分区的发码通道被切断，外方第一架信号机显示红灯。试验方法为占用该闭塞分区后，断开本架信号机电源，外方闭塞分区或区段状态为占用，外方第一架信号机显示红灯(2LQ区段除外)。三接近闭塞分区需试验进站信号机红灯灭灯时，本闭塞分区为占用，通过信号机显示红灯；进站信号机开放允许灯光，拔掉允许灯光灯泡，进站信号机转红灯，在该过程中三接近闭塞分区不闪红光带，通过信号机显示无突变。

十七、主副灯丝转换及报警

H、U、L灯位逐个试验主丝断丝时应能自动转换到副丝并有报警，报警总机所报的信息与现场实际一致。控制台应有语音及文字提示报警，控制台每个方向核对一次即可。

十八、灯泡双断丝 DJ 落下

逐个核对信号机每个灯位灯丝双断后，相应的灯丝继电器 DJ 应可靠落下。为防止灯丝双断不能可靠落下的现象发生，必须将通过信号机灯丝继电器 DJ 的电流调整在标准的范围内，漏电流不超标，调整中注意灯端电压既要满足点单黄或单绿时的要求，又要满足点绿黄双灯位显示时的要求。当显示绿黄时，试验如果绿灯灭灯点黄灯，如果黄灯灭灯显示灭灯。

第三节 高铁 ZPW-2000 区间联锁关系检查试验

高铁 ZPW-2000 区间自动闭塞一般不设区间通过信号机，联锁关系检查试验项目见表 5-5。

一、区段名称

按设计图纸填写区段名称，有分割点的区段，填写在同一栏内，中继站、正向码序试验的区段名称从序号 1 开始顺序填写，仅反向进站口从 0 开始填写。

二、低频信息核对

轨道电路与列控中心通信正常时，低频信息编码由列控中心完成。一般高铁区间低频码序正向为追踪发码；反向 1LQG、2LQG 复示逆向进站信号机显示，其余区段追踪发码。逐区段测试低频频率应符合设计文件要求，主备发送器同时核对，载频、低频、发送等级应一致。低频码序关系：L5＝21.3，L4＝23.5，L3＝10.3，L2＝12.5，L＝11.4，LU＝13.6，U＝16.9，U2＝14.7，U2S＝20.2，HU＝26.8，UU＝18，UUS＝19.1，HB＝24.6，JC＝27.9，H＝29。

三、分　　区

一个闭塞分区由两个或多个分割区段组成时，核对各分割区段码型一致。

四、分割点 JC 码

一个闭塞分区由两个或多个分割区段组成时，核对前方分割区段占用，后方分割区段应发 JC 码，正反向均相同。

五、发送冗余试验

发送器采用 1＋1 热备模式，将发送器主机拔下，切换到备用发送器工作时，正反向的载频、各种低频、频率选型、工作电平应与主发送器相一致，轨道电路工作特性与主发送器工作时相同。

六、接收冗余试验

将接收器主机拔下，试验并机工作正常，轨道电路工作正常无红光带；恢复主机后将接收器并机拔下，试验主机工作正常，轨道电路工作正常无红光带。

表 5-5　高铁 ZPW-2000 区间联锁关系检查试验表

区段名称		0				1				2				3				4				5				6				7				8			
发送器		码	主	备	分区	码	主	备	分区	码	主	备	分区	码	主	备	分区	码	主	备	分区	码	主	备	分区	码	主	备	分区	码	主	备	分区	码	主	备	分区
边界信息或进站信号机条件	边界L5	L5				L5				L5																											
	边界L4	L5				L5				L5																											
	边界L3	L4				L4				L5				L5																							
	边界L2	L3				L3				L4				L5				L5																			
	边界L	L2				L2				L3				L4				L5				L5															
	边界LU	L				L				L2				L3				L4				L5				L5											
	边界U2S	LU				LU				L				L2				L3				L4				L5				L5							
	边界U2	LU				LU				L				L2				L3				L4				L5				L5							
	边界U/进站LU	LU				LU				L				L2				L3				L4				L5				L5							
	边界HU/进站U	U				U				LU				L				L2				L3				L4				L5				L5			
	边界UU	U2				U2				LU				L				L2				L3				L4				L5				L5			
	边界UUS	U2S				U2S				LU				L				L2				L3				L4				L5				L5			
	进站UUS	UUS				UUS				U2S				LU				L				L2				L3				L4				L5			
	进站UU	UU				UU				U2				LU				L				L2				L3				L4				L5			
	进站HB	HB				HB				U				LU				L				L2				L3				L4				L5			
	占用/进站H	HU				HU				U				LU				L				L2				L3				L4				L5			
		占用				JC				HU				U				LU				L				L2				L3				L4			
		中继站、正向码序试验的区段名称从序号1开始顺序填写。此列仅在反方向进站口填写。				占用				HU				U				LU				L				L2				L3				L4			
										占用				HU				U				LU				L				L2				L3			
														占用				HU				U				LU				L				L2			
																		占用				HU				U				LU				L			
																						占用				HU				U				LU			
																										占用				HU				U			
←←←←←←←←←←←← 列车运行方向 ←←←←←←←←←←←←																														占用				HU			
分割点JC码																																					
发送冗余试验																																					
接收冗余试验																																					

七、注意事项

1. 试验反向码序时注意，反向 1LQG、2LQG 复示逆向进站信号机显示，其余区段追踪发码。

2. 核对码序时应注意同时核对载频与设计要求相符。

3. 涉及灾害防护区段，要试验本区段 H 码低频频率。

4. 试验列控中心与 ZPW-2000A 轨道电路通道全部中断（如关闭轨道电路通信接口板）时，各区段发检测码（27.9 Hz）。

第四节　ZPW-2000 区间信号机、轨道电路检查试验

ZPW-2000 区间信号机、轨道电路检查试验项目见表 5-6。

表 5-6　ZPW-2000 区间信号机、轨道电路检查试验表

区段名称	信号机	灯位及显示核对				灯丝转换断丝检查			轨道试验						室外试验人
		L	LU	U	H	L	H	U	发送端发码方向核对	发送端开路试验	发送端短路试验	接收端发码方向核对	接收端开路试验	接收端短路试验	
1	2	3	4	5	6	7	8	9	10	11	12	13	14	15	16

一、区段名称、信号机

区段名称按设计区间平面图名称填写，有分割点区段分别单独填写；信号机按设计区间平面图名称填写，防护的闭塞分区内有分割点的信号机填写在信号机内方第一分割区段行内。

二、灯位及显示核对 L、LU、U、H

现场人工确认各种信号显示与该信号机防护区段同时接收到的低频频率、前方空闲闭塞分区数相对应。一是核对信号机灯位排列是否符合规定，色玻璃的颜色应符合要求；二是核对显示的信号与联锁要求应相符；三是核对现场信号机显示的实际灯光与区段同时接收到的低频频率、前方空闲闭塞分区数应一致。

三、灯丝转换断丝检查

装有灯丝转换装置的信号机，断开点灯状态的主丝，应能自动点亮副丝，控制台应给出声光报警；逐个核对信号机每个灯位灯丝双断后，相应的 DJ 应可靠落下。为防止灯丝双断 DJ 不能可靠落下的现象发生，必须将通过信号机 DJ 继电器的电流调整在合适的范围内，室内调整信号点灯远程变压器输出端电压，测量点灯电流应符合标准，将室外信号机灯泡拔下，灯丝继电器可靠落下。调整中注意灯端电压既要满足点单黄或单绿时的要求，又要满足点绿黄双灯位显示时的要求。

四、发送端发码方向核对、发送端开路试验

根据运行方向，发送端一般设在运行方向的前方，正方向运行时首先确认本闭塞分区为空闲状态，然后断开室外发送端电缆，室内确认本闭塞分区衰耗盘轨道表示灯为占用、QGJ 继电器落下，室外确认轨面无移频信息，断开前后进行对比，轨面电压由有电压变为无电压，确认发送端与列车运行方向相符。

五、发送端短路试验

根据运行方向，发送端一般设在运行方向的前方，正方向运行时首先确认本闭塞分区为空闲状态，然后使用标准分路线在室外发送端轨面进行短路试验，室内确认本闭塞分区衰耗盘轨道表示灯为占用、QGJ 继电器落下。

六、接收端发码方向核对、接收端开路试验

正方向运行时首先确认本闭塞分区及后方闭塞分区(1LQ 区段除外，站间接口区段为邻站闭塞分区)为空闲状态，然后断开室外接收端电缆，室内确认本闭塞分区及后方闭塞分区衰耗盘轨道表示灯为占用、QGJ 继电器落下，室外确认轨面有移频信息，断开前后进行对比，轨面电压由低变高，确认接收端与列车运行方向相符。

七、接收端短路试验

正方向运行时首先确认本闭塞分区为空闲状态，然后使用标准分路线在室外轨面接收端进行短路试验，室内确认本闭塞分区衰耗盘轨道表示灯为占用、QGJ 继电器落下。

第五节　区间自闭结合电路

区间自闭结合电路检查试验项目见表 5-7。

表 5-7　区间自闭结合电路检查试验表

自闭结合口	接车						发车						接近电铃/语音核对	备注
	1JG状态/表示核对	2JG状态/表示核对	3JG状态/表示核对			反向发车检查3JGJ区间空闲	1LQ状态/表示核对	2LQ状态/表示核对	3LQ状态/表示核对			发车检查1LQJ区间空闲		
1	2	3	4	5	6	7	8	9	10	11	12	13	14	15

一、自闭结合口

按进站信号机名称填写，无进站信号机的填写××线××行线。

二、1JG 状态/表示核对

占用一接近闭塞分区，控制台一接近表示光带点亮红灯，1JG 继电器状态为落下，控制台

语音报“×行列车一接近”(6502 电气集中车站为电铃鸣响)，计算机联锁站核对后接点采集；出清该闭塞分区后控制台一接近表示光带灭灯，1JG 继电器状态为吸起。人为使一接近对应闭塞分区逻辑占用丢失，区间轨道状态为空闲，控制台一接近表示光带点亮红灯，1JG 继电器状态为落下，控制台语音报“×行列车一接近”(6502 电气集中车站为电铃鸣响)；人工解锁该闭塞分区，控制台一接近表示光带灭灯，1JG 继电器状态为吸起。如该闭塞分区存在分割，则必须逐区段进行占用核对试验，改为反方向后再进行逐区段的占用核对试验。其他接近离去区段按 1JG 试验方法进行试验。

三、反向发车检查 3JGJ 区间空闲

接车口正常改方为发车方向时，此时使 3JGJ 落下，排列相关发车进路应无法开放信号；3JGJ 吸起时，排列相关发车进路，开放信号后使 3JGJ 落下，已开放的信号应关闭。

四、发车检查 1LQJ 区间空闲

发车口为发车正方向时，此时占用 1LQG 区段，排列相关发车进路应无法开放信号；1LQG 区段空闲时，排列相关发车进路，开放信号后占用 1LQG 区段，已开放的信号应关闭。

五、接近电铃/语音核对

核对接近表示状态时，同时确认电铃/语音与实际占用分区一致。

第六节　四线制方向电路

四线制改变运行方向电路由方向继电器电路、监督区间继电器电路、局部电路、辅助办理电路和表示灯电路组成，微机联锁站部分电路功能由软件实现。改变运行方向的办理有正常办理和辅助办理两种方式。四线制方向电路采用方向回路与监督回路分开的设计方案，较两线制方向电路可靠性更高。四线制方向电路检查试验项目见表 5-8。

表 5-8　四线制方向电路检查试验表

<table>
<tr><td rowspan="3">名称</td><td colspan="5">正常改方</td><td colspan="9">辅助改方</td><td rowspan="3">区间方向表示灯显示与区间方向一致，区间占用监督表示灯显示正确</td><td rowspan="3">正常改方和辅助改方，在前一次办理后，必须等待13 s后，方准再次办理改方</td><td rowspan="3"></td></tr>
<tr><td rowspan="2">未按“允许改方”按钮，反向发车不能改方</td><td rowspan="2">按下“允许改方”按钮，办理反向发车进路自动改方</td><td rowspan="2">改方后办理正向发车恢复正方向</td><td rowspan="2">对方站有发车进路不能改方</td><td rowspan="2">办理非列车进路不能改方</td><td rowspan="2">闭塞分区占用不能正常改方</td><td rowspan="2">FSJ落下不能进行辅助改方</td><td rowspan="2">双接时依靠辅助方式改方</td><td rowspan="2">监督电路故障时办理辅助改方</td><td colspan="2">监督电路故障时办理辅助改方</td><td rowspan="2">列车发车后发站辅助灯灭灯</td><td rowspan="2">列车运行方向表示</td><td rowspan="2">区间占用表示</td></tr>
<tr><td>监督电路故障时不能开放</td><td>监督电路良好能开放</td></tr>
<tr><td>1</td><td>2</td><td>3</td><td>4</td><td>5</td><td>6</td><td>7</td><td>8</td><td>9</td><td>10</td><td>11</td><td>12</td><td>13</td><td>14</td><td>15</td><td>16</td><td>17</td><td>18</td></tr>
<tr><td></td><td></td><td></td><td></td><td></td><td></td><td></td><td></td><td></td><td></td><td></td><td></td><td></td><td></td><td></td><td></td><td></td><td></td></tr>
<tr><td></td><td></td><td></td><td></td><td></td><td></td><td></td><td></td><td></td><td></td><td></td><td></td><td></td><td></td><td></td><td></td><td></td><td></td></tr>
</table>

一、名　　称

单线区段填写“某某站至某某站”，双线区段填写“某某站至某某站上行线(下行线)”。

二、未按允许改方按钮反向发车不能改方

当需要改变运行方向时，由甲站破封按下“允许改方”按钮后，“允许改方”表示灯亮红灯，方可办理改方电路。试验时不按压“允许改方”按钮，直接试排发车进路方向电路不应变化，发车进路锁闭但反向出站信号不能开放(计算机联锁车站进路能否锁闭根据联锁制式不同而有所区别)。

三、按下允许改方按钮，办理反向发车进路自动改方

甲站值班员办理发车进路开放出站信号，使方向电路自动改变方向。改变方向后，甲站接车表示灯变为灭灯、发车表示灯变为亮绿灯，乙站接车表示灯变为亮黄灯、发车表示灯变为灭灯，此时可拉出“允许改方”按钮，“允许改方”表示灯红灯灭灯。试验时，按规定要求操作，检查能否正常改变方向，表示灯显示是否正常。

四、改方后办理正向发车恢复正方向

当需将反方向电路改为正向运行状态时，乙站按发车站的要求操作，只是在操作方式上电路设计中正向发车口不设“允许改方”按钮，在对方站未排列发车进路时，直接办理发车进路即可改回正方向。

五、对方站有发车进路不能改方

当对方站发车进路建立后，其发车锁闭继电器 FSJ 落下，使监督区间亮红灯，表示对方站发车已提前占用区间，不允许本站再向同一区间发车。试验时需分别对甲、乙两站在对方站发车进路建立后，试排发车进路，检查改变运行方向电路工作情况。

六、办理非列车进路不能改方

改变运行方向电路是以列车进路带来动方向条件的，试排反向调车进路，应不能改变运行方向。

七、闭塞分区占用不能正常改方

当区间轨道电路故障时，不能按正常办理方法改变运行方向，应采用辅助办理方法改变运行方向。办理时，两站值班员必须共同确认区间空闲。其办理方法为：

1. 由甲站(欲发车的车站)值班员破封按下“总辅助办理按钮”后，再破封按下“发车辅助”按钮并不能松手，此时甲站“辅助办理”表示灯亮白灯。

2. 随后由乙站(欲接车的车站)值班员破封按下“总辅助办理按钮”后，再破封按下“接车辅助”按钮，等“辅助办理”表示灯亮白灯后，即可松开“接车辅助”按钮。当乙站“接车表示”灯亮黄灯、“发车表示”灯灭灯、“辅助办理”表示灯白灯灭灯时，说明乙站辅助办理已经结束，已改成了接车站。

3. 当甲站的“发车表示”灯绿灯点亮，“接车表示”黄灯灭灯时，表示辅助办理已经结束，本站已改为发车站，这时值班员可松开“发车辅助”按钮，但“辅助办理”白灯仍亮着。

4. 两站的“总辅助办理按钮”必须在列车出发完全进入区间后，才能拉出复位并立即加封。

八、FSJ 落下不能进行辅助改方

发车锁闭继电器落下后不允许辅助办理是要求对方站发车进路建立后防止以任何方式出现向同一区间同时办理发车的可能性。试验时可由对方站先排发车进路使 FSJ 落下，进行试排辅助改方，确认方向不能改变。

九、双接时依靠辅助方式改方

当甲、乙两站出现双向接车时，由于 FJ1、FJ2 均处于吸起状态，切断了 F1、F2 的改方电源，此时按正常改方不能办理，需要按辅助方式进行改变运行方向操作，试验时可人为将两站的 FJ1、FJ2 均改为接车状态，然后分别进行正常改方操作和辅助改方操作，检查方向电路动作情况。

十、监督电路故障时办理辅助改方

区间监督继电器电路故障(区间监督表示灯亮红灯)，此时 F3、F4 条件断开，运用辅助办理是辅助改方的基本功能之一，目的是当辅助改方后如区间监督红灯消失时，可以办理发车信号。试验时将 F3 或 F4 线断开，分别进行正常改方和辅助办理，检查电路工作情况。

十一、监督电路故障不能开放

辅助改方后若监督区间灯点红灯，说明区间故障仍然存在，首趟发出的列车禁止开放出站信号，后续正常。

十二、监督电路良好能开放

辅助改方后监督区间灯红灯灭，此时可办理发车进路，开放出站信号。

十三、列车发车后发车站辅助灯灭灯

以辅助办理方式改变运行方向后，发车站的“辅助”表示灯一直显示白灯，表示 DJ(短路继电器)在吸起状态，列车出发越过出站信号机后，DJ 落下，甲站“辅助办理”表示灯白灯灭灯。模拟列车运行后检查表示灯和继电器状态。

十四、列车运行方向表示

设甲站为原接车站，乙站为原发车站，平时甲站接车表示灯亮黄灯、发车表示灯灭灯，乙站接车表示灯灭灯、发车表示灯亮绿灯。

十五、区间占用表示

甲、乙两站均在每条运行线上设有监督区间的表示灯，当区间有车占用或任一站办理了发

车进路后时，“监督区间”灯点红灯；当区间空闲，所有区间轨道继电器均吸起且两站均未向区间办理发车进路，“监督区间”灯灭灯。

十六、区间方向表示灯显示与区间方向一致，区间占用监督表示灯显示正确

核对区间方向表示灯箭头显示方向与区间方向一致，“区间占用监督表示灯显示”参照第十五项进行试验。

十七、正常改方和辅助改方，在前一次办理后，必须等待 13 s 后，方准再次办理改方

试验正常改方和辅助改方，在前一次办理后 13 s 内进行再次改方，区间不能改方。

第七节　半自动闭塞电路

半自动闭塞电路按闭塞制式分主要有 64D 和 64F 等类型，半自动闭塞电路联锁关系检查试验见表 5-9。

表 5-9　半自动闭塞电路联锁关系检查试验表

序号	发车口名称	闭塞类型	未办理闭塞不能开放信号	发车站轨道电路故障，闭塞不能办理	正常办理闭塞手续	办理闭塞后调车	取消办理				列车出发通知	列车到达通知	列车未到达，接车站办理到达复原，双方站闭塞机不能复原	到达复原	事故复原		接车站引导接车，接车站办理取消、事故复原	邻站试验人	备注
							接发车表示黄灯	接发车表示绿灯	发车站开放列车信号后不能办理	取消发车进路后办理					闭塞电源断电重新恢复	轨道电路故障或其他原因而引起闭塞机不能正常复原			

一、发车口名称

按该半自动闭塞发车口进站信号机名称填写，无进站信号机的填写××线×行线。

二、闭塞类型

按闭塞制式填写，主要有 64D、64F 等类型。

三、未办理闭塞不能开放信号

在未办妥半自动闭塞手续的情况下，向该方向办理发车进路，信号不应开放。

四、发车站轨道电路故障，闭塞不能办理

在模拟占用发车站半自动闭塞区段轨道电路的情况下办理闭塞，闭塞不能办理。

五、正常办理闭塞手续

接、发车站正常办理及各种表示灯显示，按设计技术要求进行试验。发车站按压闭塞按钮请求闭塞时发车表示灯亮黄灯，接车站接车表示灯亮黄灯；接车站按压闭塞按钮同意接车后，接车站接车表示灯亮绿灯，发车站发车表示灯亮绿灯。某些计算机联锁以方向箭头代替接、发车表示灯，箭头向站内时表示接车，箭头向站外时表示发车，箭头的颜色含义与表示灯的颜色含义是一致的。在试验过程中，应同时注意电铃或语音音响提示。办理发车进路时，信号正常开放。

六、办理闭塞后调车

办理闭塞后，如未办理发车进路，发车站可利用发车轨道区段进行调车。区间闭塞开通，当调车进入发车站半自动闭塞轨道电路区段时，双方站闭塞机不应闭塞。调车作业完成后，办理发车进路时，信号正常开放。

七、接发车表示黄灯办理取消

发车站按压闭塞按钮请求闭塞时发车表示灯亮黄灯，接车站接车表示灯亮黄灯。发车站办理取消复原，双方站闭塞机复原。

八、接发车表示绿灯办理取消

发车站按压闭塞按钮请求闭塞时发车表示灯亮黄灯，接车站接车表示灯亮黄灯；接车站按压闭塞按钮同意接车后，接车站接车表示灯亮绿灯，发车站发车表示灯亮绿灯。发车站办理取消复原，双方站闭塞机复原。

九、发车站开放列车信号后不能办理取消

发车站按压闭塞按钮请求闭塞时发车表示灯亮黄灯，接车站接车表示灯亮黄灯；接车站按压闭塞按钮同意接车后，接车站接车表示灯亮绿灯，发车站发车表示灯亮绿灯。发车站办理发车进路，信号正常开放后，发车站办理取消复原，双方站闭塞机不能复原。

十、取消发车进路后办理

发车站按压闭塞按钮请求闭塞时发车表示灯亮黄灯，接车站接车表示灯亮黄灯；接车站按压闭塞按钮同意接车后，接车站接车表示灯亮绿灯，发车站发车表示灯亮绿灯。发车站办理发车进路，信号正常开放后，发车站先取消解锁发车进路，后办理取消复原，双方站闭塞机复原。

十一、列车出发通知

列车出站压入进路内方最末轨道区段（该区段为半自动闭塞轨道区段）时，发车站发车表示灯亮红灯，接车站接车表示灯亮红灯。接车站注意电铃或语音音响提示。

十二、列车到达通知

列车到达接车站接车进路内方第一区段（该区段为半自动闭塞轨道区段）时，接车站接、发车表示灯均亮红灯。注意电铃或语音音响提示。

十三、列车未到达，接车站办理到达复原，双方站闭塞机不能复原

列车出站压入进路内方最末轨道区段（该区段为半自动闭塞轨道区段）时，发车站发车表

示灯亮红灯，接车站接车表示灯亮红灯。接车站在列车未到达时办理闭塞复原，双方站闭塞机不能复原。

十四、到达复原

接车进路解锁后，接车站按压复原按钮，接车站接车表示红灯熄灭，发车站发车表示红灯熄灭，闭塞机复原。

十五、闭塞电源断电重新恢复

闭塞电源断电重新恢复后，按压事故按钮可以使闭塞机复原。

十六、轨道电路故障或其他原因而引起闭塞机不能正常复原

轨道电路故障或其他原因而引起闭塞机不能正常复原，按压事故按钮可以使闭塞机复原。

十七、接车站引导接车，接车站办理取消、事故复原

引导接车时，需由接车站采用事故复原方法办理复原。如设计为正常办理可以复原，需按设计要求试验引导接车后的正常复原办理。

第八节　站(场)联电路继电器状态一致性核对

站(场)联电路继电器状态一致性核对试验项目见表5-10。

表5-10　站(场)联电路继电器状态一致性核对试验表

站(场)联线路	序号	送电方	本站继电器状态	本站分线盘端子	本站分线盘电压极性核对	邻站继电器状态	邻站分线盘端子	邻站分线盘电压极性核对	一致性核对	邻站核对人
1	2	3	4	5	6	7	8	9	10	11

一、站(场)联线路

填写××线××站至××站上或下行。

二、送　电　方

填写站联送电车站名称。

三、本站、邻站继电器状态

作为送电站时，分别列出各种可以出现的继电器状态，每组继电器状态占一行。作为受电站时，列出与送电站继电器状态相对应的状态。以图5-4所示电路为例，送电站(甲站)将0289GGJF和2GJ的所有状态组合一一列出，共有4种：2GJ↑GJF↑、2GJ↑GJF↓、2GJ↓

GJF↑、2GJ↓GJF↓。受电站(乙站)根据甲站继电器的不同状态组合,核对复示继电器的状态应与甲站状态一致。

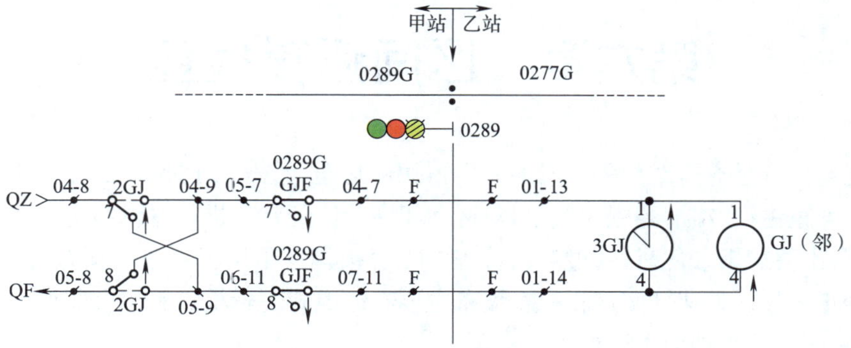

图 5-4　站联电路示意

四、本站、邻站分线盘端子

按实际填写端子号。

五、本站、邻站分线盘电压极性核对

在不同继电器状态下,测试分线盘电压极性与图纸相符。

六、一致性核对

核对双方站继电器状态对应关系正确。送电站使用的接点条件应使用真实条件试验,受电站复示继电器状态与站联继电器状态同步进行核对。

七、注意事项

站联电路一般采用一个无极继电器和一个偏极继电器配合使用,通过改变电压有无和电压极性改变复示继电器状态,在电压极性转换过程中,无极继电器会瞬间落下后再次吸起,需要考虑此问题会不会对其他电路造成影响,一般采用增加缓放型复示继电器处理,试验时注意同步核对缓放型复示继电器状态。

第六章　区间逻辑检查

区间逻辑检查是通过对相邻区段的先后占用顺序进行逻辑判别。列车在区间运行时，根据闭塞分区列车占用、出清的顺序关系，对区间闭塞分区的状态进行逻辑判定。当列车不满足正常的占用、出清逻辑条件时，通过逻辑检查人工解锁盘发出逻辑检查错误报警，同时向后方列车传递禁止信号。普速区间逻辑检查设备主要有继电式逻辑检查和综合监控式逻辑检查两种，高铁线路逻辑检查功能由列控中心实现。

第一节　自动闭塞区间继电式逻辑检查试验

自动闭塞区间继电式逻辑检查是采用继电逻辑按列车在区间正方向运行时，根据闭塞分区列车占用、出清的顺序关系，对区间闭塞分区的状态进行逻辑判定。闭塞分区工作状态包括空闲、正常占用、故障占用、占用丢失四种状态。

空闲状态：表示列车未占用该闭塞分区、且闭塞分区轨道电路所反映的线路状态为空闲。

正常占用状态：表示列车占用该闭塞分区、且闭塞分区轨道电路所反映的线路状态为占用。

故障占用状态：表示列车未占用该闭塞分区、但闭塞分区轨道电路所反映的线路状态为占用。

占用丢失状态：表示列车占用该闭塞分区、但闭塞分区轨道电路所反映的线路状态为空闲。

自动闭塞区间继电式逻辑检查电路对应每个闭塞分区设置 4 个继电器，分别是 QGJF（区间轨道复示继电器），JLJ（记录继电器），RJJ（人工解锁继电器），BJ（报警继电器）。自动闭塞区间继电式逻辑检查试验项目见表 6-1。

表 6-1　自动闭塞区间继电式逻辑检查试验表

设备名称	顺序占用并出清	逻辑占用上一区段	单独占用本区段	占用丢失检查	占用丢失自动恢复	离去结合	接近结合	GJ状态核对	JQJ状态核对	人工解锁	关闭逻辑检查	反向运行	站联条件核对	人工解锁按钮灯(U)	区段轨道灯(L)	逻辑检查报警灯(H)	关闭按钮灯(H)	逻辑检查报警电铃					备注
1	2	3	4	5	6	7	8	9	10	11	12	13	14	15	16	17	18	19	20	21	22	25	26

一、设备名称

按设计图纸填写站管内逻辑检查闭塞分区名称。

二、顺序占用并出清

1. 试验说明

验证列车按照正常顺序占用、出清逻辑检查区段时，相应逻辑检查区段的空闲、占用状态正确。

2. 试验方法

按照正方向列车运行方向，顺序占用、出清某一逻辑检查区段的“上一”区段和本区段，当列车占用本区段时，本区段 JLJ 与 QGJF 均落下，防护本区段的信号机显示红灯，出清本区段并占用“下一”区段时，本区段 JLJ 与 QGJF 均吸起，该区段状态为空闲状态，无逻辑检查报警输出。

三、逻辑占用上一区段

1. 试验说明

验证列车正方向占用逻辑检查区段“上一”区段时，本区段 JLJ 不会提前落下而导致出现错误逻辑占用。

2. 试验方法

人为占用某一逻辑检查区段的“上一”区段，在“上一”区段的 GJ 落下的情况下，核对本区段的 JLJ 的状态与 QGJF 均应保持吸起，该区段轨道电路显示为空闲状态，无逻辑检查报警输出。

四、单独占用本区段

1. 试验说明

验证逻辑检查区段单独占用时，不会触发逻辑检查防护及报警。

2. 试验方法

在某一逻辑检查区段“上一”区段和“下一”区段均未占用的情况下，人为占用本区段，核对本区段的 QGJF 应落下，JLJ 不应落下，该区段轨道电路显示为占用状态，无逻辑检查报警信息输出。出清本区段后，QGJF 吸起，轨道电路能恢复为空闲状态。

五、占用丢失检查

1. 试验说明

列车运行过程中发生“丢车”现场时，逻辑检查电路触发逻辑防护并报警，使防护信号机显示红灯。

2. 试验方法

按照正方向列车运行方向，顺序占用、出清某一逻辑检查区段的“上一”区段和本区段，不占用“下一”区段，本区段出清后 QGJF 正常吸起，JLJ 保持落下，BJ 开始计时，60 s 后该区段给出逻辑检查报警信息，人工解锁盘该区段 BJD 亮红灯，防护该区段的信号机显示红灯。

六、占用丢失自动恢复

1. 试验说明

验证发生逻辑占用的区段在“下一”区段被列车占用时本区段能够自动转为空闲状态。

2. 试验方法

在某一逻辑检查区段处于逻辑占用的状态下，人为占用此逻辑检查区段的“下一”区段，本逻辑检查区段占用丢失报警能解除，自动恢复为空闲状态。

七、离去结合

1. 试验说明

因 1LQ(一离去)区段的“上一”区段为站内发车进路的最末区段，为了能体现 1LQ 区段的“上一”区段占用、出清状态，对应每个发车口设置一台 CZJ(出站继电器)，CZJ 平时吸起，在发车进路锁闭并占用发车进路最末区段时 CZJ 落下，用 CZJ 落下记录 1LQ 区段的“上一”区段的占用状态。发车进路末区段发生占用丢失(站内末区段出清后 1LQ 尚未分路)或列车出清发车进路最末区段而 1LQ 发生占用丢失时，通过 1LQ 发出占用丢失报警信息，并防护出站信号机不能向本线发车。

2. 试验方法

(1)排列发车进路，信号开放后占用发车进路内最末轨道区段，CZJ 应落下，此时占用 1LQ 区段，1LQ 应处于正常占用状态，QGJF 落下，JLJ 落下。

(2)在发车进路未锁闭的状态下，占用最末区段，CZJ 不应落下，此时占用 1LQ 区段，1LQ 应处于故障占用状态，QGJF 落下，JLJ 吸起。

(3)CZJ 落下状态，在 1LQ 没有占用的情况下，出清发车进路最末区段，1LQ 应判断为失去分路状态，同时发车进路最末区段虽已出清，但仍显示红光带。

八、接近结合

1. 试验说明

因 3JG(三接近轨)区段的 “下一”区段为接车进路进站信号机内方第一个轨道区段，为了能体现 3JG 区段的“下一”区段占用、出清状态，对应每个接车口设置一台 JZJ(进站继电器)，JZJ 平时落下，列车正常进站后 JZJ 吸起，用 JZJ 吸起记录 3JG 的“下一”区段占用状态。

2. 试验方法

(1)列车正常进站后(开放正向接车信号或引导信号且列车压入进站内方第一区段)，JZJ 吸起，出清 3JG 区段，3JG 能够恢复为空闲状态。

(2)列车正常进站后，在 3JG 没有出清的情况下，进站内方第一区段先恢复为空闲时，JZJ 应保持自闭吸起。3JG 出清后，3JG 区段能自动恢复为空闲状态。

(3)开放进站信号(含引导)但进站内方第一区段没有占用时，JZJ 不应吸起，此时处于正常占用的 3JG 区段出清后应判断为占用丢失状态，防护 3JG 的区间信号机显示红灯。

(4)在进站信号机未开放接车信号时(含引导)，占用进站内方第一区段，JZJ 不应吸起，此时处于正常占用的 3JG 区段出清后应判断为占用丢失状态，防护 3JG 的区间信号机显示红灯。

九、GJ 状态核对

某一逻辑检查区段未触发逻辑检查防护时，即区段处于空闲、正常占用、故障占用状态时 GJ 与 QGJ 状态一致，同吸同落；触发逻辑检查防护时即逻辑占用状态时，QGJ 吸起 GJ 落下，防护该区段的信号机显示红灯。

十、JQJ 状态核对

站间区间所有闭塞分区均空闲且两端站均没有向该区间办理发车进路时，JQJ 吸起；任一闭塞分区正常占用、故障占用、逻辑占用时，JQJ 均应落下，监督区间表示灯显示红灯，需逐区段试验。

十一、人工解锁

某一逻辑检查区段发生逻辑占用时，按压人解盘该区段人工解锁按钮，能解锁逻辑占用状态，轨道电路恢复空闲，逻辑检查报警恢复。

十二、关闭逻辑检查

对应车站每一区间线路设一个关闭按钮 GBA（非自复式），按下 GBA 后该区间线路上所有区段逻辑检查功能被关闭。该区间线路上的各区段随轨道电路的接收设备的状态反映空闲、占用情况，即使发生占用丢失也不能触发逻辑防护和给出报警信息。

十三、反向运行

区间改为反方向时，该区间线路逻辑检查功能自动关闭。

十四、站联条件核对

两站管内分界区段、中继站、两站间距离较短时需要邻站的轨道占用条件作为“上一”或“下一”区段的条件、发车锁闭条件、信号开放条件等，须对站联条件进行核对。

十五、人工解锁按钮灯（U）

人工解锁盘对应每个闭塞分区设置一个 RJD（人工解锁按钮灯），平时处于灭灯状态，人工解锁某一逻辑检查区段时人工解锁盘该区段的 RJD 亮黄灯，关闭按钮按下或区间开通反向时该线路所有区段 RJD 亮黄灯。

十六、轨道区段灯（L）

某一逻辑检查区段轨道电路的接收设备反映区段空闲时，人工解锁盘 QGJD 亮绿灯，轨道电路的接收设备反映占用时 QGJD 灭。

十七、逻辑检查报警灯（H）

某一逻辑检查区段发生占用丢失 60 s 后，人工解锁盘 BJD 亮红灯，占用丢失恢复后 BJD 灭。

十八、关闭按钮灯（H）

按下 GBA 后，关闭逻辑检查按钮亮红灯。

十九、逻辑检查报警电铃

某一逻辑检查区段发生占用丢失 60 s 后，人工解锁盘电铃鸣响。按下切铃按钮后或占用丢失恢复后电铃停止鸣响。

第二节　区间综合监控系统逻辑检查试验

自动闭塞区间综合监控系统逻辑检查是采用软件逻辑按列车在区间正方向运行时，根据闭塞分区列车占用、出清的顺序关系，对区间闭塞分区的状态进行逻辑判定。闭塞分区工作状态与继电式逻辑检查相同，包括空闲、正常占用、故障占用、占用丢失四种状态。

区间综合监控系统逻辑检查对应每个闭塞分区设置一个 FHJ(防护继电器)，根据软件逻辑判定结果由系统驱动，区间综合监控系统逻辑检查分逻辑检查功能试验和人解盘试验两部分，区间综合监控系统逻辑检查功能试验项目见表 6-2，人解盘试验项目见表 6-3。

表 6-2　区间综合监控系统逻辑检查功能试验表

序号	逻辑检查区间	闭塞分区名称	上电初始化	正常分路	故障占用	失去分路	解除逻辑检查区段防护状态	反向运行	区间关闭	备注
			轨道空闲，则判为空闲；轨道占用，如果该分区前方为空闲，则判为正常占用，否则判为故障占用	顺序占用逻辑检查区间的闭塞分区，闭塞分区正常解锁	故障恢复，相应闭塞分区正常恢复	占用丢失持续 60 s，报警 BJD 红灯报警，逻辑检查区段处于防护状态	人工解锁(按压 ZRJA 和 RJA)，自动解锁(SA 内前方区段正常占用)	失去分路后不产生逻辑检查报警	按下 GBA 后，区间不再进行逻辑检查	
1	2	3	4	5	6	7	8	9	10	11
1										
2										

表 6-3　区间综合监控系统逻辑检查(人解盘)试验记录表

序号	逻辑检查区间	闭塞分区名称	人工解锁按钮盘(QJK 逻辑检查)														备注
			正常工作状态					区间反方向时	失去分路状态			占用丢失报警后区段空闲，按压 ZRJA 和 RJA 后			按压对应“区间逻辑检查功能关闭按钮 GBA”后		
			远程人工解锁盘 SQA 试验	区间逻辑检查功能关闭按钮 GBA	逻辑检查区段空闲状态显示(QGJD 绿灯)	逻辑检查区段占用状态显示(QGJD 灭灯)	报警显示(BJD 灭灯)	人解按钮表示灯黄灯	逻辑检查区段失去分路(QGJD 绿灯)	占用丢失持续 60 s，报警表示灯(BJD 红灯)	占用丢失持续 60 s，报警电铃(鸣响)，按下 QLA 后，电铃停止鸣响	恢复空闲状态显示(QGJD 绿灯)	报警显示(BJD 灭灯)	报警电铃(停止鸣响)	关闭按钮表示灯红灯	人解按钮表示灯黄灯	
1	2	3	4	5	6	7	8	9	10	11	12	13	14	15	16	17	18
1																	
2																	

一、逻辑检查区间

填写需要试验区间名称。

二、闭塞分区名称

按设计图纸与实际设备填写名称，有分割点区段仅填写一个。例如：1533AG、1533BG 填写 1533G。

三、上电初始化

1. 试验说明

区间综合监控系统上电启动后，如果闭塞分区处于空闲状态（采集到 QGJ 吸起），则判定为空闲状态；如果闭塞分区处于占用状态（采集到 QGJ 落下），根据该闭塞分区列车正方向运行"下一"闭塞分区状态进行判定，下一闭塞分区空闲时，本闭塞分区判定为正常占用，否则判定为故障占用。

2. 试验方法

闭塞分区空闲状态下启动综合监控系统，系统启动后，核对该闭塞分区状态为空闲。

闭塞分区占用且列车正方向运行"下一"闭塞分区空闲状态下启动综合监控系统，系统启动后，核对该闭塞分区状态为正常占用。

闭塞分区占用且列车正方向运行"下一"闭塞分区占用状态下启动综合监控系统，系统启动后，核对该闭塞分区状态为故障占用。

四、正常分路

1. 试验说明

验证列车在正常走行过程中，区间自动闭塞设备、逻辑检查设备、CTC/TDCS 设备工作状态正常。

2. 试验方法

发车站开放出站信号，接车站开放进站信号（含引导），模拟列车从发车站出发，顺序占用逻辑检查区间的闭塞分区至接车站进站内方第一区段。核对闭塞分区状态正常，FHJ 动作正常，人解盘无报警，QGJD 绿灯与所占用区段一致，CTC 设备显示正常，防护信号机显示正常。

五、故障占用

单独占用某一闭塞分区，该闭塞分区应处于故障占用状态，人解盘无报警，出清该闭塞分区，恢复为空闲状态。

六、失去分路

模拟列车运行到某一闭塞分区，使其处于正常占用状态，在列车正方向运行的"下一"闭塞分区没有占用的情况下，出清本闭塞分区，本闭塞分区应判定为占用丢失状态，丢失持续 60 s 后，BJD 红灯点亮，蜂鸣器响，此时该闭塞分区 QGJD 绿灯亮，FHJ 处于防护状态，防护该闭塞分区的信号机显示红灯。

七、解除逻辑检查区段防护状态

当某一闭塞分区处于占用丢失状态时：

1. 人工解锁该闭塞分区(按压 ZRJA 和该区段 RJA)，则该闭塞分区转为空闲状态。

2. 在该闭塞分区正方向运行前方 SA 内模拟列车运行，当 SA 内出现正常占用状态的闭塞分区时，本闭塞分区自动判定为空闲状态。

八、反向运行

区间由正向改为反向运行时，该区间的逻辑检查功能自动关闭，关闭按钮表示灯亮红灯，该区间口所有人解灯亮黄灯，模拟列车占用丢失，不会触发逻辑检查防护和报警。

九、区间关闭

按压对应区间逻辑检查功能关闭按钮 GBA，关闭按钮表示灯红灯亮，该区间口所有闭塞分区人解灯黄灯亮。模拟列车占用丢失，不会触发逻辑检查防护和报警。

十、远程人工解锁盘 SQA(授权按钮)试验

设有远程人工解锁盘时，在本地解锁盘和对应远程解锁盘各设置一个带有红色表示灯的 SQA，远程控制状态下本地解锁盘 SQD 闪烁，远程解锁盘 SQD 常亮，按下对应远程解锁盘的 SQA，可切换至本地解锁盘按钮有效，本地解锁盘 SQD 常亮，远程解锁盘 SQD 闪烁，再次按下对应远程解锁盘的 SQA，可恢复至远程解锁盘按钮有效。

十一、区间逻辑检查功能关闭按钮 GBA

1. 试验说明

GBA 上的红灯点亮表示区间逻辑检查功能关闭，红灯熄灭表示区间逻辑检查功能启用。GBA 为自复式按钮，每按压一次，逻辑检查功能开启、关闭状态切换一次。两次切换之间必须间隔 13 s 时间以上，否则操作无效。

2. 试验方法

人解盘上操作各个区间口的 GBA 关闭逻辑检查功能，观察对应 GBA 红灯应点亮，该区间口内的所有闭塞分区 RJA 黄灯应点亮，同时检查维护终端是否显示为功能停用状态，此时模拟列车运行，不应出现行车许可，出现占用丢失时设备不应触发防护和报警。

十二、逻辑检查区段空闲、占用状态显示

闭塞分区空闲时，人解盘上对应该区段 QGJD 灯绿灯亮；闭塞分区占用时，人解盘上对应区段绿灯熄灭，有分割点区段，占用任一区段时，人解盘 QGJD 仍然灭灯。

十三、正常工作状态报警显示 BJD 灭灯

未触发逻辑防护时，BJD 常态处于灭灯状态。

十四、区间反方向时人解按钮表示灯黄灯

区间处于反方向时,该区间内所有闭塞分区的 RJD 黄灯点亮。

十五、逻辑检查区段失去分路(QGJD)绿灯

模拟列车从"上一"区段运行到某一闭塞分区后出清,使其处于占用丢失状态,此时 QGJD 绿灯点亮,防护该闭塞分区的信号机显示红灯,逐一试验。

十六、占用丢失持续 60 s,报警表示灯 BJD 红灯

模拟列车从"上一"区段运行到某一闭塞分区后出清,使其处于占用丢失状态,等待 60 s 后 BJD 红灯点亮。每个闭塞分区逐一试验。

十七、占用丢失持续 60 s,报警电铃(鸣响),按下 QLA 后,电铃停止鸣响

模拟列车从"上一"区段运行到某一闭塞分区后出清,使其处于占用丢失状态,等待 60 s 后报警电铃响;按下 QLA 后,电铃停止鸣响。可与 BJD 红灯同步试验。

十八、恢复空闲状态显示(QGJD)绿灯

顺序占用闭塞分区,同时出清,列车处于占用丢失状态并报警,按压 ZRJA 和 RJA 后,闭塞分区恢复空闲状态, QGJD 绿灯,逐一试验。

十九、人解后报警显示(BJD)灭灯

顺序占用闭塞分区,同时出清,列车处于占用丢失状态并报警,BJD 红灯,按压 ZRJA 和 RJA 后,闭塞分区恢复空闲状态,BJD 灭灯,逐一试验。

二十、报警电铃(停止鸣响)

模拟列车从"上一"区段运行到某一闭塞分区后出清,使其处于占用丢失状态,1 min 后报警电铃鸣响,按压 ZRJA(总人解按钮)和占用丢失闭塞分区的 RJA(人解按钮)后,闭塞分区恢复空闲状态,报警电铃停止鸣响,逐一试验。

二十一、关闭按钮表示灯红灯

逐一按压各口对应区间逻辑检查功能关闭按钮 GBA,关闭按钮表示灯红灯应点亮。

二十二、按压对应"区间逻辑检查功能关闭按钮 GBA"后人解按钮表示灯黄灯

逐一按压各口对应区间逻辑检查功能关闭按钮 GBA,人解盘人解按钮表示灯黄灯均亮黄灯。

二十三、人工解锁盘操作注意事项

1. 在进行按钮按下操作时,需至少保持按下状态 1 s。

2. 对发生报警的闭塞分区进行解锁时，需要同时按下 ZRJA 和 RJA。

3. 同一按钮两次按下操作至少间隔 13 s，否则操作无效。

4. 每按下一次 ZRJA，可进行一个闭塞区段的解锁操作，在进行第 2 个闭塞区段的解锁操作前，需要松开 ZRJA，然后再次按下。

5. 如果人解盘所有表示灯闪烁，同时报警蜂鸣器间歇鸣响，表明人解盘与区间综合监控机柜通信中断，此时按下 QLA(切铃按钮)可关闭报警蜂鸣器鸣响。

6. 区间综合监控逻辑检查功能的开启与关闭，两站间必须同步开启、关闭，当一个站管辖的区间逻辑检查功能关闭，而另一个站管辖的区间逻辑检查功能开启时，则两站间交界处会发生错误触发逻辑检查防护。

第七章　驼峰联锁关系检查试验

驼峰联锁是为保证驼峰场内调车作业和溜放作业的安全，以及与到发场之间的接、发列车的需要而设计。驼峰联锁关系除了包括驼峰快速道岔、高灵敏度轨道电路、车辆减速器等主要单项设备的联锁关系，和峰上调车、峰下调车、推送线、发车线等调车作业的联锁关系外，还包括溜放作业中的联锁关系。

溜放进路的联锁关系检查，难以通过仿真试验和模拟试验来完成，需要进行实车溜放试验以验证驼峰控制系统的各类逻辑功能和异常状态下的控制情况。驼峰的主要模拟量参数，像测重、测长、测速、计轴等，是溜放作业中逻辑控制的关键参数，也是驼峰联锁关系的重要部分，实车溜放试验前应进行全部调试和校准，本书不做单独说明。

第一节　驼峰分路道岔联锁关系检查试验

驼峰分路道岔一般由 ZK4 型电空转辙机或 ZD7 型直流电动转辙机来带动，主要用于满足驼峰溜放进路时的快速转换和遇阻快速回转需要。驼峰分路道岔联锁试验表格见表 7-1(电空道岔)和表 7-2(电动道岔)。

表 7-1　驼峰联锁关系检查试验表一(ZK4 型电空分路道岔)

道岔号码	核对位置		断表示接点		断安全接点		断启动保险		低风压锁闭试验	7 mm 试验		DCJ DBJ FBJ 道岔位置一致		道岔锁闭试验			道岔转换时间		溜放模式人工抢扳道岔	挤岔报警	备注	试验时间
	定位	反位	定位	反位	定位	反位	定位	反位		定位	反位	定位	反位	单独锁	区段锁	进路锁	定位	反位				
1	2	3	4	5	6	7	8	9	10	11	12	13	14	15	16	17	18	19	20	21	22	23

表 7-2　驼峰联锁关系检查试验表二(ZD7 型电动分路道岔)

道岔号码	核对位置		断表示接点						断遮断器	断启动保险		断移位接触器		7 mm 试验		2DQJ DBJ FBJ 道岔位置一致		道岔锁闭试验			道岔转换时间		溜放模式人工抢扳道岔	挤岔报警	备注	试验时间
	定位	反位	定位			反位				定位	反位	定位	反位	定位	反位	定位	反位	单独锁	区段锁	进路锁	定位	反位				
			Ⅰ	Ⅱ	Ⅲ	Ⅰ	Ⅱ	Ⅲ																		
1	2	3	4	5	6	7	8	9	10	11	12	13	14	15	16	17	18	19	20	21	22	23	24	25	26	27

一、道岔号码

填写需要试验的道岔号码,每个道岔占一行。

二、核对位置

1. 试验目的:核对道岔定、反位表示与实际开通位置与设计图纸相一致。

2. 试验方法:控制台扳动道岔,现场核对开通位置,核对控制台道岔位置显示、开通方向与室外道岔实际开通方向一致。定、反位分别进行试验。

三、断表示接点

1. 试验目的:该试验用于防止施工配线错误而导致出现道岔错误表示。

2. 试验方法:道岔转辙机内依次断开表示接点,控制台核对该道岔无表示。定、反位分别进行试验。

四、断移位接触器(ZD7 型)

试验方法:室外断开移位接触器,检查室内控制台应失去表示。定、反位分别进行试验。

五、断遮断器(ZK4 为安全接点)

试验方法:室外断开遮断器(安全接点),控制台操纵道岔,室外道岔不能转换。定、反位分别进行试验。

六、断启动保险

试验方法:组合架断开道岔启动保险,室内操纵道岔不能转换。定、反位分别进行试验。

七、低风压锁闭试验(ZK4 型)

1. 试验目的:在风压正常时,电空机通过风压的推力锁闭道岔;在风管路漏风或其他原因使风压下降时,风压推力不足,为保证安全,道岔能通过锁闭杆进行机械锁闭。

2. 试验方法:调整气动三联件的调压阀,观察风压表值小于或等于 0.25 MPa 时,锁闭杆伸出,锁闭动作杆;再调整风压大于或等于 0.32 MPa 时,锁闭杆缩回,解锁动作杆。定、反位分别进行试验。

八、7 mm 试验

1. 试验依据:根据《普速铁路信号维护规则》8.1.15 的相关规定,“编组站使用的快速转辙机……,在道岔牵引点处有 7 mm 及其以上间隙时,不得接通道岔表示”。

2. 试验方法:在第一牵引点处采用 7 mm 试验钢板进行试验,道岔不能接通表示,ZD7 型电动道岔无法锁闭。定、反位分别进行试验。

九、2DQJ(ZK4 型为 DCJ)**、DBJ、FBJ 与道岔位置一致**

试验方法:室内扳动道岔,室内外核对 2DQJ(DCJ)、DBJ、FBJ 及控制台(或计算机显示的)道岔表示与室外道岔实际位置一致。定、反位分别进行试验。

十、单独锁、区段锁、进路锁

1. 试验目的：在 3 种锁闭状态下，道岔均不能操作转换。

2. 试验方法：对道岔分别进行单独锁闭、道岔区段模拟占用或进路锁闭，单独操纵道岔均应不能转换。如图 7-1 中 204 号道岔在三种锁闭状态下，道岔均不能操纵转换。

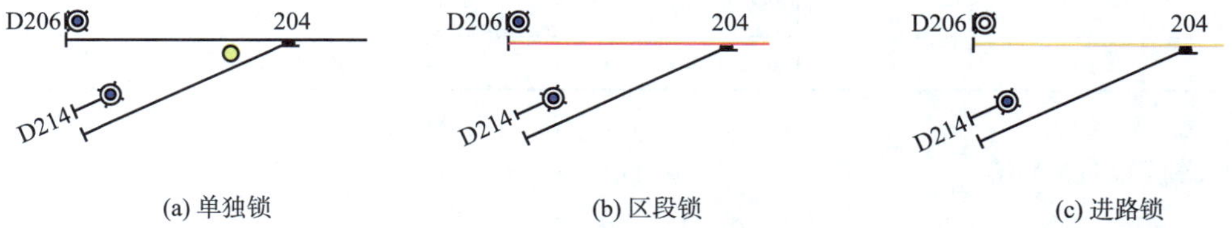

图 7-1　道岔的三种锁闭状态

十一、道岔转换时间

1. 试验目的：道岔转换时间是驼峰快速转辙机的基本特性要求，也是保证动态溜放过程中快速转换到位和遇阻快速回转的安全要求。

2. 试验方法：控制台操纵道岔，机械室内测试道岔转换时间（或查看计算机测试记录），电空道岔转换时间不大于 0.6 s，电动道岔转换时间不大于 0.8 s。定、反位分别进行试验。

十二、溜放模式人工抢扳道岔

1. 试验说明：该功能是在溜放过程中，遇紧急情况时，值班员可以人工干预抢扳道岔，使溜放车辆改变路线，保证安全。

2. 试验方法：编制好作业计划溜放至某股道，并在溜放模式下，模拟轨道电路依次占用，当命令传递到该分路道岔、且该道岔区段空闲时，可以抢扳道岔使之转换到另一方向，在控制台上给出相应的手动操纵表示信息。

十三、挤岔报警

断开道岔表示，控制台应发出报警提示；在溜放状态下，核对应切断驼峰主体信号。如图 7-2 中304 号道岔挤岔时，道岔无表示，T_1信号关闭，同时控制台挤岔报警。

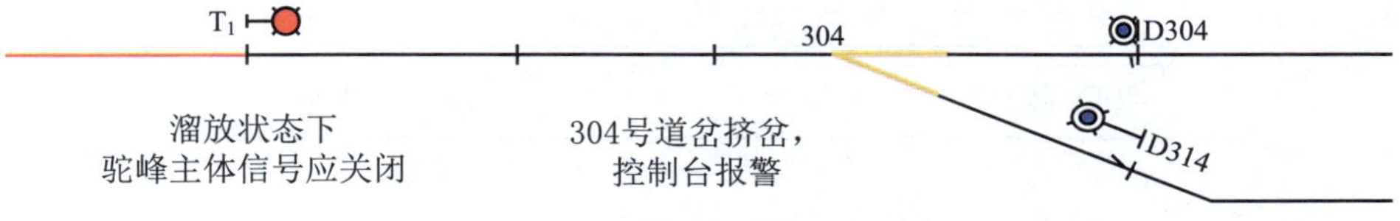

图 7-2　溜放状态挤岔切断驼峰主体信号

第二节　驼峰轨道电路联锁关系检查试验

根据驼峰溜放作业时动态进路的特点，其轨道电路一般采用交流 2.3 型高灵敏度轨道电路，驼峰轨道电路联锁试验表格见表 7-3。

表 7-3　驼峰联锁关系检查试验表三（驼峰轨道电路）

轨道电路名称	区段短路核对	区段开路核对	极性交叉	轨道继电器串、并联核对	双区段轨道电路特殊试验	备注	试验时间
1	2	3	4	5	6	7	8

一、轨道电路名称

填写试验区段的轨道电路名称，每个区段占 1 行。

二、区段短路核对

1. 试验目的：该试验主要为核对轨道电路图实正确性。

2. 试验方法：室外分路该轨道区段，核对相应的轨道继电器应落下，控制台对应的区段应显示红光带。室外撤销分路线，核对相应的轨道继电器应吸起，控制台对应的区段的红光带应消失。

三、区段开路核对

1. 试验目的：对轨道绝缘两侧均为受电端的轨道区段应重点核对，防止施工配线错误。

2. 试验方法：分别甩开轨道电路送、受端端子的电缆线头，核对区段占用显示与断开电缆应为同一区段。

四、极性交叉

1. 试验目的：极性交叉是对轨道电路绝缘破损采取的防护措施，在绝缘双破时，两个轨道电路能可靠地反映故障，导向安全。

2. 试验方法：对于驼峰 2.3 轨道电路，使用万用表的直流电压挡测试相邻轨道电路绝缘两端，电压极性相反。如图 7-3 中，“轨道电路 1”的 U_{ac} 电压与“轨道电路 2”的 U_{bd} 电压极性相反。当绝缘双破时，两个轨道电路同时反映红光带故障。

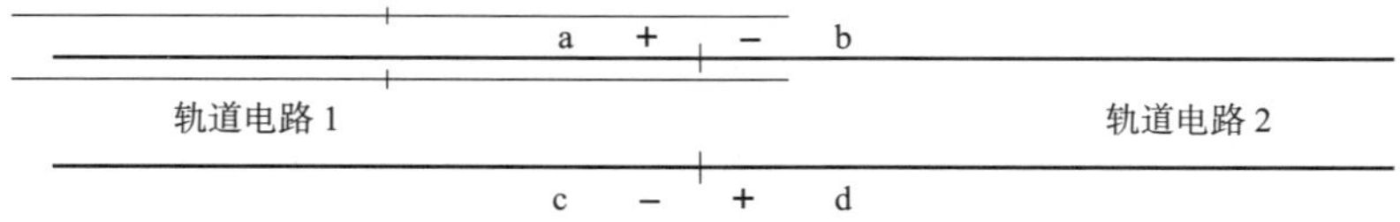

图 7-3　极性交叉说明

五、轨道继电器串并联核对

1. 试验说明：分路道岔保护区段 DGJ1 继电器线圈配线采用并联方式连接，其他轨道区段 DGJ 继电器线圈配线采用串联方式连接，如图 7-4 中，DGJ1 继电器线圈为并联方式配线，DGJ 继电器线圈为串联方式配线。

2. 试验方法：核对配线连接正确，并按标准调整轨道继电器电流：并联时电流为 380～580 mA，串联时电流为 230～330 mA。

图 7-4　驼峰轨道继电器配线方式

六、双轨道电路特殊试验

1. 试验目的：驼峰分路道岔均设计有岔前保护区段 DG1，其保护区段 DGJ1 或道岔区段 DGJ 任何一个占用，计算机系统均显示两个区段红光带，以保证溜放过程中发生轻车跳动时的安全。

2. 试验方法：如图 7-5 中，319 号为分路道岔，试验时分别占用 319DG1、319DG 区段，核对控制台作业终端上该两个区段均显示红光带。

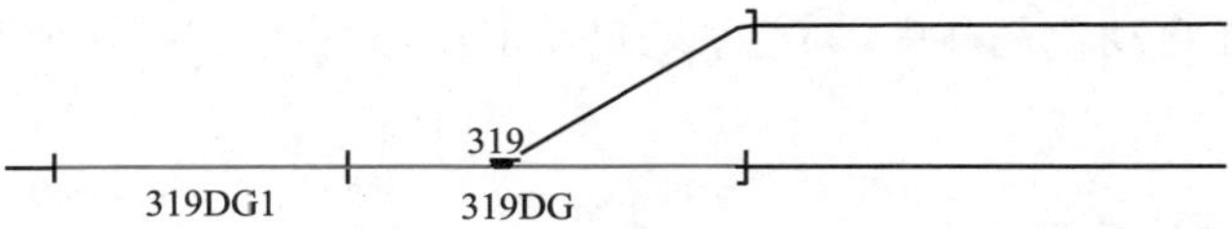

图 7-5　DG1、DG 占用说明

第三节　驼峰车辆减速器联锁关系检查试验

驼峰车辆减速器是驼峰速度控制最重要的基础设备之一，减速器制动时通过制动轨（或制动夹板）对溜放车辆的轮对产生摩擦阻力，来调整钩车速度。其联锁试验表格见表 7-4。

表 7-4　驼峰联锁关系试验检查试验表四（驼峰车辆减速器）

车辆减速器名称	动作状态的制动	动作状态的缓解	控制条件核对			Z(H)BJ与减速器表示一致	检修状态	机车上下峰减速器处于缓解位置	备注	试验时间
			手动控制	半自动控制	自动控制					
1	2	3	4	5	6	7	8	9	10	11

一、车辆减速器名称

填写车辆减速器的名称，每台减速器占 1 行。

二、动作状态的制动和缓解

1. 试验目的：核对减速器状态与控制命令、减速器位置表示相一致。

2. 试验方法：操纵减速器制动和缓解，室外核对实际位置、控制台作业终端核对表示，均与操作一致。如图 7-6 中所示的三种显示状态。

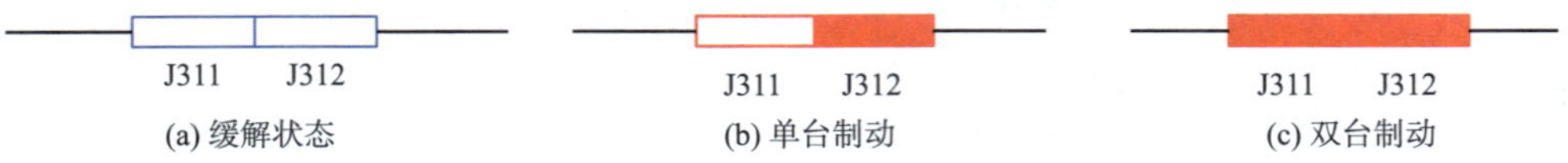

图 7-6　减速器的三种状态

三、控制条件核对

1. 试验目的

验证对减速器各种控制模式的有效性。

2. 试验方法

(1)手动控制：通过应急盘或控制台作业终端进行手动“制动、缓解”操作。

(2)半自动控制：在机械化驼峰中使用半自动定速、自动化驼峰采用人工定速，减速器根据溜放车辆速度，进行制动和缓解控制的核对。

(3)自动控制：在自动化驼峰中，调速系统自动定速，并自动根据溜放车组的速度进行控制调速。

四、Z(H)BJ 与减速器表示一致

1. 试验目的：核对减速器制动、缓解表示继电器的状态正确性。

2. 试验方法：室内操作减速器，核对制动状态时 ZBJ 吸起(HBJ 落下)，缓解状态时 HBJ 吸起(ZBJ 落下)。

五、检修状态

1. 试验目的：检修作业时当“检修按钮”按下，室内无法操纵减速器动作，该设计是为了防护室外检修作业人员的安全。

2. 试验方法：在应急盘或操作终端将检修按钮按下，核对室内操作减速器无动作。

六、机车上、下峰时减速器应处于缓解位置

1. 试验目的：该设计是为防止调车作业过程中，减速器位置不当，夹机车车辆。

2. 试验方法：将减速器置于制动状态，办理一条通过该减速器的调车进路，观察计算机发减速器缓解命令使之缓解。

3. 注意事项：计算机发出减速器缓解命令后，一般不检查减速器缓解表示，办理进路后可以操作减速器的动作，但不关闭调车信号。除非站场有特殊要求，才进行相应的设计。

第四节　驼峰峰上调车进路联锁关系检查试验

驼峰峰上调车进路是指办理禁溜线、迂回线、推送线等进路，具有与 6502 相同的技术特点。其试验表格见表 7-5。

表 7-5　驼峰联锁关系试验检查试验表五(驼峰峰上调车)

进路号码	进路始端	进路终端	正常开放信号	道岔位置不对信号不能开放	道岔无表示信号关闭	区段占用不能开放信号	调车信号白灯保留	信号开放锁闭道岔	敌对信号	敌对照查	随时关闭信号	接近锁闭	人工延时解锁	取消进路解锁	调车中途返回解锁	侵限绝缘检查	备注	试验时间
1	2	3	4	5	6	7	8	9	10	11	12	13	14	15	16	17	18	19

一、进路号码

联锁表中的进路号码顺序。

二、进路始端和终端

填写“进路始端”“进路终端”的信号机或区段名称。

三、正常开放信号

依次按压始、终端按钮,观察信号机由远至近依次开放。

四、道岔位置不对不能开放信号

1. 试验目的:办理调车进路时,计算机系统会将进路上相关道岔自动扳至所需位置,再锁闭进路、开放信号。如果其中有道岔因故无法转换至所需位置时,调车信号不能开放。

2. 试验方法:分别将进路上任意一组道岔置于与进路相反的位置并单独锁闭(或手柄置于相反位置、或断开启动保险等),再办理进路,调车信号不能开放。

五、道岔无表示关闭信号

试验方法:信号开放后,断开进路上的任意一道岔表示,信号自动关闭;恢复道岔表示,信号不能自动开放。

六、区段占用不能开放信号

试验方法:模拟占用调车进路上的任意一个轨道区段,信号都不能开放。

七、调车信号白灯保留

1. 试验目的:该设计能确保司机无论在推进或牵引运行时,均能观察到开放的信号。

2. 试验方法:信号机开放后,模拟车辆顺序占用轨道电路,在车列全部越过该信号机前(接近区段未出清),信号机保持白灯开放状态,如图 7-7 所示的 D319 信号机,在车列未出清接近区段前,信号机保持白灯开放状态。

图 7-7　调车信号白灯保留

八、信号开放后锁闭道岔

1. 试验目的：调车进路办理后，核对该进路上的道岔应全部处于进路锁闭状态。

2. 试验方法：办理好调车进路，单独操纵进路上的每组道岔，均不能转换。

九、敌对信号

1. 试验目的：相敌对的进路禁止同时办理。

2. 试验方法：办理好调车进路，试验联锁表上所有的敌对进路均不能建立；联锁表上任意一条敌对进路建立后，试验该调车进路均不能建立。对联锁表上的所有敌对进路逐一试验。

十、敌对照查

1. 试验目的：在办理向驼峰场和到达场的场间无岔区段的进路时，检查到达场没有办理向该无岔区段的进路，到达场的照查复示继电器处于吸起状态。如图 7-8 所示为横列式驼峰的敌对照查方式，场间无岔区段为 1G 和 2G；如图 7-9 所示为纵列式驼峰的敌对照查方式，场间无岔区段为 T1G 和 T3G。

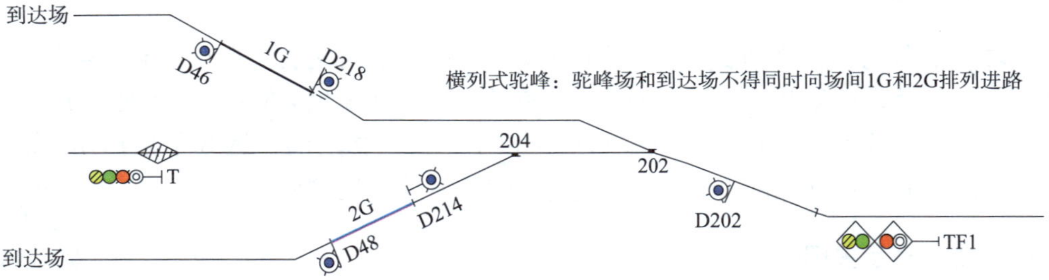

图 7-8　横列式驼峰的敌对照查方式

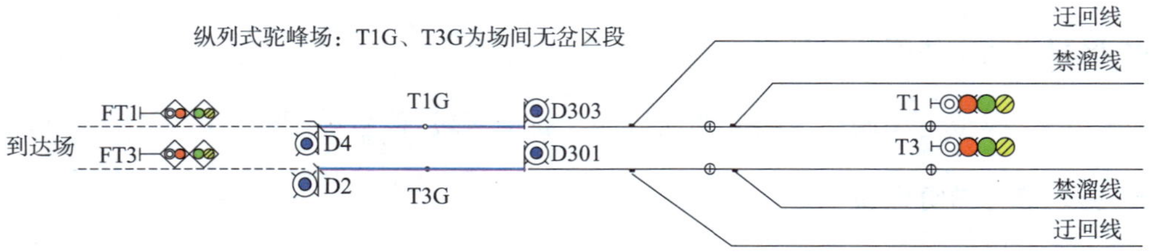

图 7-9　纵列式驼峰的敌对照查方式

2. 试验方法

(1)到达场不办理向场间无岔区段的调车进路，驼峰场检查到达场的照查复示继电器吸起，并可以办理向该无岔区段的调车进路。

(2)到达场办理向场间无岔区段的调车进路，驼峰场检查到达场的照查复示继电器落下，驼峰场不能办理向该无岔区段的所有调车进路。

3. 注意事项：对于采用绝缘节或道岔设备隔开的横列式驼峰，“敌对照查”的检查方法依据具体的场间联系设计进行试验。

十一、随时关闭信号

1. 试验目的：在特殊情况下，值班员可以采用多种方式关闭信号，命令停车。

2. 试验方法：开放调车信号，分别采用总取消、总人工解锁、区段故障解锁等方式，可以随时将信号关闭。

十二、接近锁闭和人工延时解锁

1. 试验方法

(1)开放调车信号，模拟车列占用接近区段，采用总人工解锁，观察信号关闭后，延时 30 s 进路解锁。如图 7-10 所示，D319 开放后接近区段占用，办理总人工解锁，观察先关闭信号后，进路延时 30 s 解锁。

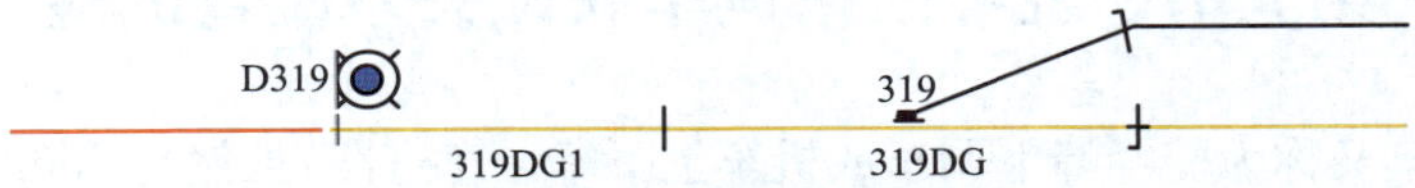

图 7-10 接近锁闭说明

(2)延时解锁过程中，模拟车列占用进路内方区段，观察人工解锁立即取消，如图 7-11 所示，车列占用了 D319 内方区段 319DG1，则人工解锁过程取消。

2. 注意事项

如果进路始端外方为死区段，也需采用人工延时解锁方式。

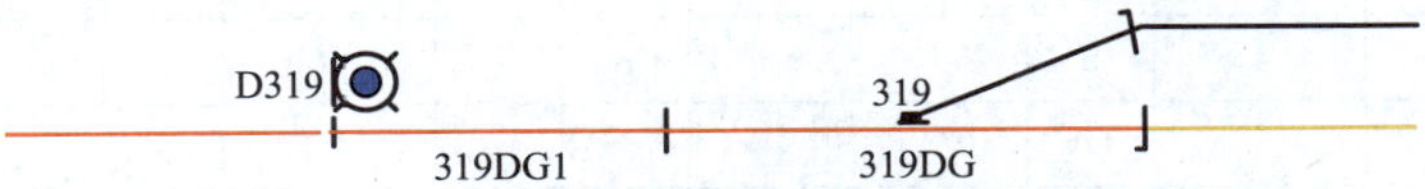

图 7-11 车列进入进路内方自动取消人工解锁

十三、取消进路解锁

试验方法：办理好调车进路，在进路区段未占用且不满足接近锁闭的情况下，通过取消进路解锁的方式办理进路解锁。

十四、调车中途返回解锁

试验方法：办理好调车进路，模拟接近区段和进路上轨道区段依次占用，再依次中途折返退出进路区段和接近区段，观察进路一次性解锁。

十五、侵限绝缘检查

1. 试验目的

为防止调车时出现侧面冲突，侵限区段占用时调车信号不能开放，信号开放后，侵限区段占用信号自动关闭。如图 7-12 所示，当办理通过 347 号反位的进路时，349DG(或 DG1)为侵限区段，该侵限区段占用时，进路无法办理。如果进路已办理，信号已开放，分路侵限区段时，信号自动关闭。

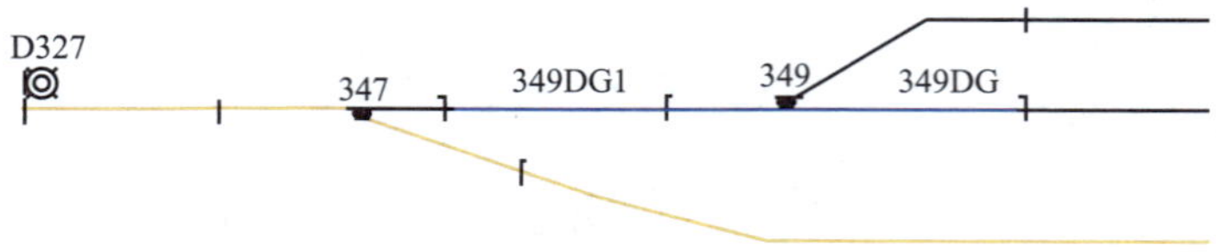

图 7-12　侵限绝缘检查说明

2. 试验方法

(1)该进路上的所有侵限区段中任何一个占用，进路均无法办理。对联锁表上所有侵限区段逐一试验。

(2)办理进路、开放信号机后，该进路上的任何一个侵限区段占用，信号关闭。对联锁表上所有侵限区段逐一试验。

第五节　驼峰线束调车联锁关系检查试验

驼峰线束调车又称为驼峰峰下调车或机车上下峰调车进路，虽然与 6502 有相似的技术特点，但根据驼峰的作业需要，具有特殊的技术要求，例如，与溜放进路联锁、不检查区段占用、线路表示器带动开放等。其试验表格见表 7-6。

表 7-6　驼峰联锁关系检查试验表六(线束调车进路)

进路名称	正常开放信号	道岔位置不对不能开放信号	道岔无表示关闭信号	侵限绝缘检查	敌对信号检查	信号开放后锁闭道岔	随时关闭信号	进路正常解锁	总取消或总人工解锁	上峰调车信号未开放时线路表示器不能开放	备注	试验时间
1	2	3	4	5	6	7	8	9	10	11	12	13

一、进路名称

联锁表中的进路名称。

二、正常开放信号

试验方法：依次按压调车始端和终端，线束调车信号机开放。如果是办理的是自某股道的上峰进路，则该股道的线路表示器点亮白灯。

三、道岔位置不对不能开放信号

1. 试验目的

办理调车进路时，计算机系统会将进路上相关道岔自动扳至所需位置，再锁闭进路、开放信号。如果其中有道岔因故无法转换至所需位置时，调车信号不能开放。

2. 试验方法

分别将进路上各组道岔置于与进路相反的位置并单独锁闭(或手柄置于相反位置、或断开启动保险等),再办理进路,调车信号不能开放。

四、道岔无表示关闭信号

试验方法:信号开放后,断开进路上的任一道岔表示时,信号自动关闭,恢复道岔表示后,信号不能自动开放。如果是上峰线束调车信号,则相应的线路表示器也应立即关闭。

五、侵限绝缘检查

1. 试验目的

为防止调车时出现侧面冲突,侵限区段占用时调车信号不能开放,信号开放后,侵限区段占用信号自动关闭。如图 7-13,当办理通过 347 号反位的进路时,349DG(或 DG1)为侵限区段,该侵限区段占用时,进路无法办理。如果进路已办理,信号已开放,占用侵限区段时,信号自动关闭。

2. 试验方法

(1)该进路上的所有侵限区段中任何一个占用,进路均无法办理。对联锁表上所有侵限区段逐一试验。

(2)办理进路、开放信号机后,该进路上的任何一个侵限区段占用,信号关闭。对联锁表上所有侵限区段逐一试验。

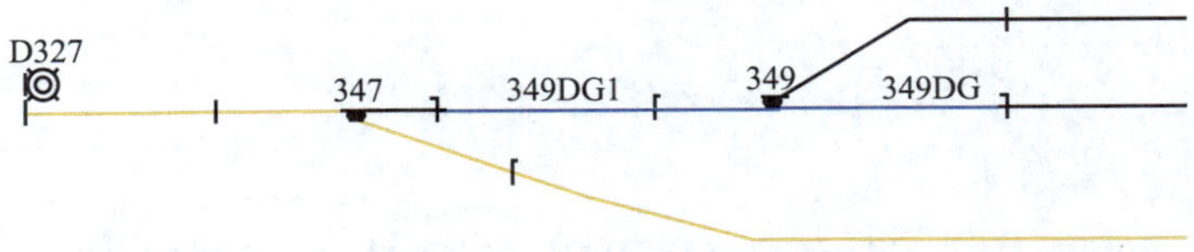

图 7-13　侵限绝缘检查说明

六、敌对信号检查

1. 试验目的:相敌对的进路禁止同时办理。

2. 试验方法:办理好调车进路,试验联锁表上所有的敌对进路均不能建立;联锁表上任意 1 条敌对进路建立后,试验该调车进路均不能建立。对联锁表上的所有敌对进路逐一试验。

七、信号开放后锁闭道岔

1. 试验目的:调车进路办理后,该进路上的道岔应全部处于进路锁闭状态。

2. 试验方法:办理好调车进路,单独操纵进路上的每组道岔,均不能转换。

八、随时关闭信号

1. 试验目的:在特殊情况下,值班员可以采用多种方式关闭信号,命令停车。

2. 试验方法:开放调车信号,分别采用总取消、总人工解锁、区段故障解锁等方式,可以随时将信号关闭。

九、进路正常解锁

试验方法:开放调车信号,模拟正常行车时顺序占用、出清进路上区段,观察进路一次性解锁。

十、总取消或总人工解锁

试验方法:办理好调车进路,分别采用总取消或总人工解锁方式,可以解锁进路。

十一、线束上峰调车信号未开放时,线路表示器不能开放

1. 试验说明:线路调车表示器的开放,是根据股道外方第一架上峰调车信号机开放条件和相关道岔位置条件,在该上峰信号机未开放时,线路表示器不能开放;线路表示器开放后,如果该上峰信号机因故关闭,则线路表示器立即关闭。

2. 试验方法:如图 7-14 所示,D220 为股道外方第一架上峰信号机。其开放后,根据后级道岔的位置,而点亮股道表示器 B21～B25 中的之一。图例中由于 210 道岔和 214 道岔的位置开通 21 道,所以 B21 股道表示器点亮白灯。试验在 D220 未开放时,B21～B25 均不能开放。D220 因故关闭时,点亮的股道表示器立即灭灯。对各股道依次进行试验。

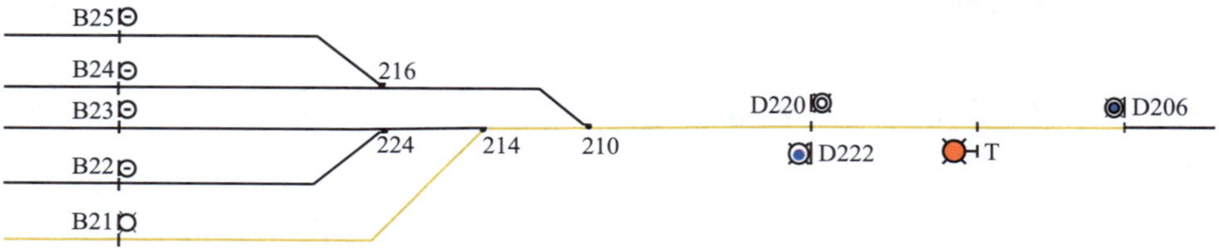

图 7-14　线路表示器开放说明

第六节　驼峰主体信号联锁关系检查试验

驼峰主体信号机设置在驼峰峰顶,每个峰设置 1 架(不包括复示信号机),同时具备调车进路和溜放进路功能,并与到达场推送进路发生联锁。其试验表格见表 7-7。

表 7-7　驼峰联锁关系检查试验表七(驼峰主体信号)

信号机名称	信号开放后有关道岔锁闭	信号开放后峰上有关调车信号开放	道岔位置不对不能开放信号	道岔无表示关闭信号	红灯断丝不能开放信号	闪光电源故障时信号关闭	敌对信号	敌对照查	道岔手动状态不能开放信号(应急盘及计算机手动)	使用按钮柱关闭信号	控制台切断按钮关闭信号	开放红闪检查到达场照查条件	碰倒限界检查器信号关闭	驼峰辅助(复示)信号机显示								迂回线禁溜线联锁试验				关闭信号峰顶电铃鸣响	备注	试验时间
														黄灯	绿灯	绿闪	黄闪	白闪	白灯	红灯	红闪	自动办理	手动办理	驼峰信号机显示	调车信号机显示			
1	2	3	4	5	6	7	8	9	10	11	12	13	14	15	16	17	18	19	20	21	22	23	24	25	26	27	28	29

一、信号机名称

填写方法：填写驼峰主体信号机名称，每架主体信号机填写 1 行。

二、信号开放后有关道岔锁闭

试验方法：开放驼峰信号后，推送进路上或调车进路上道岔锁闭，不能单独操纵。试验时，开放驼峰信号后，单操相关道岔应不能转换。

三、信号开放后峰上有关调车信号被带动开放

1. 试验目的：为便于司机瞭望，当主体信号开放时，驼峰部分调车信号随之被带动开放。

2. 试验方法

(1)开放驼峰信号后（溜放信号），核对推送进路上的同方向调车信号被带动开放。如图 7-15 中 D303 信号机，办理溜放作业时被带动开放。

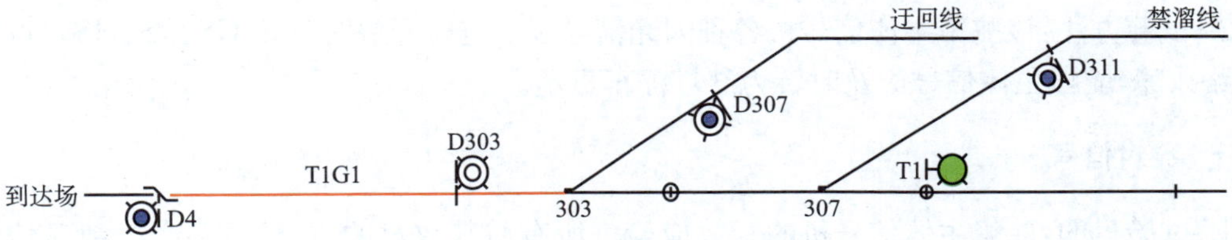

图 7-15　溜放作业时 D303 信号机被带动开放

(2)办理自迂回线或禁溜线的后退作业，开放红闪信号机时，核对迂回线或禁溜线上同方向调车信号机被带动开放。如图 7-16 所示，自迂回线后退时 D307 被带动开放；图 7-17 中，自禁溜线后退时 D311 被带动开放。

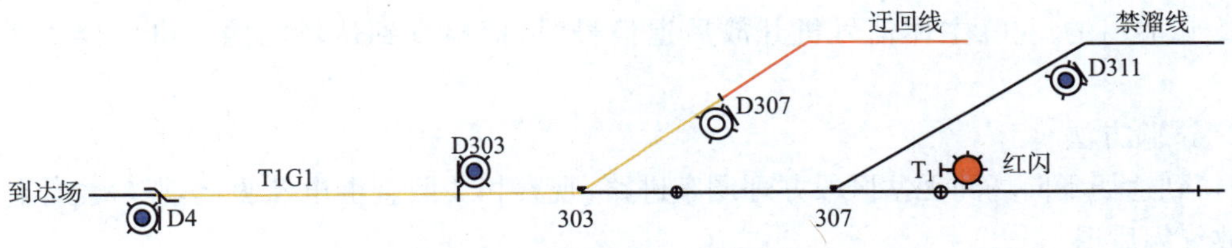

图 7-16　自迂回线后退时 D307 信号机被带动开放

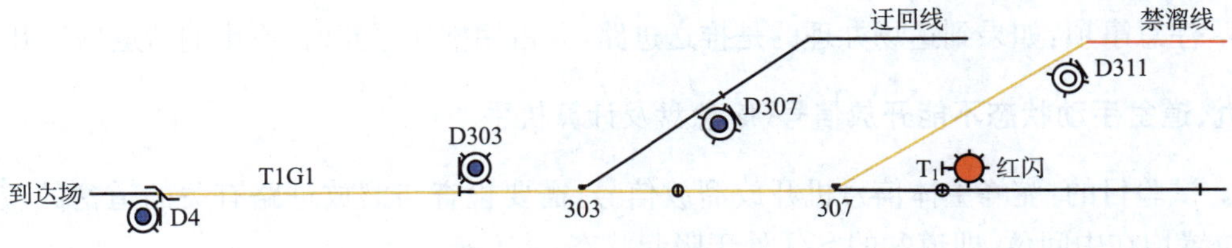

图 7-17　自禁溜线后退时 D311 信号机被带动开放

四、道岔位置不对不能开放信号,道岔无表示关闭信号

试验方法:主体信号调车进路或溜放进路上相关道岔位置不对时,主体信号不能开放;上述道岔失去表示时,开放的主体信号应立即关闭。

五、红灯断丝不能开放信号

1. 试验目的:驼峰主体信号机开放信号前,应检查红灯灯丝处于完好状态,红灯断丝不允许开放任何信号。

2. 试验方法:拔掉室外信号机红灯灯泡,办理主体信号调车或溜放进路,核对主体信号均不能开放。

六、闪光电源故障时信号关闭

1. 试验目的:当驼峰闪光信号电路故障时(或 SNJ 落下),主体信号必须改点红灯,禁止进行作业。

2. 试验方法:该驼峰主体信号机各种闪光信号逐一进行开放时(LS、US、BS、HS),模拟闪光电路故障,驼峰主体信号应及时转为红灯停车显示。

七、敌对信号

1. 试验目的:驼峰主体信号机的开放应检查所有与其敌对的进路不能建立,敌对信号不能开放。

2. 试验方法:根据联锁表,试验主体信号开放时,所有敌对进路无法建立;敌对信号开放时,主体信号无法开放。对每个敌对信号均进行试验。

八、敌对照查

1. 试验目的:驼峰主体信号机开放后退信号时,应检查到达场的照查继电器处于吸起状态。

2. 试验方法

(1)到达场不向场间无岔区段办理调车进路,观察相关照查继电器吸起,驼峰主体信号可以开放红闪后退信号。

(2)到达场向场间无岔区段办理调车进路,观察相关照查继电器落下,驼峰主体信号不能开放红闪后退信号。

3. 注意事项:如果到达场办理的是推送进路,并占用推送进路时,不影响后退信号开放。

九、道岔手动状态不能开放信号(应急盘及计算机手动)

1. 试验目的:驼峰主体信号机开放溜放信号,需要检查与溜放进路有关的道岔的应急盘手柄位置均在中间位,即道岔的 SZJ 处于吸起状态。

2. 试验方法:将与溜放进路有关的任何 1 组分路道岔手柄不放在中间位置时,点击溜放开始命令,驼峰主体信号不能开放,且给出报警提示。(核对与控制系统软件设计相符)。

十、使用峰顶按钮柱或控制台切断信号按钮关闭信号

1. 试验目的:在峰顶每条推送股道旁设有 1 个或多个关闭信号按钮柱,室内操纵台上设有信号切断按钮,在紧急情况下,按压该按钮,将驼峰信号关闭。

2. 试验方法:开放主体信号,按压峰顶按钮柱上的按钮或控制台的关闭(或切断)信号按钮,驼峰信号关闭。

十一、开放后退信号检查到达场照查条件

1. 试验说明

(1)到达场未向驼峰建立敌对的推送进路或调车进路时,驼峰信号机可开放后退信号;

(2)到达场已向驼峰排列推送进路且占用推送进路时,驼峰信号机也可开放后退信号。

2. 试验方法

(1)到达场推送进路未建立、或推送进路已建立且占用推送进路的情况下,试验后退信号(HS)能开放。

(2)到达场推送进路建立且车辆未占用推送进路的情况下,试验后退信号不能开放。

十二、碰倒限界检查器时允许信号关闭

1. 试验目的:推送线设有限界检查器,当超限车辆碰倒该检查器时,驼峰信号关闭。

2. 试验方法:开放溜放允许信号,室外推倒限界检查板,主体信号转为红灯。

十三、驼峰辅助(复示)信号机显示

1. 试验目的:核对驼峰辅助信号机及其复示信号机显示正确。

2. 试验方法

(1)驼峰复示信号机在未办理驼峰推送作业时应处于关闭状态,只有办理驼峰推送作业后才允许开放,其显示内容与驼峰主体信号一致。

(2)驼峰辅助信号机在办理预推作业时,显示黄灯。办理允许推送作业时(主推),其显示内容与驼峰主体信号一致。

(3)驼峰辅助信号机的点灯电路设置在到达场,四灯八显示,含义如下:

①显示黄灯时,指示机车进行预推作业。

②显示绿灯时,指示机车按规定速度进行主推作业。

③显示绿闪时,指示机车加速进行主推作业。

④显示黄闪时,指示机车减速进行主推作业。

⑤显示白闪时,指示机车去迂回线(禁溜线)。

⑥显示白灯时,指示机车下峰作业。

⑦显示红灯时,指示机车停车。

⑧显示红闪时,指示机车后退。

十四、迂回线(禁溜线)联锁试验

1. 试验目的

核对办理去往迂回线或禁溜线作业时,逻辑的正确性。

2. 试验方法

(1)自动办理

①去迂回线(禁溜线)的命令储存在调车作业计划中,命令为第一钩时,办理溜放开始后,相关道岔自动转换到迂回线(禁溜线),驼峰信号机开放白闪信号。

②去迂回线(禁溜线)的计划不是第一钩时,前面车辆溜放完毕,先关闭驼峰信号,再自动开放红闪(HS)指示推峰机车后退,使去往迂回线(禁溜线)的进路联锁条件满足,自动选排进路,开放白闪(BS)。

车列完全进入迂回线(禁溜线)后,自动将 BS 切换到 HS,指示车列后退,继续后续的溜放作业。

如果车列没有完全进入迂回线(禁溜线),需要中途折返退出迂回线(禁溜线),则须作业员人工关闭驼峰信号,再开放 HS,指示车列后退。

③注意事项:在自动办理作业状态下,进路的自动"解锁—选路—再锁闭"须在驼峰信号关闭后延时 15～30 s,再进行下一步。

(2)手动办理

按办理峰上调车进路的操作方法,人工办理去迂回线(禁溜线)进路,驼峰信号机开放白闪信号(BS);退出迂回线(禁溜线)时,人工办理后退信号(HS)。

(3)调车信号机带动开放:推送进路上的调车信号机,应随驼峰信号机开放或关闭而自动开放或关闭。如图 7-18 中,开放 HS 信号自迂回线后退时,D307 被带动开放;开放 HS 信号自禁溜线后退时,D311 被带动开放。

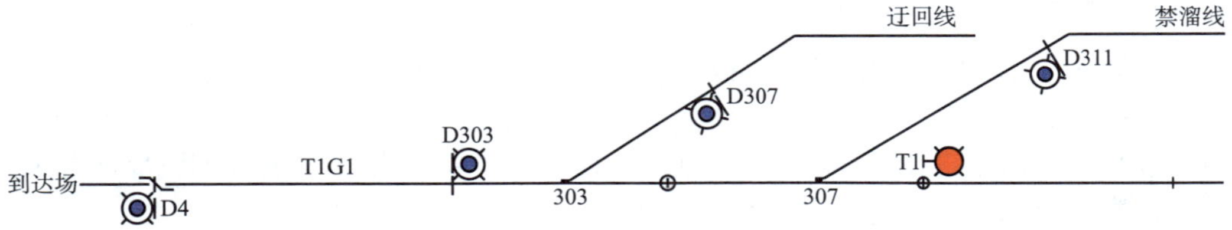

图 7-18　后退信号带动 D307 或 D311

十五、关闭信号峰顶电铃鸣响

1. 试验目的:峰顶设置电铃,当驼峰主体信号机由允许信号转为红灯时,电铃能随之鸣响,用以提醒峰顶作业人员。

2. 试验方法:驼峰主体信号由允许信号改为红灯时,检查峰顶电铃应鸣响,鸣响持续时间与电路设计基本一致。

第七节　驼峰预推、允许推送联锁关系检查试验

驼峰推送作业分预先推送(预推)和允许推送(主推)两种方式,是驼峰场与到达场之间逻辑关系的主要部分。(中小能力驼峰一般不设计预推逻辑)。驼峰推送线的预推和允许推送的联锁关系检查试验见表 7-8。

表 7-8　驼峰联锁关系检查试验表八(预推、允许推送)

峰别名称	预推作业										允许推送作业					备注	试验时间
	正常办理	到达场推送进路表示	办理后锁闭峰上道岔	敌对信号	峰上道岔位置不对不能办理	推送线区段占用不能办理	人工办理提前进行预先锁闭	人工办理提前进行允许推送作业	取消预推(车列未推出股道延时30 s进路解锁)	车列到达预推停车点后预推信号自行关闭	正常办理	取消允许推送	允许推送作业结束	到达场推送进路表示	推送线平行作业		
1	2	3	4	5	6	7	8	9	10	11	12	13	14	15	16	17	18

一、峰别名称

填写要进行试验的峰别(T_1、T_2等)。

二、正常办理

1. 试验目的:驼峰场办理预推后,到达场才能排列推送进路,驼峰辅助信号机点黄灯。

2. 试验方法

(1)驼峰场不办理预推,到达场所有股道均不能排列推送进路。

(2)驼峰场办理预推,到达场可排列某股道的推送进路,该股道的驼峰辅助信号机点亮黄灯。试验时,对到达场的每个股道逐一进行试验。

三、到达场推送进路表示

1. 试验目的:该设计是为让驼峰场及时了解到达场的推送进路情况。

2. 试验方法:当到达场某股道推送进路锁闭后,驼峰场应显示对应的推送股道;当车列进入到达场推送进路后,驼峰场应显示推送进路接近锁闭。试验时,对到达场的每个推送股道逐一进行试验。

四、办理后锁闭峰上道岔

1. 试验目的:办理预推作业后,核对驼峰推送线上的有关道岔处于锁闭状态。

2. 试验方法:驼峰办理预推作业,检查与禁溜线和迂回线的相关道岔应处于锁闭状态,无法扳动。即图 7-19 中的 303 号和 307 号道岔,在驼峰办理预推作业后被锁闭在定位。

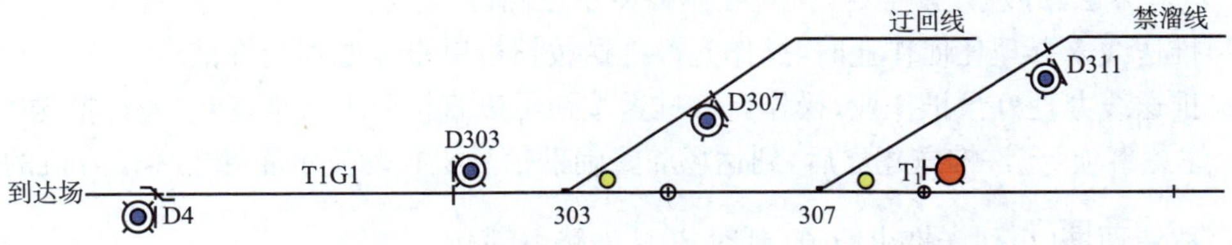

图 7-19　办理预推后锁闭推送线上的有关道岔

五、敌对信号

1. 试验目的：当推送线办理预推、允推作业时，经由该推送线的调车信号不能开放。

2. 试验方法：该推送线办理预推或允推作业，所有经由该推送线的调车进路，均不能建立。

六、峰上道岔位置不对不能办理

1. 试验说明：驼峰场推送线上的道岔位置不对（不在定位），该推送线不能办理预推作业。

2. 试验方法

(1)对于 TW 系列控制系统，将推送线上的道岔人为扳至反位并单独锁闭（即图 7-19 中的 303 号或 307 号道岔），场间无岔区段至主体信号机的进路不能办理，所以预推无法办理；

(2)对于 TBZK 系列控制系统，将推送线上的道岔（即图 7-19 中的 303 号或 307 号道岔）人为扳至反位并单独锁闭后，办理预推作业无法自动将道岔转换至定位，所以预推无法办理。

3. 注意事项：对于特殊的软件设计，依据软件技术要求进行试验。

七、推送线区段占用不能办理

1. 试验说明：推送线有车占用或轨道电路故障时，该推送线不能再办理预推。

2. 试验方法

(1)将推送线上的区段分别占用，均不能办理该推送线上的预推作业。

(2)预推作业办理后，模拟占用推送线上的区段，预推作业自动取消。

八、人工办理提前进行预先锁闭

1. 试验目的：特殊情况下，值班员可以通过操作预推按钮关闭预推信号，但不解锁预推进路。

2. 试验方法：推送线办理好预推作业，再操作预推按钮，峰上有关道岔（即图 7-19 中的 303 号和 307 号）转到预先推送锁闭状态，核对峰上道岔处于锁闭状态不能扳动，同时核对驼峰辅助信号机由黄灯变为红灯。

九、人工办理提前进行允许推送作业

1. 试验说明：值班员可以根据作业效率需要，直接办理或直接升级为允许推送（主推），进行溜放作业。

2. 试验方法：办理允许推送，核对控制台显示正确。

(1)推送线未办理任何作业时，操作允许推送按钮可以直接办理允许推送作业；

(2)推送线办理好预推作业，操作允许推送按钮可以直接取消预推，转入允许推送。

3. 注意事项：允许推送建立后，到达场驼峰辅助信号机自动复示驼峰主体信号机的显示。

十、取消预推（车列未推出股道，延时 30 s 进路解锁）

1. 试验说明：车列未占用到达场推送进路时，可以取消预推作业。

2. 试验方法：驼峰场办理预推后，到达场建立好推送进路。当车列未推出到达场股道时，驼峰场办理取消预推,核对到达场的推送进路在 30 s 后解锁。

十一、车列到达预推停车点后预推信号自行关闭

1. 试验目的:验证软件设计的预推停车点的正确性。

2. 试验方法:驼峰场办理预推,到达场建立推送进路。模拟车列依次占用轨道区段,推送至预推停车点后(停车点依据设计说明),预推作业自动结束,到达场驼峰辅助信号由黄灯变为红灯,推送进路保持锁闭状态,推送线由预推状态改为预锁状态。

十二、推送作业正常办理

1. 试验目的:核对场间联系条件传递和继电器动作的正确性。

2. 试验方法:该推送线未办理任何作业时,操作允许推送按钮可以直接办理允许推送作业,并给到达场"允许推送作业"的场联条件,到达场可以建立推送进路。试验过程中核对继电器动作正确,各类显示正确。

十三、取消允许推送

1. 试验说明:车列未占用到达场推送进路时,可以取消允许推送作业。

2. 试验方法

(1)推送线办理好允许推送作业,到达场建立推送进路。试验在车列未占用到达场推送进路时,可以人工办理取消允许推送作业。

(2)推送线办理好允许推送作业,到达场建立推送进路。模拟车列占用到达场推送进路,试验允许推送作业无法取消。

十四、允许推送作业结束

1. 试验目的:验证软件设计的允许推送结束点的正确性。

2. 试验方法:推送线办理好允许推送作业,模拟车列顺序占用峰上道岔区段并出清到达场推送进路,允许推送作业自动结束。

3. 注意事项:允许推送作业的结束标志,要依据站场的具体需要和软件设计。

十五、到达场推送进路表示

1. 试验目的:核对主推过程中各类显示正确。

2. 试验方法:推送线办理好允许推送作业,到达场收到驼峰场发来的"允许推送"的场联条件后,才能建立经该推送线的推送进路。到达场的推送进路建立后,核对驼峰控制台,应显示相应的到达场的推送股道号码。

十六、推送线平行作业

1. 试验目的:在具有 2 条及以上推送线的驼峰,可以同时进行作业,提高效率。

2. 试验方法:核对双峰同时办理预推、推送或调车作业时的信号显示、进路锁闭和解锁正确。(只有一条推送线的驼峰场不做此试验)

第八节　驼峰与到达场的场间联系检查试验

需要解体的车列自到达场各推送股道，推送至驼峰推送线进行解体溜放。到达场与驼峰场间通过场间联系电路发生联锁。其联锁关系试验表见表 7-9。

表 7-9　驼峰联锁关系检查试验表九（驼峰与到达场场间联系）

序号	推送股道	推送峰别	办理预推	预推信号自动关闭	预推取消	允许推送	允许推送作业结束	推送取消	推送进路办理后相关信号机的显示	切断驼峰辅助信号	推送进路排列不能取消或人工解锁进路	驼峰取消推送进路时到达场推送进路延时 30 s 解锁	推送进路出清一次性解锁	驼峰信号楼及到达场信号楼推送进路表示	正常排列调车进路	推送线无岔区段占用不能排通向该无岔区段调车进路	备注	试验时间
1	2	3	4	5	6	7	8	9	10	11	12	13	14	15	16	17	18	19

一、序　　号

填写试验次序编号(1、2、3、4……)。

二、推送股道

填写到达场的推送股道名称。

三、推送峰别

填写驼峰推送线的峰别(例如：T_1、T_2等)。

四、办理预推

1. 试验目的：驼峰办理预推后，到达场才能建立推送进路；推送进路排列后，到达场的驼峰辅助信号机(TF)显示黄灯，驼峰信号机显示红灯。

2. 试验方法

(1)驼峰楼未办理预推时，到达场推送进路不能建立；

(2)驼峰楼办理预推后，到达场再按上述要求逐条股道建立推送进路。

(3)推送进路建立后，室内、外核对信号机显示正确。

五、预推信号自动关闭

1. 试验目的：办理预推后，车列最前端预推至软件设计的停车点，预推信号即驼峰辅助信号机(TF)由黄灯转为红灯，预推结束。

2. 试验方法：预推建立并办理推送进路，模拟车列预推至停车点，确认 TF 显示。

六、预推取消

试验方法：驼峰办理预推，但到达场尚未排列推送进路时，驼峰信号楼办理预推取消即可取消预推。

七、允许推送

1. 试验目的:办理允许推送后,到达场的驼峰辅助信号机完全复示驼峰信号机的显示。

2. 试验方法:驼峰办理允许推送,到达场建立好推送进路。试验驼峰信号机(T)变化各种显示,核对驼峰信号机(T)、驼峰辅助信号机(TF)、室内信号复示器显示一致。

八、允许推送作业结束

1. 试验目的:当推送车列出清到达场推送进路并占用场间无岔区段后,允许推送作业结束,驼峰辅助信号机(TF)自动关闭,不再复示驼峰信号机(T)的显示。

2. 试验方法:建立好推送,模拟车列依上述说明顺序占用区段,确认 TF 显示正确。

九、推送取消

1. 试验目的:车列占用到达场推送进路前,可以取消允许推送作业。

2. 试验方法:对可以取消推送、不可以取消推送等两种情况分别进行试验。

(1)推送线办理好允许推送作业,到达场建立推送进路。试验车列未占用到达场推送进路时,可以人工办理取消允许推送作业。

(2)推送线办理好允许推送作业,到达场建立推送进路。模拟车列占用到达场推送进路,试验允许推送作业无法取消。

十、推送进路办理后,相关信号机的显示

1. 试验目的:核对预推和允许推送条件下信号机显示正确。

2. 试验方法

(1)预推条件下,到达场推送进路建立,驼峰辅助信号机(TF)开放黄灯。

(2)允许推送条件下,驼峰辅助信号机(TF)复示驼峰信号机(T)的显示。

十一、切断驼峰辅助信号

1. 试验目的:到达场在驼峰辅助信号机(TF)开放后,即失去了对 TF 及其所防护的推送进路的控制权;必要时可破封按压“切断推送信号按钮”,使驼峰辅助信号机(TF)关闭,但推送进路不得解锁。

2. 试验方法:驼峰辅助信号机(TF)开放后,到达场通过破封按压“切断推送信号按钮”可以关闭驼峰辅助信号机(TF),但进路不解锁。

十二、推送进路排列,不能取消或人工解锁进路

1. 试验目的:到达场在排列推送进路后,不能采取取消、人工解锁等方法解锁进路。

2. 试验方法:到达场建立好推送进路后,试验采用取消或人工解锁等办法,不能解锁推送进路。

十三、驼峰取消推送进路,到达场推送进路 30 s 解锁

1. 试验目的:在驼峰辅助信号机(TF)开放,且车列未占用到达场推送进路情况下,驼峰

信号楼办理取消推送作业后，到达场推送进路需延时 30 s 后解锁。

2. 试验方法：通过场间联系条件办理好驼峰辅助信号机（TF）开放，检查推送进路应按上述要求进行延时 30 s 解锁。

十四、推送进路出清一次性解锁

试验方法：建立好推送进路，模拟车列顺序出清到达场、占用场间无岔区段和该无岔区段的下一个道岔区段后，到达场的推送进路一次性自动解锁。

十五、驼峰信号楼及到达场信号楼推送进路表示

1. 试验目的：核对驼峰信号楼、到达场信号楼各种显示的正确性。

2. 试验方法

(1)到达场信号楼控制台

①对应每架驼峰信号机（T）设一个复示器。当 T 显示 LS、US 或 L 灯光时，复示器显示绿灯；当 T 显示 HS、BS 或 B 灯光时，该复示器显示黄灯。

②对应每条推送线设一个允许推送表示灯，驼峰办理预推或允许推送时，该表示灯点亮绿灯。

③对应每条推送线的无岔区段，设一个调车照查表示灯，当驼峰向该无岔区段排列调车进路时，该表示灯显示白灯。

④对应每条推送线设一个带有表示灯的切断推送信号按钮（非自复、带铅封），按下时可切断驼峰辅助信号机（TF）的信号，同时该按钮表示灯显示红闪灯光。

(2)驼峰信号楼控制台

①对应到达场的每条股道设一个推送进路表示灯，当由该股道的推送进路建立后，显示白灯。

②对应每条推送线设一个推送进路接近表示灯，当车列进入推送进路后，显示红灯。

③对应每条推送线的无岔区段，设一个调车照查表示灯，当到达场信号楼向该无岔区段排列调车进路时，该表示灯应显示白灯。

④对应每条推送线设一个允许推送按钮、一个允许预推按钮和一个允许推送表示灯、一个允许预推表示灯，当同意允许推送或允许预先推送时按下相应按钮，则相应的表示灯应显示白灯。

3. 注意事项：对于计算机联锁的驼峰和到达场信号楼，上述操作和显示按设计要求进行试验。

十六、正常排列调车进路

试验方法：在未办理推送进路手续时，到达场、驼峰区均可向场间无岔区段排列调车进路，但双方不得同时办理。

十七、推送线无岔区段占用，不能排列通向该无岔区段调车进路

试验方法：模拟占用场间无岔区段，试验驼峰场和到达场均无法建立向该无岔区段的调车进路。

第九节　驼峰与峰尾场间联系检查试验

驼峰场完成列车解体和重新编组后，自峰尾发出。峰尾的发车进路与驼峰场发生联锁关系，以确保发车作业过程中的安全和效率。驼峰与峰尾的场间联系试验见表 7-10。

表 7-10　驼峰联锁关系检查试验表十(驼峰与峰尾场间联系)

股道名称	锁闭道岔的号码及开通位置	驼峰信号楼					编尾信号楼		备注	试验时间
		道岔锁闭正确	发车进路未建立人工解除股道封锁	发车进路已建立人工强制解除股道封锁	编尾列车信号开放显示核对	列车出发后的解锁	同意发车显示核对	不同意发车列车信号不能开放		
1	2	3	4	5	6	7	8	9	10	11

一、股道名称

填写方法：编发线股道名称。

二、锁闭道岔的号码及开通位置

1. 试验说明：峰尾编发线该股道准备发车时，驼峰楼操作对该股道进行封锁，将相关道岔单独锁闭在与该股道相反位置，防止驼峰溜放车辆进入该股道，封锁的股道应有相应表示。例如图 7-20 中，驼峰办理 23 道封锁，224 道岔被单锁，开通 22 道，防止驼峰溜放车辆进入 23 道。同时减速器变为绿色，减速器右侧光带变为黄色。

2. 试验方法

(1)驼峰楼不办理股道封锁，峰尾编发线不能建立发车进路。各股道逐一进行试验。

(2)驼峰楼办理股道封锁，核对显示正确，驼峰和峰尾共同检查场联电路动作正确，峰尾编发线可以建立发车进路。各股道逐一进行试验。

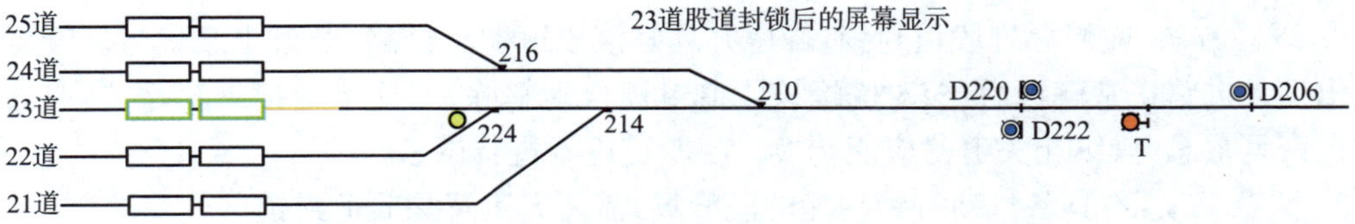

图 7-20　股道封锁示意

三、道岔锁闭正确

试验方法：在股道封锁状态下，检查道岔开通位置正确，被单独锁闭的道岔不能扳动，即图 7-20 中的 224 号道岔不能扳动。各股道逐一进行试验。

四、发车进路未建立人工解除股道封锁

1. 试验说明：对编发线股道封锁后，在峰尾未建立发车进路前，可以采用人工解锁方式解除编发线股道封锁，被锁闭的道岔应恢复可以操纵。

2. 试验方法：驼峰办理股道封锁，峰尾不办理该股道发车进路，驼峰可以解除股道封锁。各股道逐一进行试验。

五、发车进路已建立人工强制解除股道封锁

1. 试验方法：驼峰办理股道封锁，峰尾办理好该股道发车进路，试验驼峰不能采用人工解锁方式解除股道封锁。如因特殊需要，可以采用“强制解锁”方式解除股道封锁。各股道逐一进行试验。

2. 注意事项：不设计“强制解锁”功能的站场，不做该项试验。

六、编尾列信开放显示核对

1. 试验目的：核对峰尾列车信号开放后，驼峰场股道显示正确。

2. 试验方法：驼峰办理股道封锁，峰尾办理好该股道发车进路、开放出站信号。核对驼峰信号楼控制台(作业终端)相应的表示正确。如图 7-21 中，减速器右侧光带由黄色变为黄色加绿色。各股道逐一进行试验。

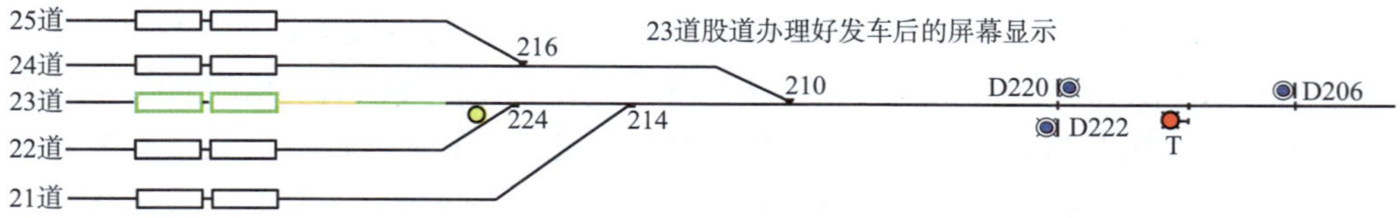

图 7-21　股道封锁后峰尾办理好发车进路

七、列车出发后的解锁

1. 试验目的：峰尾列车出发、进路解锁后，驼峰相应股道自动解锁，以提高作业效率。

2. 试验方法：驼峰办理股道封锁，峰尾办理好该股道发车进路、开放出站信号。峰尾模拟列车出发且进路正常解锁后，核对驼峰该股道封锁自动解除、道岔单独锁闭解除，减速器和股道颜色恢复常态，操纵相关道岔应能转换。各股道逐一进行试验。

3. 注意事项：不具备自动解锁功能的驼峰场，需要人工解除股道封锁。

八、同意发车显示核对

试验方法：驼峰办理股道封锁，核对峰尾控制台相应股道“同意发车”表示灯点亮。各股道逐一进行试验。

九、不同意发车列车信号不能开放

1. 试验说明：驼峰不办理封锁股道同意发车手续时，不允许峰尾办理发车进路，否则溜放车辆有可能进入相关股道，影响发车安全。

2. 试验方法：驼峰楼不办理股道封锁，峰尾编发线不能建立发车进路，峰尾该股道出站信号不能开放。各股道逐一进行试验。

第十节　横列式中小能力驼峰场间联系检查试验

横列式中小能力驼峰一般不设专用的到达场，而是采用相关车站兼做到达场。驼峰场与到达场之间通过特定分界点或分界的设备来隔开。两站之间的调车作业存在一定的联锁关系，其联锁试验表格见表 7-11。

表 7-11　驼峰联锁关系检查试验表十一（横列式中小能力驼峰场间联系）

驼峰名称	两区之间设有起隔开作用的无岔轨道区段	两区之间没有起隔开作用的无岔轨道区段	采用划定由某区进行管理的道岔作为两区之间的隔开设备	备注	试验时间
1	2	3	4	5	6

一、驼峰名称

填写方法：填写驼峰场名称。

二、两区之间设有起隔开作用的无岔轨道区段

1. 试验目的：该区段平时不允许停放车列，区段两边各自设置进入本区的把口信号机。集中区、驼峰区如要向该无岔区段排列进路，一要检查该区段无车占用，二要检查对方区没有向该无岔区段排列进路的照查条件。

如图 7-22 所示，1G 和 2G 为场间无岔区段，D214 和 D218 信号机为驼峰场的把口信号机，D46 和 D48 为到达场的把口信号机。

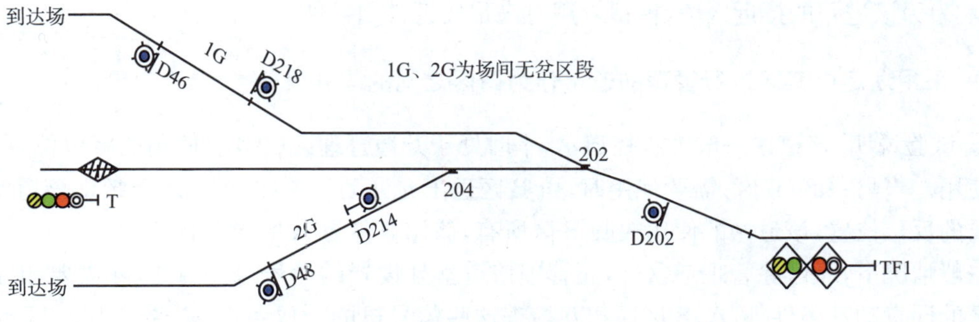

图 7-22　两区之间设有起隔开作用的无岔轨道区段

2. 试验方法

(1)到达场不办理向场间无岔区段的调车进路,驼峰场检查到达场照查继电器吸起,并可以办理向该无岔区段的调车进路。

(2)到达场办理向场间无岔区段的调车进路,驼峰场检查到达场照查继电器落下,并不能办理向该无岔区段的所有调车进路。

三、两区之间没有起隔开作用的无岔轨道区段

1. 试验目的

当驼峰场与到达场间采用绝缘节作为分割点时,在该点各自设置本区的把口信号机。为保证作业安全,一般采用先远后近的排列进路的原则,只有在对方区先开放把口信号机后,本区才能排列进入对方区的进路。同时,驼峰场与到达场相互检查对方区的相邻轨道条件,作为本区把口信号机的接近区段条件。

如图 7-23 所示,绝缘节①、②为场间分割点,D_{214} 和 D_{218} 信号机为驼峰场的把口信号机,D_{46} 和 D_{48} 为到达场的把口信号机。

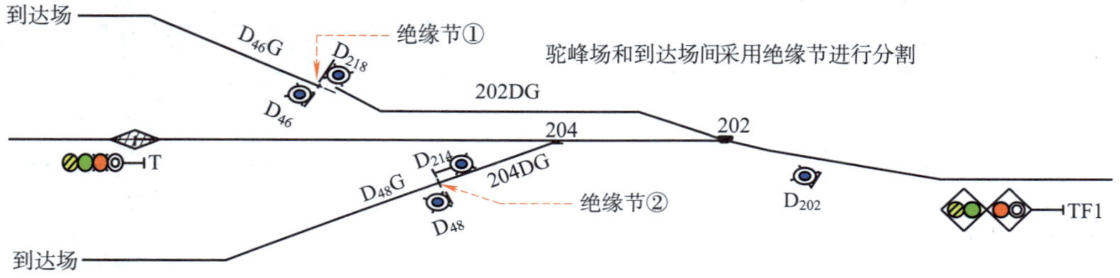

图 7-23　驼峰场与到达场间通过绝缘分割

2. 试验方法

(1)到达场不办理 D_{46}(或 D_{48})信号机开放,驼峰场不能建立以 D_{218}(或 D_{214})为终端的进路,驼峰调车不能进入到达场。

(2)到达场办理好 D_{46}(或 D_{48})信号机开放,驼峰场才可以建立以 D_{218}(或 D_{214})为终端的进路,驼峰调车可以进入到达场。

(3)驼峰场建立好以 D_{218}(或 D_{214})为始端的进路,并开放 D_{218}(或 D_{214})信号机,试验 $D_{48}G$(或 $D_{46}G$)为该进路的接近区段,模拟占用时满足接近锁闭条件。

四、采用划定由某区进行管理的道岔作为两区之间的隔开设备

1. 试验说明:该道岔一般为双控道岔,平时处于开通管理区(A 区)使用的定位位置,归管理区使用。当另一区(B 区)需要使用时,由 B 区送出允许动岔条件,A 区才能扳动该道岔至 B 区需要的反位位置,该道岔的使用权归 B 区所有,该作业称为 A 区向 B 区交权。

一般情况下,A 区除管理道岔外,还管理该道岔处设置的信号机。因此,除需要相互检查对方区的同意动岔条件外,A、B 区还相互检查这些信号机的开放条件,需要时由 A 区点亮、B 区确认。

驼峰场和到达场的 A、B 区角色的确定,根据站场具体设备的设计方式来决定。

2. 试验方法:按上述方式,办理允许动岔、交权和操作,并核对双方场的场联继电器动作正确,控制台显示正确。

第十一节　驼峰控制台功能检查试验

驼峰场的溜放及调车作业由行车室控制台的作业终端来完成,包括存储作业计划、办理场间取送车和发车、操纵各种设备、显示站场状态等。工程开通前需要对控制台的各类功能进行逐一试验,其试验表格见表 7-12。

表 7-12　驼峰联锁关系检查试验表十二(驼峰控制台功能)

进路储存操作方式			驼峰自动控制系统图形窗界面操作显示		设备图形显示						备注	试验时间
自动储存方式	人工储存方式	调车作业单窗钩计划内容填写	设备操作权限	图形窗功能	信号机	道岔	区段	测长	减速器	场间联系		
1	2	3	4	5	6	7	8	9	10	11	12	13

一、进路储存操作方式

1. 试验目的:验证调车作业计划的自动储存功能和人工储存功能的有效性。(以 TW-2 驼峰自动控制系统为例)。

2. 试验方法

(1)自动储存方式

由编组站现车管理系统或调车传输系统将解体计划直接储存到控制系统中,并将车次号显示在调车单窗的车次列表区。

(2)人工储存方式

在调车单窗首先办理"新建计划"建立新计划,在该窗的车次列表区人工输入解体车次号,然后自动进入储存状态(光标进入计划窗),等待输入。每钩计划内容包括钩序、场别、股道、方式、辆数、状态、注释等栏目。在输入过程中将按照填表方式引导操作人员按规定的格式输入作业计划,钩序自动生成。

调车单窗可通过拉动滚动条前后翻动调车计划进行查看。该计划输入完毕后,选择"计划保存"结束。在车次列表区用鼠标点中所要检查的车次,在调车单将自动列表显示该车次的计划内容,通过拉动滚动条前后翻动可进行检查,检查过程中发现有误可直接将光标选到相应的栏目进行直接变更(即全屏幕编辑),或者用"插入钩""删除钩""股道替代"等钩编辑选项进行必要的修改。检查中若发生了修改要重新选择"计划保存"保存修改后的计划。取消该计划用"计划取消"选项。

(3)调车作业单钩计划内容填写

根据《操作使用手册》,逐项填写场别、方式、辆数、状态、注释等栏目。

二、驼峰自动控制系统图形窗界面操作显示

1. 试验目的：核对操作权限设置的正确性和作业过程中各类站场动态、设备状态等显示的正确性。

2. 试验方法

(1)设备操作权限

图形窗通过主窗体打开，只用调车长工作站对该窗口的进路具有操作权，只有调速工作站对该窗口的减速器具有操作权，其他工作站只有监督权。

(2)图形窗功能

以图形方式显示整个驼峰场信号机、道岔、减速器、股道、场间联系等设备的平面示意图，在溜放过程中适时的显示命令传递情况，信号开放、道岔转换、区段占用情况及减速器的制动、缓解状态，以及测长值和测长、雷达、踏板是否发生故障等。应能进行人工排列调车进路、转换道岔、制动及缓解减速器、道岔单锁及单解、股道封锁及解锁、人工定速、信号开放和关闭等操作。

三、设备图形显示

1. 试验目的：图形窗是以模拟站场的形式，用象形的图案和颜色变化，配上必要的数字符号，向操作人员以直观和醒目的方式传达各种信息。从自动控制的角度，站场由轨道电路、信号机、道岔、减速器、测长、雷达、踏板、场间联系等采集和执行设备组成，是图形描述的主要对象。

2. 试验方法：分别检查信号机、道岔、区段、测长、减速器、场间联系显示是否正确。

第十二节　驼峰实车溜放及特殊功能检查试验

驼峰工程开通前，仿真试验和模拟试验无法完成的各类试验，需要进行实车溜放试验来完成，以验证驼峰控制系统的各类逻辑功能和异常状态下的控制情况。试验过程中所需要的机车、车辆由车务提前组织好，并且拉空部分试验股道。

试验用的车辆一般采用空、重车混编方式，根据具体试验步骤编制空、重车编排次序，试验前停留在驼峰某个试验股道。试验开始时机车下峰取车的过程中，可以借机调试测重参数、观察踏板计轴、核对测长变化等。试验期间的办理溜放和调车作业由行车人员负责操作。驼峰实车溜放试验表格见表 7-13。

表 7-13　驼峰联锁关系检查试验表十三(驼峰实车溜放)

钓鱼处理	峰下摘钩	无计划钩车	放头拦尾处理	三部位入口超速防护	摘错钩车处理	途停处理(侧冲防护)	满线处理(打靶距离不够)	堵门处理	长大车辆处理	测长故障处理	测重故障处理	雷达故障处理	踏板故障处理	减速器区段轨道电路故障	上层管理机故障	溜放中双机切换试验	备注	试验时间
1	2	3	4	5	6	7	8	9	10	11	12	13	14	15	16	17	18	19

一、钓鱼处理

1. 试验目的:在溜放作业中,峰顶作业员没有及时摘开钩时,可以反牵回峰顶,命令随之收回,再重新摘钩,继续溜放,确认后续作业计划命令传递无误。

2. 试验方法:不摘开溜放钩车,车列前方进入分路道岔区段,再反方向牵回峰顶。观察当出清道岔区段时系统发出"钓鱼"报警,并将命令从分路道岔收回;反牵出清一分路时该钩车计划保留在溜放窗,可以继续原钩车计划溜放。

二、峰下摘钩

1. 试验目的:在溜放作业中,峰顶作业员没有及时摘开钩时,在就近的峰下摘开钩,该钩车可以正确选路至股道。

2. 试验方法:机车推送车列,越过第一分路道岔,提钩员在一二级分路道岔间摘钩。观察该钩车出清第二级分路道岔时,系统发出"峰下摘钩"报警,并将后钩命令下传至第二级分路道岔。

3. 注意事项:为保证后续溜放的正确性,剩余车辆可以反牵退出第一分路,再继续溜放。

三、无计划钩车

1. 试验目的:当无作业计划而出现溜放钩车时,系统根据设计要求,对其速度实施控制。

2. 试验方法:暂停溜放后,选定某一空线股道,人工对好道岔位置并封锁,摘一钩下峰,观察一、二、三部位减速器控制情况满足系统设计要求。

四、放头拦尾处理

1. 试验目的:该设计主要为提高速度控制精度。

2. 试验方法:溜放时选择 1 钩车辆较多的作业计划(一般 5 辆以上),观察系统根据钩车辆数信息和重量信息在各部位缓行器上自动调节放头拦尾控制量。

五、三部位入口超速防护

1. 试验目的:当溜放车辆入口速度超过规定值时,系统不受放头拦尾限制,将车速调整至规定值以下再执行放头拦尾。

2. 试验方法:选定某一空线股道,溜放 1 钩车辆较多的作业计划(一般采用 5 辆以上),人工干预一、二部位减速器,使三部位减速器入口速度超过规定值,观察三部位减速器控制过程满足设计要求。

六、摘错钩车处理

1. 试验目的:当实际摘钩辆数与计划不符时(多摘或少摘)系统报警,少摘时自动调整钩车通过减速器的放头拦尾量。

2. 试验方法:摘钩时摘开数量与计划不一致,观察系统对钩车辆数的判断及报警,以及对放头拦位控制的调整符合设计要求。

七、途停处理(侧冲防护)

1. 试验目的:在溜放过程中,钩车在分路道岔(不含第一分路道岔)区段、警冲标区段或分路道岔间的区段上发生意外停车(或溜放速度低于设定速度)时,系统报警并自动关闭驼峰信号,同时为了防止侧冲,将刚出清的道岔锁闭在顺钩的位置。

2. 试验方法:采用空车 1 辆计划,自峰顶溜放时,调车员采用手闸制动车辆,使之停留在警冲标区段或末级分路道岔区段,观察道岔锁闭情况符合设计要求。如图 7-24 所示,溜放车辆在 224 道岔区段发生途停,则 214 道岔被锁闭在开通 224 道岔的位置,防止发生侧冲。

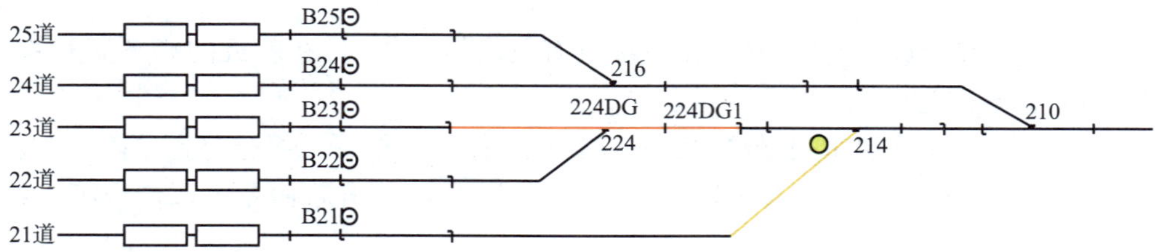

图 7-24　途停侧冲防护示意图

3. 注意事项:实际溜放作业中遇途停情况时,操作人员可以采用紧急人工干预措施来保证安全。

八、满线处理(打靶距离不够)

1. 试验说明:在溜放过程中,钩车在三部位减速器上停车,或在三部位减速器前停车(已经离开警冲标区段),系统报警并自动封锁该股道,使后续可能进入该股道的钩车强迫改道,避免发生撞车。通过人工办理解锁股道可以解除对该股道的封锁,进行机车下峰整理。

2. 试验方法:采用钩车 1 辆的连续 2 个作业计划,均溜向同一股道,溜放时采用较长摘钩间隔时间保证安全。前钩车人工干预夹停在三部位减速器上,核对系统自动封锁股道及报警信息正确,后钩车溜向错误股道。如图 7-25 所示,前钩车出清了 22G 且被夹停在 22 道减速器上,则 224 道岔被锁闭在开通 23 道位置,防止后续钩车进入,发生撞车。

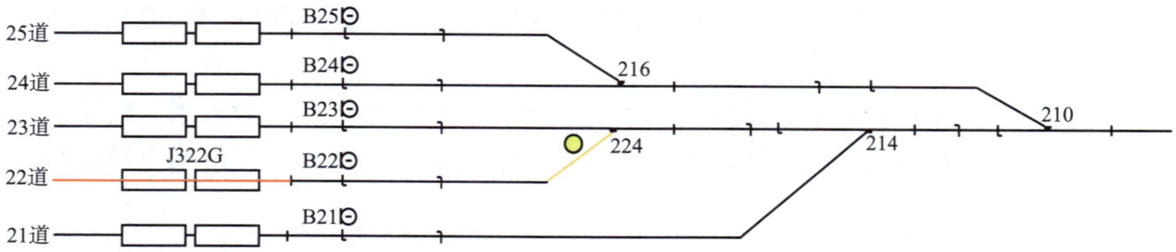

图 7-25　满线逻辑示意图

九、堵门处理

1. 试验说明:溜放过程中,钩车在警冲标区段停车或由于钩车倒溜或尾部调车侵入警冲标区段,系统将发出“堵门”报警并自动关闭驼峰信号,同时为了防止侧冲,将对应的末级分路道岔锁闭在顺钩的位置，直至该股道警冲标区段出清。

2. 试验方法：调车员采用手闸制动溜放钩车，使之在警冲标区段停车（或警冲标区段连同减速器区段），检查应关闭主体信号，同时前一级道岔进行防护。如图 7-26 所示，溜放车辆在警冲标区段 23G 发生途停堵门，则 224 道岔被锁闭在开通 23 道位置，防止发生侧冲。

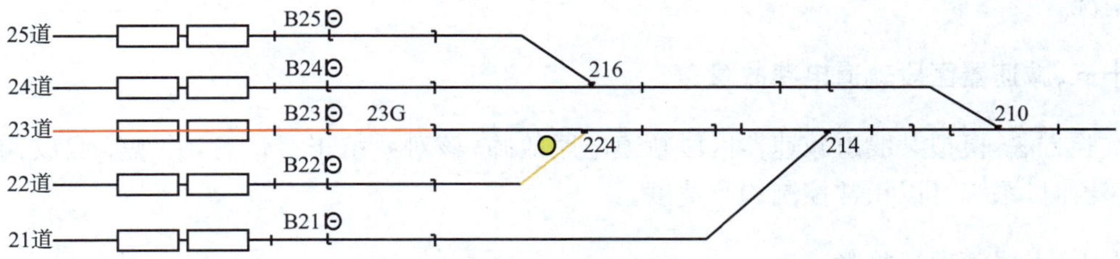

图 7-26　堵门逻辑示意图

十、长大车辆处理

1. 试验目的：用于测试计算机系统对换长大于或等于 1.6 的长大钩车的控制过程。

2. 试验方法：先关闭驼峰信号，检查进路上有关区段轨道出清且无溜放钩车时，将道岔转换到规定位置并进行锁闭后，人工开放驼峰信号，摘开长大钩车，观察长大钩车通过减速器时，系统应自动进行放头拦尾处理。

3. 注意事项：必须采用单钩溜放，现场确认钩车分钩后立即关闭驼峰信号，道岔全部解锁后方可继续进行正常溜放，在此过程中应保证不提开下一钩。

十一、测长故障处理

1. 试验目的：试验溜放过程中测长故障情况下系统速度控制情况。

2. 试验方法：选择 1 钩车溜放时模拟该股道测长区段故障（一般模拟开路故障或测长关机），核对系统报警信息，并对溜放钩车按系统设定的安全速度进行控制。

十二、测重故障处理

1. 试验目的：试验溜放过程中测重故障情况下系统速度控制情况。

2. 试验方法：选择 1 钩车溜放时模拟测重故障（可以测重关机），核对在钩车通过后的系统报警信息，并按系统设计的重量参数进行速度控制。

3. 注意事项：测重故障后，根据不同的控制系统，选择按作业计划的重量或软件设计的重量参数进行控制。

十三、雷达故障处理

1. 试验目的：试验溜放过程中雷达故障情况下系统速度控制情况。

2. 试验方法：选择 1 钩车溜放时模拟该股道雷达故障（可以雷达关机），核对系统报警信息，并观察系统速度控制情况符合设计要求。

3. 注意事项：雷达故障后，一般控制系统按作业计划进行粗略控制速度。

十四、踏板故障处理

1. 试验目的：试验溜放过程中踏板故障情况下系统速度控制情况。

2. 试验方法：溜放过程中，模拟减速器前踏板故障，核对系统报警信息和停止放头拦尾的控制情况。

十五、减速器区段轨道电路故障

试验方法：模拟某股道减速器区段轨道电路故障，核对系统报警信息，并观察溜放钩车通过减速器时，系统可以正常控制钩车速度。

十六、上层管理机故障

1. 试验说明：TW-2 的上层管理机采用 APPRO 工业级 PC 机，分 A、B 两套，通过 CAN 卡与下层控制机连接。通常状态下，系统互为热备状态，并且相互可以诊断工作情况，主用机一旦发生故障，立即自动主备切换并给出报警。

2. 试验方法：在溜放过程中上层机工作正常情况下，人为关闭主用机，备用机可立即切换至主用，不影响溜放控制，屏幕出现故障报警信息。

十七、溜放中双机切换试验

1. 试验目的：在下层主、备机同步状态下，随时可以进行双机可靠切换；正在调车或溜放过程中进行双机切换时，A、B 交换控制权过程中，应能可靠工作。

2. 试验方法：在溜放过程中下层级主、备机同步状态下，人为进行双机切换，核对不影响溜放控制。

参 考 文 献

[1] 铁运〔2010〕149 号. 铁路信号联锁试验暂行办法[S]. 北京：中国铁道出版社，2010.

[2] 段武. 高速铁路列车运行控制技术—计算机联锁系统[M]. 北京：中国铁道出版社，2017.

[3] 陈建译. 25 Hz 相敏轨道电路技术与应用[M]. 北京：中国铁道出版社，2012.

[4] 王永信. 车站信号自动控制[M]. 北京：中国铁道出版社，2014.

[5] 铁总运〔2015〕238 号. 普速铁路信号维护规则（技术标准）[S]. 北京：中国铁道出版社，2015.

[6] 铁总运〔2015〕322 号. 高速铁路信号维护规则：技术标准部分[S]. 北京：中国铁道出版社，2016.

[7] TB 10007—2017. 铁路信号设计规范[S]. 北京：中国铁道出版社，2017.

[8] TB/T 3027—2015. 铁路车站计算机联锁技术条件[S]. 北京：中国铁道出版社，2015.

[9] TB/T 2307—2017. 集中联锁结合电路一般原则[S]. 北京：中国铁道出版社，2015.